羅振玉 著
羅繼祖 主編
王同策 副主編
王同策 叢文俊 整理

羅振玉學術論著集

第二集／上

第二集目次

莫高窟石室秘録……一
流沙墜簡……三三
漢熹平石經殘字集録……九五
漢熹平石經殘字集録補遺……四六三
干禄字書箋證……五〇九
增訂碑别字……五八五
碑别字拾遺……九五九
碑别字續拾……一一八三
整理後記……王同策　一三一九

莫高窟石室秘録

莫高窟在敦煌縣東南三十里鳴沙山之下。前臨小川，有三寺，俗稱上寺、中寺、下寺。上、中兩寺皆道觀，下寺乃僧刹也。寺名皆署回文，而按石室中藏書多署「三界寺」，殆舊名也。寺之左近有石室千餘，由唐訖元皆謂之莫高窟，俗名千佛洞。詳《西域水道記》卷三《哈喇綽爾所受水》篇。各洞中皆有壁畫，上截爲佛象，下截爲造象人畫象，並記其人之姓氏、籍里。《西域水道記》載雍正中光禄少卿汪潅《游千佛洞》詩，所謂「色相嗟多毁，丹青訝尚鮮」者是也。惟一洞藏書滿中，乃西夏兵革時所藏。壁外加以象飾，故不能知其爲藏書之所。逮光緒庚子繕治石室，鑿壁而書出，由是稍稍流傳人間。

丁未冬，法人伯希和君游迪化，謁長將軍。將軍曾藏石室書一卷，語其事。繼謁瀾公暨安西州牧某，各贈以一卷。伯君審知爲唐寫本，亟往購，得十巨篋，然僅居石室中全書三分之一，而所有四部各書及經卷之精好者則垂盡矣。今其所得已太半寄回法國，藏之巴黎圖書館。尚餘數束未攜歸，吾友董授經京卿康以此事見告，乃與同好往觀。爰將所見及所未見類次爲《莫高窟石室秘録》，凡爲篇七，述之如左。

書卷第一

尚書顧命殘葉已影照

僅尺許，然有異文。此葉以糊經帙之背。

毛詩卷九未見

《鄁·柏舟故訓傳》，鄭注。

案：陸德明《釋文》「邶」本作「鄁」，《漢衡方碑》「感背人之凱風」，字又作「背」，此本作「鄁」，知是六朝古本。

唐禮圖未見

僅數葉，乃唐人册子本。

新集吉凶書儀二卷未見

案：《宋史·藝文志·史部·儀注類》有劉岳不註朝代，當是唐人。《吉凶書儀》二卷，不知即此書否？

范甯穀梁集解未見

存莊公至閔公。

何晏論語集解未見

存卷一、卷二、卷六。

開蒙要訓未見

案：《日本現在書目·小學家》箸録作一卷，馬氏撰。

孟説秦語中第二

案：伯君言此書即《國語》，然《國語》中無《秦語》。《唐書・藝文志・史部・雜史類》有孔衍《春秋時國語》十卷，又《春秋後國語》十卷，不知即此書否？

天地開闢以來帝王記一卷未見

唐律一卷殘　未見

伯君言無疏義，彷彿記有新增之例。據所云，疑即《顯德刑統》類也。

唐歷日未見

卷子本，凡三卷，皆有年號。伯君忘之。

沙州志一卷斷爲四截　端制軍已影照

據伯君言，中有五代地名，然其書法則似唐人筆也。且卷中改「民間」爲「百姓間」，書「隆」作「隆」，避太宗、玄宗諱，爲唐人筆無疑。

西州志殘卷已影印

此志首尾均缺，但存中間數十行。伯君原題《吐魯番地志》。

案：今之吐魯番爲唐之西州，故改箸原名。以此《志》證之新、舊兩《唐書・地理志》，多合。惟兩《志》均言西州領縣五：《舊志》爲高昌、柳中、蒲昌、天山、《通典》及《寰宇記》西州無此縣，《元和志》有之。交河。此名見柳中註中。《新志》則有前庭，無高昌。而於前庭注曰：本高昌，寶應元年更名。《元和志》作「天寶元年更名」。今此卷内所載凡六縣：曰高昌、曰前庭、曰柳中、曰蒲昌、曰天山、曰交河。高昌、前庭並載，足正史志之誤。又此《志》載十一道：曰赤亭、曰新開、曰花谷、曰移摩、曰薩捍、曰突波、曰大海、曰烏骨、曰他地、曰白水澗、曰銀山。當是西州都護府所分諸道，足補諸地志之缺。《新志》注中有銀山磧，十道中之銀山殆以此得名。《志》注中又有柳谷，此卷移摩、薩捍、突波、他地四道下均有其名。

又案：西州自德宗貞元六年陷於吐蕃，宣宗大中五年，沙州首領張義潮逐虜守者，以十一州地圖獻，中有西州。後分三部，曰和州回鶻、曰阿薩蘭回鶻、曰高昌，均服屬於遼。見《遼史·屬國表》及《兵衛志》。今卷中新開道下有「今見阻賊不通」語，似此《志》作於貞元間未淪於吐蕃以前。

惠超往五天竺國傳一卷鈔出

此記亦首尾殘缺，伯君據慧琳《一切經音義》定爲《惠超往五天竺國傳》。

案：慧琳《音義》卷一百載惠超此《傳》凡三卷。今此卷首尾雖殘，然似是一卷，俟再詳考。

西漢金山國皇帝勑

此勑行書，缺末數行。上鈐「金山白衣王印」六字朱文印，文録後：

西漢金山國聖文神武帝勑

前散兵馬使兼知客將宋惠信

右可攝押衙兼鴻臚卿，知客務仍舊，餘如故。

勑攝押衙兼鴻臚卿知客務宋惠信，儒門俊骨，晚輩英靈，體備三端，深明六藝。故得文佯擲地，實不異於鄭言；武亞穿楊，雄不殊於楚勇。宣知四裔，習腕不墜之國儀；去住彌安，瞻交不謬於曲直。遂乃東西奉使，況聞説過甘羅；南北輸忠，壯節堅之金石。所以勳効既曉，宜獎功流，負德幹材，堪爲會擢。寵茲恩渥，唯竭忠誠。後□肖□青□匕則當榮美後缺

案：西漢金山國，史所不載。惟《新唐書·地理志》西州交河郡中都督府，貞觀十四年平高昌，以其地置。開元中曰金山都督府。又《五代史記·吐蕃傳》沙州，梁開平中，有節度使張奉，自號「金山白衣天子」。證以此勑上印文，知聖文神武皇帝即張奉，其國在西州也。

寺歷三卷

三卷中雜記施主功德、獻納、牒狀及碑讚傳記，表裏有字，條記如下：

金光明寺故索法律邈真讚並序

河西都僧統、京城内外臨壇供奉大德兼闡揚三教大法師、賜紫、沙門悟真撰。

於時文德二年，歲次己酉，六月二十五日記。

蔣君伯斧考唐僖宗光啓四年二月改元文德，三月帝崩，昭宗即位，改明年爲龍紀，故文德

無二年。敦煌僻遠，信使鮮通，故新君登極歲餘，而民間尚未知之也。

敦煌管内僧政兼勾當三窟曹公邈真讚

河西都僧統、京城内外臨壇供奉大德兼闡揚三教大法師、賜紫、沙門悟真撰。

入京進論大德兼管内都僧政賜紫沙門故曹僧政邈真讚

河西都僧統、京城内外臨壇供奉大德兼闡揚三教大法師、賜紫、沙門悟真撰。

中和三年，歲次癸卯，五月二十一日聽法門徒敦煌釋門法師恒安。

大唐前河西節度押衙銀青光禄大夫檢校太子賓客甘州删丹鎮遏充涼州西界遊奕防採營田都知兵馬兼殿中侍御史康公諱通諱信貌讚

河西都僧統、京城内外臨壇供奉大德兼闡揚三教大法師、賜紫、沙門悟真撰。

大唐中和元年，歲次辛丑，仲冬，蓂生五葉。

從弟釋門法師恒安書。

河西都僧統京城内外臨壇奉供大德兼闡揚三教大法師賜紫沙門悟真邈真讚並序

前河西節度掌書記、試太常寺協律郎蘇翬□。

沙州釋門法師恒安書。

廣明元年，歲次困頓，律中夷則，蓂生七葉題記。

沙州釋門故陰法律邈真讚並序

大唐廣明元年，庚子歲六月二十六日題。

前河西節度都押衙兼馬步都知兵馬使銀青光禄大夫檢校太子賓客監察御史右威衛將軍令狐公邈真讚

沙州釋門法師沙門恒安書。

廣明元年，庚子孟夏，蓂生十一日題記。

前河西節度押衙銀青光禄大夫檢校國子祭酒兼監察侍御史沙州都押衙張諱興信邈真讚

乾符六年九月一日題於真堂。

沙州釋門勾當福田判官辭弁邈生讚

河西都僧統、京城内外臨壇供奉大德兼闡揚三教大法師、賜紫、沙門悟真撰。

銀青光禄大夫檢校太子賓客使持節瓜州諸軍事守瓜州刺史兼左威衛將軍賜紫金魚袋上柱國康使君邈真讚並序

河西都僧統、京城内外臨壇供奉大德兼闡揚三教大法師、賜紫、沙門悟真撰。

故敦煌陰處士邈真讚並序

歸義軍諸軍事判官、宣義郎、守監察御史清河張球撰。

沙州釋門故張僧政讚

大唐乾符三載二月十三日題于真堂。

河西都防禦右廂押衙銀青光禄大夫檢校太子賓客侍御史兼御史中丞王公諱景翼邈真讚並序

銀青光禄大夫檢校國子祭酒使持節瓜州諸軍事守瓜州刺史兼御史中丞賜紫金魚袋上柱國閻公邈真讚並序

河西都僧統、京城内外臨壇供奉大德兼闡揚三教大法師、賜紫、沙門悟真撰。

故前河西節度押衙銀青光禄大夫檢校太子賓客兼敦煌郡耆壽清河張府君諱禄邈真讚

從姪沙州軍事判官、將仕郎兼監察御史裏行球撰。

時咸通十二年，季春月，蓂生十五葉題于真堂。

唐河西節度押衙兼侍御史鉅鹿索公邈真讚

前沙州釋門故索法律智岳邈真讚

河西都僧統、京城内外臨壇供奉大德、都僧録兼闡揚三教大法師、賜紫、沙門悟真撰。

庚寅年七月十三日題記。案庚寅爲咸通十一年。

唐故河西管内都僧統邈真讚並序

時咸通十年，白藏八月，蓂彫一十三葉題于真堂。

前河西都僧統京城内外臨壇大德三學教授兼毗尼藏主賜紫故翟和尚邈真讚

河西後都僧統、京城内外臨壇供奉大德、都僧録兼教諭歸化大法師、賜紫、沙門悟真撰。

沙州釋門法師恒安題。

前沙州釋門法律義辯和尚邈真讚

河西都僧統、京城内外臨壇供奉大德、都僧録兼教諭歸化大法師、賜紫、沙門悟真撰。

沙州釋門法師恒安書。

故前伊州刺史改授左威衛將軍銀青光禄大夫檢校太子賓客殿中侍御史臨留左公讚

法師恒安書。

唐河西道節度押衙銀青光禄大夫檢校國子祭酒侍御史清河張府君諱議廣邈真讚

敦煌唱導法將兼毗尼藏主廣平宋律伯綵真讚

隮州龍支縣聖明福德寺前令公門徒釋惠菀述。

維大唐咸通八年，歲次丁亥，六月庚午朔，五日甲戌題記。

弟子比丘恒安書。

宋法和尚靈塔諱志貞靈圖寺。

大唐沙州譯經三藏大德吴和尚邈真讚

軍事判官、將仕郎、守監察御史、上杜國張球撰。

法學弟子比丘恒安題。

大唐河西道沙州故釋門法律大德凝公貌真讚

軍事判官、將仕郎、守監察御史、上杜國張球撰。

時咸通五載，季春月，蓂生十葉題。

河西節度故左馬步都押衙銀青光禄大夫檢校太子賓客兼侍御史陰文通邈真讚

京城内外臨壇供奉大德釋門都僧録兼河西道副僧統、賜紫、沙門悟真（讚）〔撰〕。

大唐河西道沙州敦煌郡將仕郎守敦煌縣尉翟公諱神慶邈真讚

沙州軍事判官、將仕郎、守監察御史張球撰。

時咸通五年四月二十五日記。

故沙州釋門賜紫梁僧政邈真讚

京城内外臨壇供奉大德兼沙州釋門義學都法師都僧録、賜紫、悟真撰。

大唐大中十二年，歲次戊寅，二月癸巳朔，十四日丙午畢工記。

故吴和尚讚

扶風竇良器。

前任沙州釋門都教授毗尼大德炫闍梨讚並序

沙州釋門都法律大德記和尚寫真讚

宰相判官兼太學博士、隴西李顒撰。

故李教授和尚讚

釋門法將善來述。

此讚後附載一詩。

故沙州緇門三學法主李和尚寫真讚

宰相判官兼太學博士、從兄李顒撰。

敦煌都教授兼攝三學法主隴西李教授闍梨寫真讚

釋門都法律兼副教授、苾蒭演訔述。

敦煌三藏法師圖真讚

報恩寺主法闍黎諱禪池。　沙門善來。

故□□法和尚讚

弟子比丘利濟述。

前敦煌都毗尼藏主始平陰律伯真儀讚

龍支聖明福德寺僧惠菀述。

案：《杜樊川集》有《敦煌僧正慧菀除臨壇大德制》，其文曰「敦煌管内釋門都監察僧正兼州學博士僧慧菀：敦煌大藩，久陷戎壘，氣俗自異，果産名僧」云云。其「惠」字作「慧」，不知與此爲一人否。

以上爲一卷。

□□士碑

竇夫子撰。

據碑中所記，即下卷之陰處士，字嘉政。

隴西李家先代碑記

楊授記。

此碑二篇，皆已載於《西域水道記》，但徐書所録之闕字可據此補之。

翟家碑

唐僧統述。

此人爲都僧統，俗姓翟，而未箸其名。

沙州釋門索法律窟銘

唐和尚作。

文内曰：「和尚俗號香，父以元和七年甲辰卒。」

吴僧統碑

竇良驥撰。

李僧録讚

住三窟禪師伯沙法心讚

故吴和尚讚文

先代小吴和尚讚

竇良驥撰。

以上爲一卷。此卷之背，記寺中收紙、用紙數目，皆繫年月日。

大潙警策

右軍衛十將使孔公淨圖功德銘

曹良才畫象讚

前河西一十一州節度使曹大王夫人讚

大蕃故敦煌郡莫高窟陰處士公修功德記

牒文

文曰「河西開復」云云。

曹仁貴獻玉羚羊角硇砂表上有「沙州節度使印」

仁貴結銜，爲權知歸義軍兵馬留後、守沙州刺史、銀青光禄大夫、檢校吏部尚書兼御史大夫。考《五代史》及《五代史記》，《吐蕃傳》不載仁貴名，豈即曹義金之子元德與？抑另是一人，箸之俟考。

又硇砂乃藥石，見《本草》。《五代史記·吐蕃傳》載曹元忠貢碙砂、羚羊角。以此卷證之，「碙砂」乃「硇砂」之誤。又《宋史·沙州傳》：貢乳香、碙砂、玉團。「碙砂」亦「硇砂」之誤。

曹仁貴中秋狀

八月十五日。

應管内外釋門都統兼仏法主賜紫沙門龍㿻都僧録賜紫沙門惠興都僧政賜紫沙門紀宗等獻酒牒

馬軍武達兒牒狀

丙申年正月。

右馬步都押衙銀青光禄大夫檢校右散騎常侍兼御史大夫上柱國陳彦𠃑左馬步都押衙銀青光

禄大夫檢校左散騎常侍兼御史大夫上柱國羅□□等端午獻香棗花等牒

清泰四年丁酉，五月。

伯君言：三卷中碑讚皆寫於畫壁上，乃寺僧傳録入卷中也。

以上爲一卷。

百行章一卷未見

案：此書杜正倫撰，《唐書·藝文志·子部·儒家類》已箸録。

孔子修問書一卷未見

太公家教未見

辨才家教未見

老子道德經義疏卷五未見

顔師古玄言新記明老部五卷未見

案：《舊唐書·經籍志》有《玄言新記道德》二卷，《新志》誤作《新記玄言道德》。王弼注。《新志》又有王肅《新記玄言道德》二卷，《隋志》有梁澡撰《玄言新記明莊部》二卷，而此書則諸志均不之及。

莊子第一卷未見

文子第五卷未見

二十五等人圖未見

案：伯君言此道家撰箸，非圖畫。

李若立略出籯金未見

輔篇義記第二卷未見

冥報記未見

案：此書唐臨撰《唐書·藝文志·史部》箸録作二卷，日本西京博物館藏卷子本三卷。

李筌閫外春秋未見

存卷一、卷四、卷五。

案：此書《唐書·藝文志·史部·雜史類》、《宋史·藝文志·子部·兵書類》箸録，均作十卷。

鄉貢進士郁知言記室備要未見

董君授經考日本舊鈔卷子本《五行大義》背記引古韻書，有「郭知言」，「郁」與「郭」形近，或是一人。伯君則言此書確是「郁」而非「郭」。

新集文詞九經鈔未見

新集文詞教林未見

故陳子昂集未見

存卷八至卷十。

據伯君言，後來之十卷本係析一卷成數卷，非原書之舊。此雖二卷半，然尚多於十卷本。

文選李善注未見

存卷二十五、二十七。

秦人吟未見

鷃子賦未見

伯君言此書二部。

敦煌十詠未見

伯君言此書三部。

五臺題詠

此卷缺後半，其《五臺詠》已載入張商英《續清涼傳》，而頗有異同。兹將《題詠》悉録如左，《五臺詠》中與《續清涼傳》不同處並附注於下：

五臺聖境讚　金臺釋子玄本述。

讚大聖真容

金刹真容化現來，光明花藏每常開。天人共會終難識，凡聖同居不可裁。五百龍神朝月殿，十千菩薩住靈臺。浮生踏著清涼地，寸土能消萬劫災。

讚普賢菩薩

普賢刹海應羣機，象駕神通遍護持。十地有緣方得見，二乘無學豈能知。纖毫納芥因慈悟，一念超凡更不疑。由是善才登正覺，暫時功果滿三祇。

題五臺

東臺

迢迢雲外《續清涼傳》作「水」。涉峰巒，漸覺天低宇宙寬。東北分明瞻《傳》作「觀」。大海，西南咫尺見《傳》作「望」。長安。圓光化現珠千顆，紅《傳》作「聳」。日初生《傳》作「昇」。火一團。風雨每從嵓下起，那羅延窟《傳》作「洞裏」。有龍蟠。

北臺

北臺靈異嶮嵯峨，雨雹縱横聖驗多。九夏風霜無斷絶，千年冰雪未消磨。祥雲化作樓臺狀，瑞草翻成錦繡窠。莫怪夜深寒更切，龍王宫殿遍天河。案：此詩與《廣清涼傳》全異。

中臺

玉華潛與海門通，四面山朝勢不同。散漫龍居千處水，飃颻花落九天風。真容每現靈臺上，無染親經化寺中。高步幾迴遊絶頂，似乘靈鶴在虛空。案：此詩與《廣清涼傳》全異。

西臺

寶臺高逈《傳》作「峻」。足靈祥，《傳》作「穹蒼」。師子遺蹤八水傍。五色雲中遊上界，九重天外看西方。三時雨灑龍宮冷，五更《傳》作「一夜」。風飄月桂香。土石盡《傳》作「尚」。能消障累，《傳》作「罪障」。不《傳》作「何」。勞菩薩放神光。

南臺

蓬萊仙島未能超，上界鐘聲聽不遥。蜀錦香花開璨爛，文殊宮殿出喧囂。藤蘿萬丈連紅日，雲樹千尋映碧霄。七佛往來遊歷處，曾經幾度化金橋。案：此詩與《廣清涼傳》全異。

金剛窟聖鏡

文殊火宅異常靈，境界幽深不可名。金窟每時開梵響，樓臺隨處現光明。南梁法照遊仙寺，西域高僧入化城。無限聖賢都在此，逍遥雲外好修行。

阿育王瑞塔

如來真塔育王明，分布閻浮八萬成。震旦五峰添聖化，漢朝七日放光明。雲霄感得樓臺現，寶刹標題善住名。無限焚香諸道俗，龍華三會必同生。

讚肉身羅睺

羅睺尊者化身來，十二年中在母胎。昔日王宫修密行，今時凡室作嬰孩。端嚴肉髻同千聖，相好真容現五臺。能與衆生無限福，世人咸共捨珍財。

金剛窟邊念經感應

銀燈數盞雲中現，一顆圓光室内明。金窟定知通化寺，常聞菩薩念經聲。

大乘五更轉以後殘缺

雕本第（三）〔二〕

一切如來尊勝陀羅尼加句靈驗本　已影印

二朝灌頂　國師三藏大廣智不空譯。

案：此經無雕刻年月，共三十六行，每行字數不等，其字似初唐寫經。又國師之「國」字上空一格，其爲唐刻無疑。

又案：中國刊刻書籍，前人所考，僉謂始於五代。惟據《柳玭訓叙》及《猗覺寮雜記》所言，則唐時已有雕板。日本島田翰氏作《雕板淵源考》，據費長房《歷代三寶記》謂隋代已有雕本，此語殆可信。此經字體似初唐，而不空卒於代宗朝，則此爲唐中葉刊本也。予於日本三井聽冰氏高堅許見所藏永徽六年《阿毗達磨大毗婆沙論》卷一百四十四，其紙背有木刻楷書朱記文曰「大唐蘇内侍寫真定本」九字，與宋藏經紙後之「金粟山藏經紙」朱記同。此爲初唐刻木之確據。又以此刻證之，則隋唐有雕本之説殆信然矣。

唐韻殘 未見

切韻殘 未見

伯君言：乃五代刊本，細書小板。

金剛經已影印

梵夾小本，每半葉七行，行十四字。經後題：「弟子歸義軍節度使、特進檢校太傅兼御史大夫、譙郡開國侯曹元忠，普施受持。天福十五年己酉歲五月十五日記，雕板押衙雷延美。」

案：《五代史記・吐蕃傳》：唐莊宗時拜沙州留後曹義金壁畫上題名作「曹議金」。爲歸義軍節度使、瓜沙等州觀察處置等史。《宋史・沙州傳》作「朱梁時，張氏之後絶，州人推長史曹義金爲帥」。晉天福五年，義金卒。子元德立。《宋史・沙州傳》作「義金卒，子元忠嗣」。至七年，沙州曹元忠、瓜州曹元深《晉出帝紀》誤作「沙州曹元深，瓜州曹元忠」。皆遣使來。周世宗時，又以元忠爲歸義軍節度使，《宋史》亦作「周顯德年來貢，授本州節度、檢校太尉、同中書門下平章事，鑄印賜之」云云。元恭爲瓜州團練使。據此經後所記，則元忠在晉世已爲歸義軍節度使，可訂史傳之誤。而檢校太傅譙郡侯，又可補史傳之缺也。

大佛頂陀羅尼

經末有「開寶四年十月二十八日記」款字一行。

大隋求陀羅尼

經上面左有「施主李知順」一行，右有「王文沼雕板」一行，經末有「太平興國五年六月雕板畢手記」十三字。

大隋求陀羅尼

上象下經，經末有「□楊法雕印施」六字，此外無年號者甚多。

佛象雕板

此板上刻陰文，佛象長方形，上安木柄，如宋以來之官印然。乃用以印象者，其餘朱尚存。

西夏文殘經

夏文佛經刻本殘帙，大小共三種。一種之末有漢文二行，曰：「僧録廣福大師、管主大八施《大藏經》於沙州文殊金利塔寺，永遠流通供養。」又有黑質金書《蓮華經》七册，爲伯君友所得。石室中藏書至宋而止，無西夏文者，惟他一室有之，附記於此。

石刻第三

温泉銘已影印

行書，翦裝卷子本。存四十八行，已缺上半。無題目、年月、書撰人姓名。文騈麗可喜，作文者自稱朕，而字迹頗似唐高宗諸碑，而圓勁流麗過之。中間「世」字、「民」字、「基」字均未缺筆，故知爲唐太宗御製御書。其文《太平御覽》及《全唐文》與諸類書中均不載，金石家亦未箸録。細繹文旨，乃頌温泉。故知爲《温泉頌》也。紙尾有墨題一行曰「永徽四年八月圍谷府果毅兒」，下缺乃初唐拓本，真人間之墨皇矣。

化度寺邕禪師塔銘已影印

僅存翦裝本一葉，計三十九字。然鋒穎如新，似初出土本之《蘇孝慈墓誌》，與流傳之宋拓本大異。

柳公權楷書金剛經已影印

横石本，每行十一字，裝成卷子，計十二石，每石旁皆記數目。經末署：「長慶四年四月六日翰林院侍書學士、朝議郎行右補闕、上輕車都尉、賜緋魚袋柳公權爲右街僧録準公書，强演、邵建和刻。」

《唐書·柳公權傳》附《柳公綽傳》言：嘗書京兆西明寺《金剛經》，有鍾、虞、褚、陸諸家之法，自爲得意。舊傳略同。又《金石録》及《寶刻類編》載：柳書《金剛經》，會昌四年。《寶刻叢編》引《金石録》：京兆府安國寺模西明寺《金剛經》，柳公權書，大中十六年六月。據諸書知此碑在當時有盛名，因傳拓太多，石刻旋毁。故一刻再刻，宋人已不能見原刻也。我輩眼福竟出宋人之上，非厚幸與！

陀羅尼經

翦裝成一葉，無年月。書法頗圓勁，遠勝傳世唐代各經幢。

案：今傳世碑版，宋拓已不易覯，唐拓則幾絶。惟臨川李氏所藏虞永興《夫子廟堂碑》稱唐拓，然確否未可知。今此四刻用楮紙重墨，紙墨無異明拓本。蓋氈蠟之法，至宋始精也。至刻手之精絶，則絶非宋以後所可及。又石室中地土高燥，故唐時裝本望之宛如數十年物，誠至寶也。

經象第四

絹本寫經三卷

日本唐代寫經至夥，然皆黄麻、白麻本，無絹本者。此三卷絹質極細，不裝褾。字跡似在晉魏間，如《鍾太傅》及《中岳靈廟碑》，仍存隸筆。殆出隋唐以前人手。

繡本佛説齋法清淨經一卷

計四十九行，行十七字。藍絹本，先墨書經文，後繡以白絨，製頗朴拙。每行有墨界，字似初唐人。

受罪懺悔文一卷

漢文及回鶻文兩面對書，此外佛經漢回對書者凡十餘紙，單回文者十數卷。又有梵漢對譯及單梵文者，又吐番文寫經，多不可計。

老子西昇化胡經已影印

存卷一、卷十。

案：此經諸史《經籍志》不箸録，惟《日本現在書目》有《老子化胡經》十卷，元釋念常《佛祖通載》作《老子化胡成佛經》，證以此本署名，均不合。今以此二卷與元釋祥邁《佛祖通載》載張伯淳《大元至元辨僞録·序》作「邁吉祥」，此從藏本。《辨僞録》據《佛祖通載》引。所引相校，皆不合。蓋元代所傳之本又非唐人之舊矣。

又：考此書在唐總章元年曾勅天下搜聚焚棄，據《佛祖通載》卷十五引，而至元二十一年焚毁諸路僞道藏經，碑則作憲宗朝，未知孰是。元至元間又奉旨禁斷道家僞經三十九種，而此書爲之首。見《佛祖通載》三十

三、三十四卷中。唐元兩代，再遭焚棄，故明以後不復傳。至此書作僞者之時代及姓氏，據《辨僞録》第五篇言：晉時王浮造《明威化胡經》，《佛祖通載》卷三十三。謂出於晉人手。而王磐《焚毁僞道藏經碑》則言「宋王浮昔居上清寶籙宮，與女冠爲姦」云云。則王浮又似宋人。竊意唐人所禁之本，殆六朝人僞託；或出北朝寇謙之門徒。元人所毁者，則宋人僞託者也。

蔣君伯斧考《魏書・釋老志・寇謙之》云：「佛者，昔於西胡得道，在四十二天，爲延真宫主。」此實道家援釋入老之濫觴，然尚未明言老子化胡成佛也。至《魏書・于闐國傳》則云：「于闐西五里有比摩寺，云是老子化胡成佛之所。」是北齊時已盛傳其説矣。《隋書》、《北史・于闐傳》所載並同，惟「五里」作「五百里」。《唐會要》七十三載此事尤詳，云：「于闐西南有北摩伽藍城，相傳云是老子化胡之所建也。初，老子至是，白日昇天，與羣胡辭訣曰：『我暫返天上，尋當下生。』其後出天竺國，化爲胡王太子，自稱白淨，因造此寺焉。」其説與此經略同。王氏所見或即此本，經中又有「降生蘇隣國，號末摩尼」之説。按：摩尼教唐時隨回紇入中國，大歷以後始爲置寺賜額。六朝及唐初中國止有火祆祠，今經中不言火（祅）〔祆〕，而言摩尼，則又似中唐後道士之所增益，而非唐初原本矣。

景教三威蒙度讚一卷已影印

案：景教古經傳世絶少，數年前上海徐家匯天主教堂於西安回民家得景教羊皮古經，乃如德亞文，已寄羅馬教皇許。今此讚首尾完好，後附景教經目三十種，足資彼教之考證。

摩尼教經殘卷已影印

首尾均殘缺，然繕寫至精。今《摩尼教經》漢譯本僅此數行，前數年德人在吐魯番得《摩尼教經》不少，然無漢譯者。

佛經及畫象

紙本中繪佛象，外有闌界。闌外書經文；闌内滿書咒語，狀如旋機圖，回環偵到，卒不易讀，故尚未能知爲何經咒。

曹元忠造象

刻本上畫佛象，下刻《造象記》，凡十餘紙。大半爲曹元忠所造，兹録其文於此：

弟子歸義軍節度、瓜沙等州觀察處置管内營田押蕃落等使、特進檢校太傅、譙郡開國侯曹元忠雕此印板，奉爲城隍安泰，闔郡康甯，東西之道路開通，南北之兇渠順化。勵疾消散，刁斗藏音，隨嘗見聞，俱□福祐。于時大晉開運四年丁未歲七月十五日記。

匠人雷延美。

右文凡十三行。

布畫象

布畫佛象數幀，皆著色，頗粗朴。其布理亦粗疏，上塗以粉。又有紙畫象十餘幅，著色與布畫象同，亦粗朴不精。

壁畫第五

東魏壁畫

石室中皆有壁畫，最古者爲東魏。上畫一人作審判狀，下一罪人匍伏受裁判，有辮髮。

婆羅門象

畫中間有一人獨立。

五臺山圖

亦畫壁上，極工緻。梵刹一百九十餘，一一皆記其名。可取以補《清凉山志》。

藻井畫

畫於藻井上，作城郭形。有佛象，極精妙。

案：藻井畫佛尤罕見。

石室中壁畫至多，略記一二，不及悉録。伯君影照千餘紙，能一一指爲某代，蓋畫旁皆署年代，未盡照出也。亦有西夏壁畫，上有西夏文題記。

古器物第六

畫象範紙

以厚紙爲之，上有佛象，不作鈎廓，而用細針密刺孔穴以代之。推其意，蓋作畫時以此紙加於畫紙上，而塗以粉，則粉自透過針孔，下層便有細點，更就粉點部位縱筆作綫，則成佛象矣。

書經板

此板狀如□‖，兩面共寫《心經》而文未完。左行墨書上加油漆，色白澤，頗似今日之熟漆。文與今本《心經》不同，録之如下：

般若波羅蜜多心經

如是我聞，一時佛住王舍城鷲峯山中，與大比丘衆及諸菩薩摩訶薩俱。爾時世尊，入諸法平等甚深顯了三摩地。復于爾時，觀自在菩薩行心般若波羅蜜多時，照見五藴體空。時具壽舍利子□佛威力，白觀自在菩薩曰：若善男子、善女人，欲修行甚深般若波羅蜜者，應何修學？作是語已，觀自在菩薩摩訶薩文未完

經帙

與日本西京博物館所藏者同，以竹絲爲之。有一枚以席草爲之，蓋古人合數卷爲一帙，此即其

帙也。帙之裏面，以舊書糊之。有唐人書狀一紙，上加以印，其文不及備録。此外有地契若干紙，多有官印。亦有無印者。又有宋太平興國時某某立嗣證書，及虎珀珠、檀香等物。

餘記第七

伯希和君言，英人某亦嘗游窟室，購取不少，而以旁行書爲多。伯君返國，擬往倫敦一觀，允寄其目。不知其中更有秘籍幾許。耿耿此心，與伯君歸帆俱西馳矣。

石室秘藏，此次借影者計書卷六、雕本二、石刻三、壁畫五。其紙敝，故不可影者則録之。但期日匆遽，不獲備寫，心長晷短，此憾如何？

石室書之在巴黎者，悉擬影照，已荷伯君慨然見許。異日秘籍歸來，將與大雅同好，協謀雕印以廣其傳。伯君惠假之雅意，與儕輩十餘日奔走移録之辛劬，倘不孤乎！

伯希和君以文學士任安南河内之東方考古學校教授。年才三十有一，博通東方學術，爾雅有鑒裁，吾儕之畏友也。以有關兹事，故並記之。

《莫高窟石室秘録》一卷，乃雪堂公於初晤伯希和氏時就所攜遺物之記録。初揭之《國粹學報》，繼刊入武進董氏誦芬室之《敦煌石室遺書》，今雖世殊年遠，此戔戔者恐仍有參考價值，故重加校點，收入《雪堂學術論著集》。丙寅冬，繼祖謹識。

流沙墜簡

小學術數方技書考釋

流沙墜簡一

往聞伯希和君言，斯坦因博士所得古簡中有字書、麻書、占書、醫方。意其中或尚多古佚書。乃今詳檢諸簡，則僅得蒼頡、急就、力牧、麻譜、算術、陰陽書、占書、相馬經、獸醫方諸書而已。殆皆屯戍所用，得此已足，故不復有他籍也。凡此諸書，不出班志小學、術數、方技三類中。因顏之曰小學術數方技書。昔汲冢書有瑣語十一篇，記諸國卜夢、妖怪、相書。此編所輯，亦瑣語之類。既隨文加釋，並將考證所得著於篇。甲寅正月，

上虞羅振玉。

小學類

蒼頡　竹簡出敦十一，長二百二十九米里邁當，廣十米里邁當。

游敖周章點黶黯黮䵳黝黔䵘黭黤赫赧儵赤白黄

又　木簡出敦十七，長四十五米里邁當，廣十米里邁當。

圭走病狂疵疕突瘀缺下

又　木簡出敦二十，長一百二十五米里邁當，廣十一米里邁當。

貍獥䶄殼缺下

又　木簡出敦十二甲，長二百五米里邁當，廣十五米里邁當。

上缺寸薄厚廣狹好醜長短

右古字書全簡一，斷簡三，存字四十有一。第二簡第一字僅辨偏旁，其完全可識者，計得四十字。再三審諦，知是蒼頡篇。考漢書藝文志小學類，蒼頡一篇，注，上七章秦丞相李斯作，爰歷六章車府令趙高作，博學七章太史令胡母敬作。志又言漢閭里書師合蒼頡、爰歷、博學三篇，斷六十字為一章，凡五十五章，並為蒼頡篇。又曰元始中，徵天下通小學者以百數，令記字于庭。揚雄取其有用者，以作訓纂篇，順續蒼頡。又易蒼頡中重複之字，凡八十九章。臣復續揚雄作十三章，凡一百三章，無復字。六藝群書所載略備矣。韋昭注，臣，班固自謂也。作十三章，後人不別，疑在蒼頡下篇三十四章中。段氏玉裁說文解字注，雄所作訓纂凡三十四章，二千四十字。合蒼頡五十五章，三千三百字，凡八十九章，五千三百四十字也。班但言章數，許君謂蒼頡以下凡五千三百四十字，則但言字數，而數實相合。自揚雄作訓纂以後，班固作十三篇。和帝永元中，郎中賈魴又作滂熹篇。梁庾元威云，蒼頡五十五章，為上卷。揚雄作訓纂，記滂熹，為中卷。賈升郎更續，記彥均，為下卷。段氏

又曰，揚雄訓纂終于滂熹二字，賈魴用此二字為篇目，而終于彥均二字。人稱三
故庾氏云揚記滂熹，賈記彥均。隋志云，揚作訓纂，賈作滂熹，其實一也。

蒼云云。蓋在漢世，既以爰歷、博學併入李斯書，總稱蒼頡，後又加入揚雄、班固、賈

魴三家而稱三蒼，亦仍稱之曰蒼頡。觀韋昭注，班固所著十三章，疑在蒼頡下篇中，語可知也。秦漢間字書約有二系，一以七字為句，一以四字為句。以七字為句者，凡將、急就。今凡將雖佚，而說文解字口部引司馬相如說，淮南宋蔡舞嗙喻，殆即凡將之文。又文選蜀都賦注引黃潤鮮美宜製禪，藝文類聚樂部引鍾磬竽笙筑坎侯，皆七字為句，乃急就所自昉。唐顏師古急就篇序謂司馬相如作凡將篇，史游擬而廣之。其語必有所受。此一系也。以四字為句者，為蒼頡、訓纂諸家。班氏謂蒼頡斷六十字為一章，段氏謂自蒼頡至彥均章皆六十字，凡十五句，句為四字。許引幼子承詔，郭注爾雅引考妣延年是也。云云。今攷顏氏家訓書證篇，又引蒼頡，漢兼天下，海內并廁，豨黥韓覆，叛討殘滅四句。均蒼頡四字為句之確證。孝經邢疏，蒼頡篇謂忠為禍孔，孔鄭韋王之學引之，以證此經。此四字亦疑蒼頡本文。至公羊定四年傳，注、同門曰朋，同志曰友。解云出蒼頡篇。則恐出蒼頡、訓纂及蒼頡故，非原書矣。段謂訓纂、滂熹均四字為句。今雖無明徵，然以章數、字數攷之，知其必爾。況班氏明言，雄作訓纂續蒼頡，臣復續雄。既相屬續，其仍蒼頡句例可以斷言。此又一系也。今此諸簡第一簡五句，第二簡存二句，並四字為句，有韻可尋。其第三簡雖不能知其韻，然四字為句，而非七言，則昭章可見。且攷第一簡，凡五句廿字，合三簡則得十五句、六十字，正爲一章。若以三棱之觚寫之，則一觚正得一章，與班、史所記適合。則此簡之爲蒼頡，殆無疑矣。國朝任、孫諸家采輯古籍所引蒼頡篇，所得皆單字，罕有成文句者。此雖僅存四十言，然均文句相屬，悵任、孫諸家不得見也。簡中諸字多見於説文解字中，惟𤸷字則無。説文有黶字，訓黶姍，下色也。𤸷殆黶之别搆。又𤸷簡文作庾，从广从央。广即疒之省，央即央。字説文作殃，他字書亦無从疒作者，殆亦殃之别搆。又第三簡之𤡸，亦不見説文及諸家字書，惟集韻一屋載之，注音速，山名。山海經東山之首曰樕𧍮。然僅存其音，已失其義。今觀此簡，列之貍貔之間，其字爲犬旁作，當是犬類之獸名。今本山海經又譌𤡸爲樕，則并字形亦失之，賴此簡得存此字之本義也。又第四簡廣狭之狹作陜，亦用通假字。

急就篇第一　木觚出敦十五甲，長三百六十米里邊當，後面廣二十九米里邊當，斜削前面，上端交角處上書第一兩字，兩字中間有穿。

第一　急就奇觚與衆異，羅列諸物名姓字，分別部居不雜廁，用日約少誠快意，勉力務之必有憙。請道其章：宋延年，鄭子方，衛益壽，史步昌，周千秋，趙孺卿，爰展世，高辟兵，

又第二木簡出敦六丙，皆尚有急就篇中諸字，乃兒童習字所爲，不録。此簡沙氏書未記脩廣之數，以後凡不記脩廣者，皆沙書原缺者也。

董奉德，桓賢良，任逢時，侯中郎，由廣下缺

又第十（木簡出敦二十，此簡似是四面體，但存二面。）

（上缺十三字）帬裕（下缺十七字。）

（上缺十三字）卬角褐（下缺十五字。）

又第十二（木簡出敦二十七，僅存其半。）

第十二銅鍾鼎鈃銷匜銚釭鐧鍵鉆冶錮鐈（下缺）

又第十八（木簡出敦二十，長一百六十三米里邁當，後面廣十五米里邁當，前兩面各廣九米里邁當。字在前兩面，後面已不可辨。）

（上缺一十一字）蓋轑䡓輗厄縛棠戀勒鞅韅

（上缺二十一字）猶黑蒼室宅廬舍樓壁堂

又第二十四（木簡出敦十五甲，長九十米里邁當，廣十四米里邁當。）

靁夭莚（以下漫滅。）

右急就篇第一、第十、第十二、第十八、第二十四，凡五章。唯第一章完好，餘皆殘斷。其存字除篇目外，計得全字一百十有九，半字一。取以校皇象本、（趙文敏臨、靈鶼閣刊本。）顏師古注本，（玉海附刊王伯厚補注本。）則此簡與二本互有得失。第一章勉力務之必有憙，顏本憙作喜，趙擩卿，顏本擩作儒，（擩為儒之別字。漢人書从需之字多別作需，孔廟碑儒作濡，景北海碑繻作𦈡，其證也。）皇本則皆與此同。又展世，皇本展作展，顏本作展。草書尸作ㄗ，改為正書則作尸。刊本既改章草為正楷，則自麗作尸不作𠂆，非有殊異。展本从亻，顏本作人，乃傳鐫誤也。第二章庚中郎，皇、顏二本中並作仲，中仲古今字。第十八章蓋綜轑棿尼縛棠，皇本轑棿作捭棿，顏本作滭棿，此簡二字皆从革，旁作，蓋漢代別字也。顏本尼作柅，注，一作柅。皇本作尼，趙臨本缺此字，王伯厚云，碑本作尼。與此同，即說文之軶，顏本非也。鑾勒鞅韅□□□，皇本上四字作鑾鞅韅絆，顏本則作鑾勒鞅韅，與此正同。鑾字皇本作鑾，此簡作鑾，皆漢人別構。周憬功德銘鑾字作鑾，夏承碑作鑾，同此。其正字古文作鑾，小篆及楷書作鑾，乃由鑾而譌也。□□□□猶黑蒼，猶顏本作油，皇本與此同。油猶同音，相假借也。室宅廬舍樓壁堂，壁顏本作殿，皇本與此同，均於殿下增土，乃漢時俗作。見西嶽華山廟碑、周公禮殿記、堯廟碑。由是觀之，知古人寫書，多隨意用世俗通行之字，雖字書且然，不似後人點畫之嚴矣。此簡第一、第十、第十八三章均書於觚上。觚之形製古說不一。通俗文，木四方為棱，八棱為柧。觚柧二字並見說文，一訓酒器，一訓柧棱，然古多通用。史記酷吏傳索隱引應劭云，觚，八棱有隅者。顏師古注急就篇云，觚形或六面，或八面，皆可書。觚者，棱也。皆以六面或八面釋觚。今之所見，乃為三面，異於前聞。推說文柧，棱也，柧棱，殿堂上最高之處也。徐鍇引字書，三棱為柧。以三棱為柧，僅此一見。又班固西都賦，上觚棱而棲金爵。今中州新出漢畫石刻圖，函谷關東門畫兩爵，分棲兩觀屋脊。

知柧棱者，蓋謂上自屋脊，下訖前後簷際，以次斜削，正成三角形。作書之觚，與柧棱之柧，其形正同。柧以三棱為初形初義，故傳世古代酒器之觚，亦皆為三廉。其後由三棱而六、而八，寖失厥初。此孔子所為嘆觚不觚歟。又，觚，前人又釋為方。漢書酷吏傳注，觚、方也。後漢杜林傳注觚亦方也。文選文賦注，觚、木之方者。古人用之以書，猶今簡也。聘禮記、不及百名書於方。中庸、文武之政布在方策。注皆云方，版也。又以方為版，與觚迴異。初不能決其得失。茲觀此觚為三廉狀，上二面略狹，下面則較廣，明為方柱形之半，從方柱之兩頂角剖而為二，則為兩觚。故三面之之中，二狹而一廣。又觀觚上有穿，明為聯屬之用。初由一方而斯為二觚，復以二觚聯為一方。古方字又訓並。淮南氾論訓，乃為窬木方版。注，方、並也。後漢書馬融傳、蔡邕傳注、方猶並也。國語，方舟設泭。注，方、并也。蓋并則為方，析則為柧，本是一物。然不由目驗，則千餘年之疑，未由取決也。又，記謂不及百名書於方。則柧者，所以記簡短之文。故證之諸簡，皆以一章為一柧。然不必悉滿其三面。此簡唯第一章滿書三面，故每行二十一字，三面共得六十三字，而滿一章。第十、第十八兩觚，以簡中存字之行列，校以急就之文，知第十觚每行為三十二字，第一行為滿行，第二行則空行末一字，已得六十三字。第十八章亦然。是以兩面書一章，而空其下面也。蓋下面着席，覆視不便，但書兩面，則不需轉移之勞。且聯而為方，則四面宛轉成文，又可以立而讀之。此又前記所未詳，亦僧諸目驗而始知之者也。

術數類

力牧　木簡出敦十八，長一百十一米里邁當，廣八米里邁當。

上缺口乙不聞者何也力墨對曰官

又　此簡出敦十五甲，沙氏書僅存釋文，未印原簡，茲但據沙氏書錄之。

黃帝沙氏釋甫，依文理觀之，當為帝字。問口口口案文義當是於力墨三字。曰官毋門者何也口口口案文義當為力墨二字。

右第一簡僅存十一字，玩其文，乃力牧篇也。漢書藝文志兵家有力牧十五篇。注，黃帝臣依託也。予部道家亦有力牧二十二篇。今此簡得之塞上，則為兵家而非道家可知也。力牧古書或作力墨。聖賢群輔錄引論語摘輔象，黃帝七輔，州選舉翼佐帝德，風后受金法，天老受天籙，五聖受道級，知命受糾俗，窺紀受變復，地典受州絡，力墨受準斥。宋均注，準斥，月事也。力墨或作力牧。太平御覽八十二引詩含神霧，大禹之興，黑風會紀。注，黑，力黑，風后，皆黃帝臣，伯禹為當其臣也。力黑即力墨之訛。其書設為問答，託之黃帝與力牧，雖班氏斥為依託，然千餘年久佚之秘籍，雖僅存數字，然藉以窺知體例，仍可寶也。第二簡文理與前簡正合，其為一書無疑，故並錄焉。此書漢志列入兵家陰陽，然班氏之言曰，陰陽者，順時而發，推刑德，隨斗繫，因五勝，假鬼神而為助者也。是雖隸兵家，實為術數，故列之術數類之首。

元康三年歷譜 木簡出敦六乙，長三百六十米里邁當，廣十米里邁當。

一日	乙未	甲子	甲午	癸亥	癸巳	壬戌	壬辰	辛酉建	辛卯	庚申	庚寅	□□
五日	己亥	戊辰	戊戌	丁卯	丁酉	丙寅	丙申建	乙丑	乙未	□□	□□	□□
六日	庚子	己巳	己亥	戊辰	戊戌	丁卯	丁酉	丙寅	丙申	乙丑	乙未	乙丑建
□□	□□	□□	□□	□□	□□	□□	庚子	己巳	己亥	戊辰	戊戌	戊辰
十日	甲辰	癸酉	癸卯	壬申	壬寅	辛未建	辛丑	庚午	庚子	己巳	己亥	己巳
十一日	乙巳	甲戌	甲辰建	癸酉	癸卯	壬申	壬寅	辛未	辛丑	庚午	庚子建	庚午
十三日	丁未	丙子	丙午	乙亥	乙巳	甲戌	甲辰	癸酉秋分建	癸卯	壬申	壬寅	壬申
□□□	己酉	戊寅	戊申	丁丑	丁未	丙子	丙午	乙亥	乙巳	甲戌	甲辰	□□
十六日	庚戌	己卯建	己酉	戊寅	戊申	丁丑	丁未	丙子	丙午	乙亥建	乙巳	乙亥
廿日	甲寅建	□未	□□	□□	□□	□□	□□	庚辰	庚戌建	己卯	己酉	己卯
□□□	□□	□□	□□	甲申	甲寅	癸未建	癸丑	壬午	壬子	辛巳	辛亥	辛巳
廿三日	丁巳	丙戌	丙辰立夏建	乙酉	乙卯	甲申	甲寅	癸未	癸丑	壬午	壬子建	壬午
廿五日	己未	戊子	戊午	丁亥	丁巳	丙戌	□□	□□	□□	□□	□□	□□

五

廿八日 壬戌 辛卯建 辛酉 庚寅 庚申 己丑 己未 戊子 戊午立冬 丁亥建 丁巳 丁亥

卅日 癸巳 壬辰 辛卯 庚寅 己丑 己未

右歷譜殘簡十五，由一日至卅日，中缺第二、三、四、七、八、十二、十四、十七、十八、沙氏言，十八日一簡但存丑字及末字，餘均漫滅，故未影印。十九、廿一、廿四、廿六、廿七、廿九，凡十五簡。其載十二月中由朔至晦每日干支為譜，橫讀之，沙氏考為元康三年歷葉。漢自武帝太初元年訖章帝元和二年，皆用太初術。依術推之，是年每月朔望大小盡均與簡合，沙氏所考是也。

神爵三年歷譜木簡，出敦六乙，長二百三十米里邁當。

七日 戊申 丁丑 丁未 丙子 丙午 乙亥 乙巳 甲戌 甲辰 甲戌 癸卯 癸酉

戊午 二字在牘背，沙氏書未印。

八日 己酉 戊寅 戊申 丁丑立夏 丁未 丙子 丙午 乙亥 乙巳 乙亥 甲辰 甲戌

丁巳 背

口口 口口 口口 口口 戊寅 戊申 丁丑 丁未 丙子 丙午 丙子 乙巳冬至 乙亥

丙辰 背

十七日 戊午 丁亥 丁巳 丙戌 丙辰 乙酉 乙卯 甲申 甲寅 甲申 癸丑 癸未

戊申背												
十八日	己未	戊子	戊午	丁亥	丁巳	丙戌	丙辰	乙酉	乙卯	乙酉	甲寅	甲申
十九日	庚申	己丑	己未	戊子	戊午	丁亥	丁巳	丙戌	丙辰	丙戌	乙卯	乙酉
丙午背												
廿四日	乙丑	甲午	甲子	癸巳	癸亥	壬辰	壬戌	辛卯	辛酉	辛卯	庚申	庚寅
辛丑背												
廿五日	丙寅	乙未	乙丑	甲午	甲子	癸巳	癸亥	壬辰	壬戌	□□	□□	□□
庚子背												
廿六日	丁卯	丙申	丙寅	乙未	乙丑	甲午	甲子	癸巳	癸亥	癸巳	壬戌	壬辰
己亥背												
廿八日	己巳	戊戌	戊辰	丁酉	丁卯	丙申	丙寅	乙未	乙丑	乙未	甲子	甲午
丁酉背												
卅日		庚子		己亥		戊戌		丁酉	丁卯		丙寅	
閏月丙申朔大背												

右歷譜存者七日至卅日十一簡，佚者十九簡。沙氏考爲神爵三年歷。今依太初

術攷之，是年每月朔及大小盡與簡正合，沙氏所考是也。是年閏十二月，故各簡背分記閏月每日干支，沙氏書未影照，茲據沙氏釋文錄之。又此歷雖存十一簡，其中廿四及卅日二簡亦未影照，均據沙氏釋文入錄。

五鳳元年八月歷譜 出敦六乙。

簡面八月丁亥小 丁亥 戊子 己丑 庚寅 辛卯 壬辰 癸巳 甲午 乙未 丙申 丁酉 戊戌 己亥 庚子 辛丑 壬寅 癸卯

簡背八月 甲辰 乙巳 丙午 丁未 戊申 己酉 庚戌 辛亥 壬子 癸丑 甲寅 乙卯

右簡面、背分寫八月朔至廿九日每日所值干支，沙氏考為五鳳元年。依長術推之，沙氏所考是也。前記元康、神爵二歷譜，通一年為一譜，橫讀之。此則每月為一譜，縱讀之。知漢代通行歷譜之式，頗不一也。此簡沙書未影照，今依沙氏釋文錄之。

永光五年歷譜 木簡，出敦四丁，長二百三十一米里邁當，廣三十一米里邁當。

永光五年

正月乙巳朔大　　五月甲辰朔小四日丁未夏至

二月乙亥朔小二日丙子春分　　六月癸酉朔大八日庚辰初伏十八日庚寅中伏廿一日癸巳立秋

三月甲辰朔大十九日壬辰立夏　　七月癸卯朔小八日庚戌後伏

四月甲戌朔大　八月壬申朔大八日己卯秋分以上在簡面。

九月壬寅朔小廿三日甲子立冬　口高五尺

十月辛未朔大

十一月辛丑朔小十日庚戌冬至

十二月庚午朔大十七日丙戌口廿七日丙申立春乙亥晦以上在簡背。

右譜截永光五年一歲中十二月之朔，於簡兩面分書之，並記四時節日。於六月記八日庚辰初伏，十八庚寅中伏，於七月記八日庚戌後伏。攷史記秦本紀，德公二年初伏。集解孟康曰，六月伏日初也。周時無，至此乃有之。正義，六月三伏之節，起秦德公為之，故云初伏。伏者，隱伏避盛暑也。歷忌釋云，伏者何，以金氣伏藏之日也。四時代謝，皆以相生。立春木代水，水生木。立夏火代木，木生火。立冬水代金，金生水。立秋以金代火，故至庚日必伏，故日伏也。漢書郊祀志注，伏者，謂陰氣將起，迫於殘陽而未得升，故為藏伏，因名伏日。陰陽書曰，從夏至後第三庚為初伏，第四庚為中伏，立秋後初庚為後伏，謂之三伏。六帖引。至今歷家尚繫三伏日於歷日。觀此簡，則漢代已然矣。又漢人最重伏日。漢書東方朔傳，伏日詔賜從官肉。楊惲傳，歲時伏臘，烹羊炮羔。後漢書和帝紀，永元六年己酉，初令伏閉盡日。注，伏日萬鬼行，欲盡日閉不干他事。荆楚歲時記，六月伏日並作湯餅，名為辟惡。漢代朝野重伏如此，今時則不然矣。簡上三月十九日壬辰立夏，攷是月甲辰朔，十九日得壬戌，簡作壬辰，殆繕寫之誤。簡背第三行十七日丙戌下所闕當是臘字。說文，冬至後三戌，臘祭百神。

永元六年歷譜木簡出敦十五甲，長一百七十七米里邁當。

十二月大　十六日戊辰平□　七月廿七日壬午開□

一日癸丑建大□　十七日乙巳平□八魁　廿八日癸未閉反支

二日甲寅除八魁　十八日庚午定反支□　廿九日甲申建□

十九日辛未執　卅日乙酉除以上在簡面。

十日癸巳執□□

十一日甲午破血忌反支　廿二日乙巳

□□日乙未危白□□□　廿三日丙□以上在簡背。

右譜於簡面、背分書之。面分三列，第一列十二月一日至十五日，第二列十六日至三十日，第三列七月廿七日至三十日。而一列三日以後，二列二十日以後皆缺損。背分二列，第一列閏月一日至十二日，第二列起十三日至二十三日。而一列九日以上，二列廿一日以上均殘缺，尚有第三列，當是廿四日至三十日，亦在缺處，不可見矣。沙畹博士定此為永元六年歷，謂簡背所記是閏月。攷東漢自章帝元和二年至獻帝延康元年，均用四分術。依術推之，是年七月為丙辰朔，閏十一月癸未朔，（通鑑作閏十二月癸丑朔，誤。）十二月癸丑朔，與此簡正合，沙氏所考是也。漢人歷譜有紀一歲十二月中每日干支而橫讀之者，有每簡記一月中每日干支而豎讀之者，有記十二月之朔於一簡而但記月朔、節候，不詳記每日干支者。惟此歷則雜書十二月、七月、閏月於一簡之面背，又書七月於十二月之下，凌亂無敘，不可解也。每日之下紀建除並及所值神殺，與今歷同。惟今歷則建除接書於日下，而神殺則別書於每日行末最低處，此為異耳。建除之說，始見史記及淮南子。史記日者傳，孝武時聚會占者七家，內有建除家。淮南天文訓言太歲在寅，寅為建，卯為除，辰為滿，巳為平，主生。午為定，未為執，主陷。申為破，主衡。酉為危，主杓。戌為成，主少德。亥為收，主大德。子為開，主太歲。丑為閉，主太陰。證以陰陽書卷三十二，（此書久佚，茲據吾友富岡君撝藏古寫本。）內有一歲十二月歷式，載正月建寅，一日甲子金開，二日乙丑金閉，三日丙寅火建，四日丁卯火除，五日戊辰木滿，六日己巳木平，七日庚午土定，八日辛未土執，九日壬申金破，十日癸酉金危，十一日甲戌火成，十二日乙亥大收。與淮南所言正合。歷書曰，（協紀辨方引。）歷家以建除滿平定執破危成收開閉。凡十二日，周而復始，觀所值以定吉凶。每月交節則疊兩值日，其法從月建上起建，與斗杓所指相應。如正月建寅，則寅日起建，順行十二辰是也。與淮南唐歷合。宋寶祐四年會天歷亦分注建除十二字於每日之下，直至今歷尚爾。據此簡知漢歷已然矣。惟依淮南及歷書之說，則簡上十六日戊辰平之平當作滿，隸寫之譌字也。論衡難歲篇，正月建於寅，破於申。又偶會篇，正月建寅，斗杓破申。漢書王莽傳，以戊辰直定御王冠，即真天子位。浭陽端氏所藏王莽銅量銘亦有戊辰直定語。漢孟琁碑，□□丙申月建臨卯。漢龜兹左將軍劉平國作關城頌，永壽四年八月甲戌朔，十二日乙酉直建。此建除之載在古籍及金石者。此簡每日下記所值神殺有血忌、反支、八魁等。血忌見論衡四諱篇，祭祀言觸血忌。又譏日篇，如以殺牲見血，避血忌月殺，則生人食六畜亦宜避之。又陰陽書日凶占法，血忌，忌針灸，穿牛殺馬，血口割六畜。宋會天歷及今歷記每日所值神殺，尚有血忌。知由漢訖今不改也。反支見漢書游俠傳，張竦為賊兵所殺。注引李奇曰，竦知有賊，當去。會反支日，不去，因為賊所殺。桓譚以為通人之蔽也。又後漢書王符傳，公車以反支日不受章奏。注曰，反支日用月朔為正。戌亥朔，一日反支。申酉朔，二日反支。午未朔，三日反支。辰巳朔，四日反支。寅卯朔，五日反支。子丑朔，六日反支。見陰陽書也。八魁無攷。

永興元年歷譜木簡出敦十一，長二百二十八米里邁當，廣八米里邁當。

三日　戊寅　戊申　戊寅　丁未　丁丑　丙午　丙子　乙巳　乙亥　甲辰　甲戌　癸卯

右譜沙氏攷為永興元年歷。今依四分術推之，是年正月丙子朔，二月丙午朔，正月三日正得戊寅，二月三日正得戊申，沙氏所攷是也。此亦以十二簡横書一歲中每日干支者，與元康、神爵諸譜同。

干支譜木簡出敦十五甲，長一百七十三米里邁當，廣十二米里邁當。

甲子　乙丑　丙下缺

又木牘出於敦十九，長三百三十三米里邁當，廣三十米里邁當。

甲子　乙丑　丙寅　丁卯　戊辰　己巳　庚午　辛未　壬申　癸酉

甲子　乙丑　丙寅　丁卯　戊辰　己巳　庚午　辛未　壬申　癸酉

又木簡出敦六乙，長一百六十二米里邁當。

上缺中　辛酉　壬戌　癸亥

右干支譜三簡。第一簡甲字作十，與古金文同。第二、三簡癸字作关、[illegible]，則別字矣。

此譜始合十簡分書六十甲子為譜，以供推步之用。殷虛文字中亦有之。

九九術　木簡出敦二十六，即萬歲顯武燧。長二百六十米里邁當，廣廿四米里邁當。

九九八十一	八八六十四	五七卅五	□□□□	二三而六	大凡千一百一十
八九七十二	七八五十六	四七廿八	五五廿五	二二而四	
七九六十三	六八卌八	三七廿一	四五廿	□□□	
	五八卌		三五十五		

右九九術殘簡，分六列書之。第一第三第五列存三行，第二第四列存四行，第六列一行，第五列末行字不可識，末為一字，上有兩字漫滅，但存微跡，然非一一而一則可知也。即今日通行乘法。但今乘法由一一如一，至九九八十一，凡四十五句。今此簡雖亡其半，然以存句攷之，蓋無一一如一至一九如九九句也。此簡末言大凡千一百一十，十下似有三字，然已不可辨，依法推之，則不合有三字。若并一一如一九句，合計總數當得一千一百五十五。除此九句，總數乃得千一百一十，此簡中無一一如一九句之確證也。餘皆與今同。惟今法始一一至九九，此則始九九訖二二。攷孫子算經乘法全載此四十五句，亦起九九而訖一一，末言從九九至一一總成一千一百五十五，是古法始於九九之證。孫子算經不著撰人姓名，或以為孫武所著。四

庫全書提要以書中有雒陽及佛經語，定為非出於孫武。然文義古質，決非出兩漢後人之手也。説苑尊賢篇，齊桓公設庭燎，為士之欲造見者，期年而士不至，於是東野鄙人有以九九之術見者。漢書梅福傳載福言事疏亦云，臣聞齊桓之時，有以九九見者，桓公不逆。顏師古注，九九算術，若今九章五曹之輩。今以此簡及孫子算經證之，蓋即乘法。其術始於九九，故稱九九之術。其始一一如一，而終九九八十一者，後人所改也。顏注以為九章五曹之輩者誤矣。此法周秦古書多引之。如管子地員篇，大戴記本命篇，淮南天文訓、地形訓備引此四十五句中之語，此尤為東野鄙人所操以見齊桓公者，正是此術之確證也。此簡二二而四，今法作二二如四。攷大戴記、淮南子並引三三而九，周禮疏亦引二二而四、三三而九，正與此同。知唐人尚作而。容齋續筆云，三三如九、三四十二，皆俗語算術，知改而作如，始於宋代也。孫子算經亦作二二如四、三三如九，殆唐以後刊本所追改，非原書之舊矣。

吉凶宜忌殘簡　木簡出敦六乙，長二百三十六木里邁當，廣十一木里邁當。

正月大時在東方害卯小時丑在東方害寅子朔巳反支辰解律

反支之法，子丑朔，六日反支，攷子朔巳反支也。

又木簡出敦十九，長四十五米里邁當。

上缺 月 亥酉 亥子

又木簡出敦十五甲，長六十二米里邁當。

月殺 丑 戌 次行尚有字，殘缺不可辨。

又木簡出敦十七，長二十五米里邁當，廣十一米里邁當。

上缺 大黄種 五行 土圖 土府 財口 下缺

又木簡出敦十五甲，長一百五十五米里邁當，廣八米里邁當。

生子東首者富南首者貴西首者貧北首者不壽 生子見天有 下缺

右五簡記吉凶宜忌，其義不可盡曉。惟第一簡之大時、小時見淮南子天文訓，大時者，咸池也。小時者，月建也。神樞經曰，大時者，將軍之象也。小時者，郎將之象也。李鼎祚曰，大時者，正月起卯逆行四仲。第三簡之月殺，見論衡譏日篇。廣聖歷曰，月煞者，月內之殺神也。歷例曰，月煞者，正月起丑逆行四季。第四簡之土府即月建。邵泰衢曰，建為土府者，猶中府也。小時、土府蓋與建同位而異名。宋會天歷載每日凶神，尚有大時、小時、月煞、土府，直至今歷尚尒。可見陰陽宜忌之說，漢時已大盛也。第五簡乃述產子時方位宜忌。此均當在班志五行家中，故附于麻算之後。

占書木簡出敦六乙，長一百八十五米里邁當，廣八米里邁當。

旅　閒盜事　有凶事　有客從遠所來　有所得

右占書但存旅卦一簡。漢志蓍龜十五家，其中筮書以下易占凡十家，此不知為何書也。

相馬法木簡出敦十九，長二百三十八米里邁當，廣九米里邁當。

□下貌　腸小胃腸小者腹下平脾小胃脾小者耳乞屬彭乞欲卑目欲高間本四寸六百里

右簡語多不可解，然細繹之，則相馬法也。齊民要術引相馬五藏法云，腸欲厚且長，腸厚則腹下廣而平，脾欲得小，脾小則易養，腸欲充，腔小。又云，馬眼欲得高。太平御覽引伯樂相馬法云，腹下欲得平，有八字。又引馬援相馬法云，腹下欲平滿。諸說均與此簡略合。乞即耳字。間本五寸六百里，間本不知當馬體何所。御覽引相馬經言，素下去飛鳧四寸，行千里。所謂間本殆即素下去飛鳧之處與。或即承上二句謂耳目之間也。

方技類

醫方木簡出敦十五甲，修廣未詳。

十一

治久欬逆匈痹痿痹止泄心腹久積傷寒方人參　茈宛昌蒲細辛薑桂蜀椒各一分烏喙十分皆合和以

又 同上

湏中當泄下不下復飲藥大下立愈矣良甚

又 同上

治傷寒馬 下缺

又 同上

上缺 言絶大黄主靡穀去卒亭磨

又 木簡出敦十五甲，長二百三十二米里邁當，廣五米里邁當。

股寒曾載車馬驚隋血在匈中恩興惠君方服之廿日　徵下卅日腹中毋積匈中不復手足不滿通利臣安國

又 木簡出敦十五甲。

煮三沸分以三灌五酘盡漕孝寍方

又 同上

治馬膏方石南草五分

又 同上

治馬膏方石方

又（同上）

治馬傷水方薑桂細辛皁莢付子各三分遠志五分桔梗五分隹子十五枚（下缺）

又（木簡不記出處。）

治藥以和膏炊令沸塗牛領良

又（木簡出敦十五甲。）

（上缺）為十二丸宿無食馬以一丸吞之

右醫方十一簡，內第三及第七以下共六簡，確為獸醫方。其它諸簡，雖未能確指，然簡式書法並同，疑是一書。惟第五簡有手足不滿語，獸不當言手足。顧細審上文曾裁車馬驚，乃謂馬曾裁車而驚，似非指人在車中受驚也。或仍是獸醫方，古語簡質，遂以手足通施於人畜耶。古醫方傳世最古者為傷寒、金匱諸方，凡言藥劑，皆以兩計，其分兩同者，則曰等分，其散藥，則言方寸匕。今簡中諸方，皆言幾分，其義與等分之分同，非謂兩以下之幾錢幾分。蓋漢以前，兩以下但云銖，不云錢與分也。其所載藥物之名，茈宛，說文作茈菀，本草經作紫菀，古茈與紫、宛與菀通用。說文茈注，茈草也。山海經，勞山多茈草。注，一名茈䓞。廣雅，茈䓞，茈草也。本草經作紫草。漢王元賓碑陰宛陵作菀陵，其證也。亭歷本草經作葶藶，說文無葶藶，乃

十二

亭歷之俗作。古書歷字多作磿，其字从厤从石，見說文石部。而皆傳譌作从麻从石之磨。如周禮遂師之抱磨，周書世俘解之伐磨，秦策之濮磨，楚策之磨山，墨子非攻篇之馬磨為山川，備城門篇之磨衡，史記樂毅傳之磨室，侯表之磨侯，禮記正義引易通卦驗之律磨，諸磨字皆磿字之譌。此簡亦譌磿為磨，與諸書同。漢時封泥有磿城丞印，磿城即漢志之歷城，其字尚从厤从石，可證諸書及此簡之為譌字也。至諸簡中別搆之字，如庚即痺，偷即愈，潅即灌，酓即飲，其字不見於石刻中，可為考古分隸者之助。又諸簡載處方者姓名凡二，曰臣安國，曰漕孝寧。每方之前又載病之徵候，多如後世醫者之診案。蓋古無方書，醫家所習醫經、本草而已。其處方殆集名醫方之有治效者而師放之，故並其診案與醫者姓名而同著之與。

又殘紙 出蒲昌海北。

口熱 此間約缺十字以內。 五十

腹中不調一歲飲一丸不下至三丸二歲三 下缺

七丸不下稍增至十丸

右醫方雜書紙上，然書跡甚古，殆在魏晉之間。曾與增同。孟子告子下，曾益其所不能求以曾為增也。

小學術數方技書考釋

簡牘遺文考釋

古簡文字最難識。其時最先者上承篆書，下接章草，一也。邊徼急就之書，頗多譌略，二也。斷爛之餘，不能求其義理，三也。諸簡皆然，而書牘為尤甚。此編所錄，合簡紙計之，都八十有八，而完整者不過二、三。其可考見事實者亦少。然藉以知書體之變遷，窺簡牘之體式，其裨益亦甚鉅。茲略著一二於釋文之下，其於所不知，蓋闕如也。甲寅正月上虞羅振玉。

一

本簡出敦六乙，長二百三十一米里邁當。

印本此簡文字面背皆從左側，附述于此。

□伏地再拜

□公足下因□□須官發卒史妻子集名籍會月十五日今月已盡次公至今□□（以上簡面）

今安請欲為次公為之元毋從知其名字人數願次公□封移三通會今須移官□（以下簡背）

事不可忽願留意幸甚

右簡前稱□伏地再拜，當是漢時書式如此。卷中諸牘中言伏地再拜者，並此而五。以書體觀之，皆在西漢季年及東漢初葉也。

二

本簡出敦十二甲，長二百三十一米里邁當，廣十四米里邁當。

□伏地再請

□公足下幸為可取奉顏中公□呂官□可幸甚

三　木簡出敦六乙，長一百三十五米里邁當，廣九米里邁當。

多君少平足下善毋恙甚苦事辱幸賜書□請□□罷□叩頭幸甚甲午日朔

四　木簡出敦六乙，長二百四米里邁當，廣九米里邁當。

上缺 知子卩毋恙伏地再拜子□足下　□□□毋以□頁□

五　木簡出敦十六，長二百三十二米里邁當。

上缺 貧困被飢寒疾疫之殭日練而懼於天地之伎未知刑津君將何以輔時小

六　木簡出敦十四，長一百七十四米里邁當，廣二十七米里邁當。

奉伏頟子和少公幸賜書□奉得奉聞子和少公毋恙

□　下奉直居還須塑甚急不得甚聞子和少公毋 以上面

恙奉再拜幸甚甚　楮中公記進䕫子和 以下背

甚苦須塑春時不和奉伏頟子和少公近衣進御酒食

右簡中近衣進御酒食，衣字作〈，楮字亦从衣，均用篆體。知此書出西漢人手，其時隸法尚未備也。

七　木簡出敦十四，長七十米里邁當，廣十米里邁當。

少公夫人足下善毋恙

□□□□□□□□□□ 以上面

□伏願少公夫人□亂 以下背

少公夫人□□　□□

八　木簡出敦十四，長一百十五米里邊當，廣十七米里邊當。

中公伏地再拜請

少君足下善毋恙甚苦事春時不 以上面

事中公再拜幸甚甚少君足下中公伏願少公 以下背

不得聞少君毋恙也中公伏願少君時□

九　木簡出敦二十八，長一百十五米里邊當，廣二十七米里邊當。

□□久不相見 面

□中恙□ 背

十　木簡出敦十五甲，長一百二十二米里邊當，廣二十九米里邊當。

飢念故人節更嫁母多□

□未窮得以買□□積日

□□□下□□視

十一 木簡出敦二十七。

領君仲翔君爲 目

十二 木簡出敦六乙，長二百三十五米里邁當，廣七米里邁當。

□□足下善疾□伏前問屬到□候丞來給幸寬所罪因伏 面

言□□所幸狗子者□□□□前□□□幸以□ 背

十三 木簡出敦六乙，長一百七十四米里邁當，廣八米里邁當。

久不相見卒然相葉以驩道故以請語當此之時臣竊樂之歡至四五什若耐□

右簡乃史記滑稽列傳文，誤列此。惟今本作卒然相覩，歡然道故，以私情相語，飲可五六斗經醉矣。若乃州閭之會，與此有異同。至簡中飲字作歡，與卷一醫方中歡盡之歡同。

十四 木簡出敦十五甲，長七十五米里邁當，廣二十六米里邁當。

□李文通田可取者取之平井不可

□□得復往也今當爲府作未知

之勿爲人爲□此事也勿□

□□□可□□予□目□（面以上）

予季文通□姚予□（背以下）

自，叢，

二月三日奉□□已得□

十五　木簡出敦十五甲，長六十八米里邁當，廣二十米里邁。

□莫即欲□□

復夜辟則故留

□但□□□勿（面以上）

李若□庸□（背以下）

奴所調買革囊

十六　木簡出敦十五甲。

甯尊叩頭白記

王君門下

十七　木簡出敦十四，長三十二米里邁當，廣十二米里邁。

周生薊白

三

右簡之周生萌，亦見屯戍叢殘烽燧類第四簡，乃玉門候造史也。周生為敦煌著姓。魏志王肅傳有魏初徵士敦煌周生烈。裴松之注，此人姓周生名烈。亦見魏志張既傳，宋書且渠蒙遜傳，隋書經籍志及何晏論語集解序，陸德明經典釋文敘錄等書，其所箸書名周生子要論。又，簡中有周生萌、周生並二人，則周生之為複姓信矣。六朝以後，敦煌名族如索氏、闞氏、張氏，俱見簡中。此簡漢物，亦有周生一姓，知諸姓之在敦煌久矣。

十八 木簡出敦十五甲，長五十米里邊當。

周生並白

十九 木簡出敦十五甲，長六十五米里邊當。

□子步足下毋恙

□辟小人前日往時 面

至今誠慙誠慙 背

二十 木簡出敦十四，長一百三十一米里邊當，廣二十一米里邊當。

斥候煎都君不祥孝與私從二人馳取君上復

□孝聞不到再拜□十二月八日甲戌□孝以丙子□□以上（面）

庫候煎都以下 背

呂李□□

右簡律字即幸字。諸簡中幸字多从犬，然皆上犬下羊，此簡則著犬於羊側。漢印中有大利長幸等語，其幸字工皆从犬，與篆書从夭作不合。前人不敢確定為幸字。然漢石刻中幸字皆从犬，無从夭者。今證以諸簡，知漢人隸書幸字無一與篆文合者，是可異也。

二十一　木簡出敦十四，長二百二十一米里邁當，廣十五米里邁當。

可以殄滅諸反國立大功公輔之位君之當有

右簡云公輔之位，可知為孝平及王莽時所書。又云可以殄滅諸反國立大功，又可知書於始建國五年，西域諸國叛莽之後也。此簡章草精絕，雖寥寥不及二十字，然使過江十紙猶在人間，不足貴也。張、索遺跡，唐人已不及見，況此更遠在張、索以前。一旦寓目，驚喜何可量耶。

二十二　木簡出敦二十七，長二百二十一米里邁當，廣七米里邁當。

□得以時〻似□為之當如〻何〻宋君度耐何日發乎竟不□□

右簡耐即能字。禮記禮運：聖人耐以天下為一家。注：耐，古能字。傳書世異，古字時有存者。樂記，人不耐無樂。注，耐古能字也。後世變之，此獨存焉。詩漸漸之石，箋豕之性能水。釋文能，本亦作耐。穀梁成七年傳，非人所能也。釋文，能如字，亦作耐。皆其證也。此簡書跡在兩漢之間，而能字猶作耐，可知鄭君耐能古今字之說，乃就漢一代中分古今，非必以周末為古，漢為今也。

二十四木簡出敦十五甲，長二百二十八米里邁當，廣八米里邁當。

辛李奴過薄□□當以□亻亻□□□□□□□□

二十五木簡出蒲昌海北，長二百三十七米里邁當，廣十二米里邁當。

以駑鈍眾備負數□事目下憂無材稱以報天施夙夜

二十六木簡出蒲昌海北，長八十米里邁當，廣四十米里邁當。

因王材跋

西域長史　張君坐前

元言疏

二十七木簡出蒲昌海北，長六十米里邁當，廣二十一米里邁當。

趙阿仲　家書面

□事背

右二簡皆書牘之檢，前第十六簡亦同。古人致書，或云言疏，或云白疏，或云白記，或云具書，其義一也。

二十八 木簡出尼雅城，長六十九米里邁當，廣十一米里邁當。

王母謹以琅玕一致問 面

王 背

二十九 木簡出尼雅城，長六十二米里邁當，廣十一米里邁當。

臣承德叩頭謹以玫瑰一再拜致問 面

大王 背

三十 木簡出尼雅城，長九十二米里邁當，廣十二米里邁當。

休烏宋耶謹以琅玕一致問 面

小大子九健持一 背

三十一 木簡出尼雅城，長七十七米里邁當，廣十二米里邁當。

君華謹以琅玕一致問 面

且末夫人 背。

三十二 木簡出尼雅城，長一百米里邁當，廣十四米里邁當。

大子：芺夫人叩頭謹以琅玕一致問　面、

夫人春君　背

三十三　木簡出尼雅城，長八十二米里邁當，廣十二米里邁當。

蘇且謹以琅玕一致問　面

春君　背

三十四　木簡出尼雅城，長七十五米里邁當，廣十二米里邁當。

蘇且謹以黄琅玕一鈸問　面

春君　背

三十五　木簡出尼雅城，長七十九米里邁當，廣十三米里邁當。

奉謹以琅玕一鈸問　面

春君夲毋相忘　背

右八簡隸書至精。其所致問之人，曰王、曰大王、曰小大子、曰且末夫人、曰夫人春君、曰春君。其致問之物，曰琅玕、曰玫瑰、曰黄琅玕。斯君謂此簡出土之地當爲精絶國，王君謂且末夫人當是且末之女女於精絶者，如齊姜宋子之類。其説均至確。琅玕，爾雅釋地及海外西經並言出崑崙邱。本草經，琅玕一名青珠。説文琅注，琅玕，似珠者。玫瑰，子虛賦晉灼注云，火齊珠也。蓋二物並天生，無圭角，略如珠形。今芒洛六朝古冢中往往得色青而明之圓玉，中有穿，如珠連屬以為釧，殆古之琅玕矣。古書多言青琅玕，不聞有黃者，賴此始知之。

三十六　第十三書出敦。

政伏地再拜言

幼卿君明足下毋久不明相見夏時政伏地願幼卿君明適衣進食察郡事政

居成樂五歲餘未得是道里遠辟回往來希官薄身賤書不通叩〻頭〻因

同吏郎今置為敦煌魚澤候守丞王子方政叩頭願幼卿幸為存請□君倩

不曾御不北還居酒泉有奏叩〻頭〻大守任君正月中病不幸□大守□

□政得長奉聞幼卿君明嚴敕舍中諸子毋惡政幸甚謹因

幼卿君明足下因請長實子仲少實諸弟

三十七　第十三書出敦。

□□□幼卿君力舍中兒子毋惡政不肖

□所學事廣衍長楊君倩〻得興幼

□得家學恩政叩頭幸甚前數奏書

口為（定課）金城大守□□□□□□顏务卿賜記

拜

右二書寫於縑上。按漢時書記大抵用木，所謂尺牘，皆是也。唯漢書高帝紀，書帛射城上。蘇武傳，天子射上林中得雁，足有係帛書。古詩，呼兒烹鯉魚，中有尺素書。則簡牘之外，亦兼用帛作書。今此編漢人書記二十餘通，皆用簡牘，其用帛書者，唯此而已。此二書時代尚在西漢之末。漢書孫寶傳，寶從京兆尹左遷敦煌魚澤障候。是西漢時有魚澤候一官，王君以為宜禾都尉屬之候官，其說是也。若東漢以後，則無魚澤候，而但有魚澤尉。（見屯戍叢殘簿書類第六十一簡，乃永平十八年事。）王君以此魚澤尉為障塞尉之屬，其下不得有候官、候丞，說亦至確。今此書有魚澤候守丞王子方語，則非東漢後物矣。書中成樂在前漢為定襄郡屬縣，廣衍為西河郡屬縣，此二書殆自成樂致敦煌者也。書中適衣進食，與第六簡近衣進御酒食語略同，殆漢人書問中習用語，亦猶後人之言加餐耶。

三十八（紙片，出敦十五甲，長一百二十米里邁當，廣四十六米里邁當。）

口書浮叩頭言

薛用思起居平安

三十九 紙片出敦十三，高一百米里邁當。

□□□□

□兵至即□發

四十 紙片出蒲昌海北，高九十米里邁當，廣九十米里邁當。

□及以□女

自守可以永年念古□

□用不節衣履圖空

同人道斷絕仕進不

□費相從一月千萬二

訟自挂强出惶怖□

耳目盲聾衣袂裂

家

則迷昏背人忘義唯色是存不

□尊單家盡屋星夜馳奔摩□ 以上面

□□奇 以下背

憔念古人甚可
推之志非古
好其心深
詩兮可共遵仲□
右書初疑為父兄敎誡子弟之書，然細請之，知為四字韻語，前排類時誤列於此也。紙面第一、二行唯可以永年一句完善，然第三行以下存字較多。自此至第八行唯用一韻，如空同從訟聾蒙，皆其韻也。九十兩行又換一韻，皆存尊命四字，是也。紙背五行，存字尤少，其韻無自求之。然有詩兮可共遵五字，則此紙為一詩之斷片無疑。書中頗多複字，又大都訓誡之詞，又可知非三蒼之屬也。詩頗質俚，似唐人所作太公家敎。然以其書跡觀之，則永字、衣字猶類小篆，其字、存字亦用隸體筆意，亦極古拙，當為漢末人所書。海頭所出之書，以此為最古矣。

四十一　紙片出蒲昌海北。

十一月廿五日具書浚叩
督部王掾彥時侍者頃末□
平安全甚々善久不相見

常有達比人往通書亦浮

吉祐間比有來人問知舍

惠魚深摩前家西□（以上面）

□□業叩頭叩頭（以下紙背別為一書。）

□正諸人悉□□

□白東道絕久賓乏牢物意多

五□并□自□能幾□故失

□度不忽而已知所□國不出也

是故發言留意□弘時見

卩也敬表不悉□白

□月十六日具書式敘□（此行又別為一書。）

四十二（紙片出蒲昌海北。）

三月十五日具書恩頓首

王卒史彥時頃不為春

居平安別闊有年相思

俱然相於義崇小大
筆所能申荅知索
□國為□差矣

四十三　紙片出蒲昌海北。

僧渠香寺人
自念皆有老親
琴見迫脅不敢作
側依馬耆王臧對王
諫止怒欲相殺復對王□
龜茲吏奴大友如是其

右書斷缺，不見其書人姓名。熟玩書旨，似晉人入馬耆者所書。晉書馬耆傳，馬耆王龍安子會，少而勇傑。安病篤，謂會曰，我嘗為龜茲王白山所辱，不忘於心，汝能雪之，乃吾子也。會立，襲白山，遂據其國，遣子熙歸本國為王。會有膽氣籌略，遂霸西胡。是晉之中葉，馬耆曾強大，晉人有在其國者，遣書西域長史所屬，自述近事也。此當是龍會時事。至龍熙之世，為張駿將楊宣所伐，臣服于駿，或不至有欲殺晉人事數。

四十四　紙片出蒲昌海北。

十月四日具書焉耆玄頓首言
王督郵彥時司馬君彥祖侍者各十
王人自隨無他甚休闊別踰異念想無
□□時書買略訖健丈夫所在無施
頃未旋進想言會聞有人從郡
□徐府君ㄙ左小城中唐長史左
□伯進為東部督郵脩正云當
□□□炎□且如是彥祖

右書乃致王督郵者。卷中致王督郵之書凡四，其三稱王督郵，其一稱王卒史，皆字彥時，歷官雖殊，實一人也。漢書尹翁歸傳，翁歸補卒史，從署督郵。王彥時亦當先為卒史，後補督郵也。督郵本漢郡守屬官。尹翁歸傳，河東二十八郡，分為兩部，閎孺部汾北，翁歸部汾南。孫寶傳，署侯文東部督郵。是前漢每郡分二部，部置督郵一人。續漢書百官志，郡守下乃云其監屬縣，有五部督郵，曹掾一人。劉昭注引漢官，河南尹吏員有四部督郵。要之，部有多寡，每部必有一人。續志部增至五而員減爲一，必有誤也。此書中既有王督郵，復云□伯進爲東部督郵，則亦每部一人。晉志，郡守曹掾中乃無督郵，唯見於陶侃、陳頵、王湛、陶潛諸傳。據此書，知晉制與兩漢正同也。惟此書所出之地爲西域長史治所，前後並未置郡，所謂王督郵及東部督郵，不知爲何郡之掾耳。

四十五 紙片出蒲昌海北。

惶淮政

四十六 紙片出蒲昌海北。

五月七日具書款

督郵王掾

四十七 紙片出蒲昌海北。

□□

□書與張

親故設相

其實浮者

□貧言者

恕頓首

者勤〼

□署

四十八紙片出蒲昌海北。

□□〼罪

□求勳

量相待

爲累此間

有往復相聞

四十九紙片出蒲昌海北。

□□□〼〼

□焉者王□

反覆復無

爲將吏所留

奠東西不復

吏可以決疑鄰

將吏相迎國口

乃爾苦相逢

口口憂也乚

右書與第四十三書法正同，殆出一人手。書中云烏耆王口，又云為將吏所啚。殆圖字之省。考晉書焉耆傳，言國王會恃勇輕率，嘗出宿于外，為龜茲國人羅雲所殺。此書所謂為將吏所圖，或即指此耶。

五十　紙片出蒲昌海北。

口

隣刂

者屬令

東方改動

首

王寶以九月廿六

想欲聞知財

五十一 紙片出蒲昌海北。

□□□□

乂緘自為用意

□奴薰推□

五十二 紙片出蒲昌海北。

頓首

不夏

清涼

五十三 紙片出蒲昌海北，高六十二米里邁，廣五十五米里邁。

兵曹史高徵白

教如右前於□上臨

人皆級頭請內广

五十四 紙片出蒲昌海北，高一百四十米里邁，廣三十四米里邁。

樓蘭以白

五十五　紙片出蒲昌海北。
後有信相聞宜
小宣則叩頭叩

五十六　紙片出蒲昌海北。

□服
□安君
□□

五十七　紙片出蒲昌海北，髙二百四十五米里邁當，廣四十米里邁當。

張主薄前
八月廿八日樓蘭白疏惲惶恐白奉辭
□□□□□□無階親省騫心東望

五十八　紙片出蒲昌海北。

女□近
指具知款情
相爲攝受
加用意東方道以上面

諸將爲亂書以下 背

露希到降誅

復別表雖

首填首

五十九　紙片出蒲昌海北，高一百二十一米里邊當，廣一百五十米里邊當。

五月十四日烹口

鞍相聞思想

知送闉西域

事想當束尒

慎客自戔書

右書繹知送闉西域，云云七戌蓁蓁殘稟給類第三十三簡有西域長史文書事郎

中闉邁當即其人。

六十　紙片出蒲昌海北，高一百二十米里邊當，廣一百五十米里邊當。

八月廿五

大弟豐口

所悉自尔口
已清滇
陂口

六十一　紙片出蒲昌海北，高一百米里邊當，廣六十米里邊當。

史平議贏
口憔青

六十二　紙片出蒲昌海北，高一百米里邊當，廣七十五米里邊當。

欲展辛苦瞻望
前草不備叙
翁華頓首頓首

六十三　紙片出蒲昌海北，高二百三十米里邊當，廣七十米里邊當。

口口白請賞口口口
今所得田蓋少可有口沙之令言
胡石田當令主國賓其口口但賜口口　以上面
白事口能宣口下承口口口　以下背

叩頭叩頭死罪死罪

□叩頭死罪前□王大

六十四　紙片出蒲昌海北，高二百五十米里遺當，廣二十米里遺當。

今假鐵市買使嫂趙霸去倉卒及去人爲書恨不備具

若有人來念作書跡來所寄恣爲得□當□可知德文奉

六十五　紙片出蒲昌海北，廣一百四十七米里遺當。

□見告

□冂亻□事

□宣心書

拜言疏

□□□□□人作

□□執軍戎

□右白事□

也是尤責

舍住一皆發

□□□藉□

六十六 紙片出蒲昌海北，高六十七米里邁當，廣四十七米里邁當。

□詒書已名□

□彼文書

訖二部兵

六十七 紙片出蒲昌海北，高一百十五米里邁當，廣二百六米里邁當。

為世主當才中

處而辶適

之申法俗不同

□能甚悯：也

外都耳□

□才□行□柙□

諸簡牘中唯此及下第七十五書與屯戍叢殘簿書類三十二至三十五四簡為草書，與秘閣所載晉以來尺牘書體相同。此外，皆章草，否則亦存章草及隸書遺意。其章草書具年月者，則如屯戍叢殘稟給類第十一簡有建武三十一年字，第十二簡有永平十一年字。然則前人謂章草始於章帝者，殆不然矣。又神爵四年簡（屯戍叢殘烽燧類第二十一）與二爨碑頗相近，為今楷之濫觴。至永和二年簡，（屯戍叢殘簿書類二十三）則楷七而隸三矣。魏景元四年簡，（屯戍叢殘雜事類第五十六）則全為楷書。此卷魏晉以後諸書，楷法亦大備。昔人疑鍾太傅諸帖為傳橅失真或贗作者，以此卷證之，確知其不然也。此有關於書體之沿革，故附著之。

六十八（紙片出蒲昌海北，高一百五十米里邁當，廣七十五米里邁當。）

敦煌具書畔毗再拜

□□□備悉後日遂

右書首言敦煌具書畔毗再拜，以致書之地冠於人名上，諸書中多有之。如具書焉耆玄頓首言，（四十四）具書敦煌，（四十六）樓蘭□白，（五十四）樓蘭白疏惲惶恐白，（五十六）皆是。此亦古人書式之僅存者。

六十九（紙片出蒲昌海北，高二百二十五米里邁當，廣一百十米里邁當。）

□□詔下州偈郡推究□□□所上不辶量□□

寫郡荅書并遣兵上尚書草呈當及胥胡還府君

勑與司馬為伴輒住留司馬及還其餘清亂後有異復

白柜死罪死罪

柜死罪□□□□□□下萬福

七十 紙片出蒲昌海北，高六十米里邁當。

□□□所

南通所我

南□□展□

□□□不出

七十一 木簡出蒲昌海北，高五十五米里邁當，廣六十五米里邁當。

□奉問正

懷未敢望

□□誠用

七十二 紙片出蒲昌海北，高二百十三米里邁當，廣四十五米里邁當。

羌女白取別之後便尒西邁相見無緣書

問踈簡每念兹对不舍心懷情用勞結倉卒

□致消息不能別有書裁因數字值給復表馬羌

□□

七十三　紙片出蒲昌海北，高一百二十米里邁當，廣十五米里邁當。

泰始六年□

報休寶

寶自以始

長還□

七十四　紙片出蒲昌海北，高一百二十米里邁當，廣十五米里邁當。

永嘉六年三月廿□

七十五　紙片出蒲昌海北，高一百三十五米里邁當，廣二百五米里邁當。

□

□一日□□

□也又□□

□□可□

□□彈

□□

七十六 紙片出蒲昌海北，高九十七米里邁當，廣一百米里邁當。

昔卹□□□首□
初暑德體平常全
言覲想戀左右每
德政奉使到及
□慰知尊兄
□□

七十七 紙片出蒲昌海北。

十二月廿九日國下對
有欽想僕以此月
才聞無堪忝然謂
力田里宁
所云既

七十八 紙片出蒲昌海北，高七十七米里邁當，廣八十五米里邁當。

六月廿二日具記敦

使君麾下頃不為
𢀩一日雖因奏
遣送虜等□
□共遣尊
□□□發遣龜
七十九紙片出蒲昌海北，高一百四十二米里邁當。
永嘉六年二月十五日
鮮曹主者去四年奉
發玉門閬州內直
留得□
八十紙片出蒲昌海北，高五十三米里邁當，廣三十七米里邁當。
□賢兄
□□山
八十一木簡出蒲昌海北，高七十七米里邁當，廣四十七米里邁當。
萬福曠

萬萬福

綏所宜

□所宜

八十二 紙片出蒲昌海北，高九十米里邁當，廣三十五米里邁當。

□便資

八十三 紙片出蒲昌海北。

各舉材任

□□□□

八十四 紙片出蒲昌海北，高六十二米里邁當，廣五十五米里邁當。

書

道生長晉他

返命訖思還

夙夜□

八十五 紙片出蒲昌海北，高一百三十一米里邁當，廣四十五米里邁當。

□□□其民

不宣夏暑日陸

不可言夏暑覲

曠隔險遠□

八十六 紙片出蒲昌海北。

得奉

□□

福祚

簡牘遺文考釋

漢熹平石經殘字集録

歷代刊刻石經，肇於漢之熹平，顧史籍所記，實多疏舛。於經數則有五經、六經之殊，於書體則有一字、三字之異。逮《隋書・經籍志》，始謂後漢鐫刻七經，箸於石碑。又云，隋開皇六年，自鄴京載入長安，置秘書内省，尋屬隋亂，營造之司用爲柱礎。貞觀初，秘書監臣魏徵始收聚之，十不存一。其相承傳拓之本，猶在秘府，凡一字石經《周易》一卷、《尚書》六卷、《魯詩》六卷、《儀禮》九卷、《春秋》一卷、《公羊傳》九卷、《論語》一卷，始確定經數爲七經，書體爲一字。蓋魏文貞親見長安遺石及秘府藏拓，又與修《隋書》，遂是正前籍之譌。《唐志》載一字石經《尚書》五卷、《儀禮》四卷、《論語》一卷，殆即文貞所收聚，七經之中已闕其四。天水之世，洛陽唐御史臺故址得石經殘石，洪文惠箸之《隸釋》，復鑱石於越州蓬萊閣，凡八石千九百餘字。胡内翰以所得鑱石錦官西樓，凡四千二百七十字，雖倍於洪氏，然皆《尚書》、《魯詩》、《儀禮》、《公羊傳》、《論語》五經而已。是七經唐存其三，宋存其五。越歲七百，洛石再出，始具七經。前後所見，總得經文三千餘言，校語及序記五百餘言，其數畧絀於胡氏，而視文惠爲贏矣。予以已巳孟秋迨於季冬，每有所見，輒爲寫定，爲編者四。今年春，重加釐定，合爲一編。經字可合併者併之，寫定有舛誤者正之，復序其端曰：

往歲與亡友王忠慤公，擬就前籍所記經石之數及石之高廣，以求行字之數，寫定爲碑圖，顧諸經書寫格式不能明晰，致行字無由確定，遂不果作。今七經具出，就其存字以考書式。知《易》分上下經、十翼爲十二篇，上、下經中諸卦文蟬聯書之，每卦首畫卦象，當一字，不空格，每篇題佔一行，

《文言》、《説卦》每章首空一格，復加點識之。《尚書》亦篇題佔一行。《魯詩》則二《南》、《國風》、大小《雅》、三《頌》篇題各佔一行，每章末側注章次，曰「其一」、「其二」，兩字當一格，即篇僅一章者，亦側注「其一」字，每篇末章句下空一格，加點，其每什後題亦點而不空格。《春秋經》每易一年，空格，加點。《公羊傳》每歲冠以某年，其上空一格，加點；　至每事，則於首、末兩字間加點而不空格。《論語》每篇題各佔一行，每章首空一格，加點。書式既明，行字乃可得而求。雖古、今經本不同，文字有增省多寡，行字致有參差，而較其大凡可得。約計《周易》行七十三字，間有六十九至七十八字者。《尚書》同，間有七十至七十六字者。《魯詩》二《南》至《小雅》，行七十二字，間有七十至七十四字者。《角弓》以後至三《頌》，則七十字，間有六十八至七十四字者。《儀禮》行七十三字，間有七十至七十六字者。《春秋》行七十字，間有六十八至七十四字者。《公羊傳》行七十三字，間有六十九至七十四字者，中有一行至百四十一字。成公八年以後則七十一字，間有七十字者。《論語》行七十四字。間有七十一至七十八字者。此書式、行字之可知者也。洪文惠言，以《尚書》石經校《孔傳》，石本多十字，少二十一字，不同者五十五字，借用者八字，通用者十一字。《魯詩》與《毛》異者數字。《論語》校以板本，其文有增損者，亦有假借及用古者。今予所見殘石考之，今本《周易》校今本多一字，少二字，不同者十一字。《尚書》校今本少一字，不同者六字。《魯詩》校《毛詩》多一字，不同者三十九字。《儀禮》校今本少一字，不同者八字，文顛倒不同者一。《春秋》校今本不同者八字。《公羊傳》校今本不同者三字，句法不同者二句。

《論語》校今本多一字，少一字，不同者四字。此經文古、今本多寡異同之可知者也。趙氏《金石録·跋尾》言，以世所傳經本校此遺字，篇第亦有小異，而不言何經。今知爲《魯詩》與《毛》互勘，則篇第不僅小異，約畧舉之，如《鄭風·山有扶蘇》上非《有女同車》，《小雅·彤弓》之後爲《賓之初筵》，《吉日》之後爲《白駒》，《大雅·旱麓》之後爲《靈臺》，《鳧鷖》之後爲《民勞》，《韓奕》之後爲《公劉》，《桑柔》之後爲《瞻卬》、《假樂》。又《卷阿》在《文王》之前，並《毛》、《魯》不同。至《式微》二章，《魯詩》「泥中」在「中露」之前，《黄鳥》三章，《魯詩》「仲行」在「鍼虎」之後，是又不僅篇次不同，章次亦異。《儀禮·鄉飲酒》殘字「北面鼓」之前，計其行字，亦與今本攸殊。此篇第、章次古今本不同之可知者也。洪氏《隸釋》言《魯詩》有一段二十餘字，其間有《齊》、《韓》字，蓋敘二家異同之説，猶《公羊碑》所云顔氏、《論語碑》所云盍、毛、包、周之比也。今予所見七經中，《尚書》、《魯詩》、《儀禮》、《公羊傳》、《論語》皆有校記，意《周易》、《春秋》亦必有之。又洪氏箸録《論語》末有「凡廿篇」、「萬五千七百一□」字，蓋記全經字數。今《魯詩》末存「萬九」二字，殆亦記《魯詩》總字數。意他經亦必有之。又陸機《洛陽記》言《禮記碑》上有諫議大夫馬日磾、議郎蔡邕名，洪氏箸録《公羊碑》後有馬日磾、趙陚等八人名，《論語碑》末有左立、孫表及工陳興名，今《魯詩》末存「郎中」殘字，意每經後亦必有校理諸臣名，特多亡佚，不可見耳。此諸經校記字數、校理諸臣名之可知者也。唐李陽冰譏中郎以豊爲「豐」，今諸經殘字亦間有俗作。如禾入水爲黍，隸書省作「桼」，而《魯詩・黍苗》作「柔」，从禾下木；《鳧鷖》之「鳧」作「⿱鳥力」，从鳥下力，《玉篇》：⿱鳥力似鳧而小，《張猛龍清頌碑》「何以⿱鳥力憘」，王蘭泉少司寇以爲不能識，均不知爲鳧俗作。《儀禮・鄉射》卻手字當从卩，乃誤从阝，並爲譌別。然如《魯詩・楚茨》「神保是格」，格作「佫」，見《師虎敦》，佫爲正字，格爲假借字。《白華》「有鶴在林」，鶴作「隺」，隺爲初字，增鳥爲後起字。《儀禮・鄉飲酒》「奠于篚」之篚作「匪」，爲匡匪之正字，篚爲假字。《春秋》國名之莒作「筥」，从竹不从艸，與《筥小子敦》同，並當據以訂今本之失。此文字正俗之可知者也。范書、《隋志》並言石經乃邕自書於碑，宋人謂諸經書法不同，非出邕一人之手，今目驗諸經殘字，果筆迹各異，此又范書之譌，得據目驗知之者也。近所出殘石諸經外，别有《序記》，表裏刻之，碑陽字稍大，陰字差小，雖尚存三百餘言，而文字斷續不能暢曉，此宋人所未見。至《周易》編次，後人合《彖》、《象》、《文言》於上下經中，朱文公撰《本義》乃本晁、吕二家，更定爲上下經、十翼十二卷，以復古《周易》之舊。今所存《周易》殘字，《文言》之後繼以《説卦》，文公所定與石經正符。又《魯詩》中異文如「于以湘之」之湘作「鬺」，「虺虺其雷」之雷作「靁」，「哀我填寡」之填作「瘨」，「惄焉如擣」之擣作「疛」，並與《韓詩》同，知魯、韓二《詩》往往同字。如是之類，並資多聞。予自遼海索居，見聞苦隘，兹所集録前數年所出，據往歲北京集拓；近年所出，據武進陶氏及趙君萬里所致洛估拓本。約三百石，分售於北京諸家。洛拓至劣，求藏石家精拓本不可得，近稍稍見之，然才及半，間據以增定一、二字。比者中州友人又爲致新出《魯詩》、《儀禮》、《春秋經》、《公羊傳》、《論語》殘字百數十，並增入之。其成書之難蓋如此。在昔天水之世，洪、胡兩家複刻之本，洪刻傳宋拓殘本什才一二，胡刻則一字不存，幸《隸釋》所録，吾人尚得寓目。金石之壽有時不如楮墨，今兹殘石散在諸家，懼其久而湮也。倘因是篇而永之，此則私衷所跂望者矣。庚午閏月，上虞羅振玉書於遼東寓居魯詩堂。

目録如下：

《周易》十石。六百零四字。

《尚書》十三石，併爲八石。一百零二字，《校記》一石。十字。

《魯詩》百廿一石，併爲八十石。千一百四十字，《校記》廿六石，併爲廿一石。百五十九字。

《儀禮》廿五石，併爲廿一石。三百四十一字，《校記》一石。六字。

《春秋》五十六石，併爲四十一石。四百卅四字。

《公羊傳》四十一石，併爲廿七石。四百二十字，《校記》一石。二字。

《論語》二十八石，併爲二十二石。百九十一字，《校記》二石。二十七字。

七經共二百九十四石，併爲二百九石，總得三千二百三十二字。

《校記》三十一石，併爲二十七石，總得二百四字。

《序記》十六石，併爲十四石。三百四十九字。

以上都計三百四十一石，併爲二百五十石，總得三千七百八十五字。

漢熹平石經殘字集録

周易

六　初六發蒙

初九　初九需于郊

□不　利見大人不利涉大川

右上經《蒙》、《需》、《訟》三卦，合今本校讀，首行七十三字，次行七十四字。

□六四　六四翩翩不富以其鄰

否亨六三　大人否亨六三

□其高陵　升其高陵

右上經《泰》、《否》、《同人》三卦，合今本校讀，行均七十三字。

臨吉无咎䷓觀　敦臨吉无咎䷓觀

用獄初九屨校　利用獄初九屨校滅趾无咎

轝而徒六二賁其　　　　　舍車而徒六二賁其須

貞凶六三剥无咎　　　　　蔑貞凶六三剥无咎

右上經《臨》、《觀》、《噬嗑》、《賁》、《剥》五卦，合今本校讀，《賁》「舍車而徒」，《釋文》：車音居。鄭張本作輿，從漢時始有居音。《大畜》「輿脱輹」，《釋文》：輿本作「轝」，石經亦作「轝」，即「輿」字。《剥》六三「剥之无咎」，《釋文》：剥无咎，一本作「剥之无咎」，非，石經亦無「之」字，與《釋文》本同。此殘字首行及第三行均七十三字，次行七十四字，凡每行字數有多寡不等者，皆古、今經本有異同也。又《集録》之例，諸經殘字有但存數筆而確可知爲某字者，用小字側書；又經文殘字之下注以今本，以備參考，示殘字爲經文某句，俾讀者易曉焉。惟存字較多者，則不復注今本。

悔厲吉婦子嘻嘻終吝六四富家大吉九五王假有家勿恤吉上九有

□初有終九四睽孤遇元夫交孚厲无咎六五悔亡厥宗噬膚往何咎

□□來譽六二王臣蹇蹇匪躬之故九三往蹇來反六四往蹇來連九

□□□□負且乘致寇至貞吝九四解而拇朋至斯孚六五君子維有

□□□□□无咎酌損之九二利貞征凶弗損益之六三三人行則損

□□□□□□益利用攸往利涉大川初九利用爲大作元吉无咎

□□□□□□□□惠心勿問元吉有孚惠我德上九莫益之或擊之
□□□□□□□□□子夬夬獨行遇雨若濡有慍无咎九四臀无膚
□□□□□□□□□□二包有魚无咎不利賓九三臀無膚其行□
□□□□□□□□□□□□終乃亂乃萃若號一握爲笑勿恤往□
□□□□□□□□□□□□□見大人勿恤南征吉初六允升大□
□□□□□□□□□□□□□□入于幽谷三歲不覿九二困于□
□□□□□□□□□□□□□□□困于葛藟于劓劊曰動悔有□
□□□□□□□□□□□□□□□□□其福六四井甃无咎九□
□□□□□□□□□□□□□□□□□□吉九五大人虎辯未□
□□□□□□□□□□□□□□□□□□□齮悔終吉九四鼎□
□□□□□□□□□□□□□□□□□□□□嚌九陵勿逐七□
□□□□□□□□□□□□□□□□□□□□□□六艮其止□
□□□□□□□□□□□□□□□□□□□□□□□咎六二□
□□□□□□□□□□□□□□□□□□□□□□□□□凶□

右下經《家人》至《歸妹》十八卦，合今本校讀，惟第九行、十一行、十六行各七十四字，十四行七十五字，餘均行七十三字。至古、今本異同，《寋》卦之「王臣寋寋」等四寋字，今本均作「蹇」，知石經此卦中諸蹇字均作「寋」也。《益》卦「利用攸往」，今本用作「有」，《萃》卦「一握爲笑」，笑作「芺」。案，《説文》無笑字，段氏據《玉篇》、《廣韻》等書補笑云从竹、从犬，以《九經字様》从夭爲非，而亦不能得从犬之誼。今石經从「犬」，與「犬」相似，蓋即夭字。古金文从夭之字皆作「」，改爲隷書則作「犬」，形雖相近，實非犬也。又隷書从竹、从艸之字多混用不别，今此石「芺」字殆从艸、不从竹，許書艸部有「芺」，訓「苦芺艸」，雖不以爲言笑字，而「娱」注「女子笑皃」，疑許書艸部之「芺」即言笑字，後人誤从竹耳。《困》卦「于劓劊」，今本作「于𧾱𧾷」，《釋文》𧾱，《説文》作「劓」；𧾷，《説文》作「𣥺」。又「劓刖」注：王肅本作「𧾱𨁗」，京作「劓劊」。案，《説文》劓或从鼻作「劓」，則京本之「劓劊」即「劓劊」，蓋九五之「劓刖」、上六之「于𧾱𧾷」均作「劓劊」，惜石經九五文已闕，不能證吾説矣。《鼎》卦「躋九陵」，今本作「躋于九陵」；《革》卦「大人虎辯」，今本辯作「變」；《艮》卦「艮其止」，今本止作「趾」，《釋文》趾如字，荀作「止」，石經與荀本合。

肱无咎九　　折其右肱无咎九四

□九三旅焚　　九三旅焚其次

□之貞九二　　利武人之貞九二

吉九二孚兊	和兊吉九二孚兊吉悔亡
其羣元吉涣	六四涣其羣元吉涣有丘
□節吉往有	九五甘節吉往有尚
□咎	馬匹亡无咎

右下經《豐》、《旅》、《巽》、《兊》、《涣》、《節》、《中孚》七卦，合今本校讀，行七十三字，惟第四行七十二字。

无咎弗	无咎弗過遇之
逐七日得	勿逐七日得
曳其□侖	曳其輪貞吉

右下經《小過》、《既濟》、《未濟》三卦，合今本校讀，行均七十三字。

首出庶物萬	首出庶物萬國咸寧

右《彖上傳》。

□□則各從	本乎地者親下則各從其類也
□天上治也亢	飛龍在天上治也亢龍有悔
極乾元用九	與時偕極乾元用九

平也君子以　　　　天下平也君子以成德爲行

不在天下不　　　　上不在天下不在田

右《文言傳》，合今本校讀，首行七十二字，次行六十九字，三行七十三字，四行七十四字。

□□□□□□□□□□□□□□□□□□□□□□□也□□□

□□□□□□□□□□□□□□□□□□□□□人作而□□□

□□□□□□□□□□□□□□□□□□□□也終日乾□□□

□□□□□□□□□□□□□□□□□□□乃革飛龍在天□□

□□□□□□□□□□□□□□□□□發揮旁通情也時□□□

□□□□□□□□□□□□□□□□易曰見龍在田利見大□□

□□□□□□□□□□□□□□咎夫大人者與天地合其德□□

□□□□□□□□□□□□□亡知得而不知喪其唯聖人乎□□

□□□□□□□□□□□□不善之家必有餘殃臣試其君子□□

□□□□□□□□□□德不孤直方大不習无不利則不疑其□□

□□□□□□□□□言謹也君子黃中通理正位居體美在中□□

□□□□□剛柔而生肴和順於道德而理於義窮理盡性以至□□
□□□畫而成卦分陰分陽選用柔剛故易六畫而成章也・天地□
□□艮以止之兑以説之乾以君之巛以臧之帝出乎震齊乎巽相□
□也者明也萬物皆相見南方之卦也聖人南面而聽天下鄉明而□
薄也欿者水也正北方之卦也勞卦也萬物之所歸也故曰勞乎□□

右《文言傳》十一行,《説卦傳》五行,合今本校讀,行字參差殊甚。《文言》首行七十一字,次行七十二字,三行六十九字,四行、六行、七行、十行均七十三字,八、九行均七十二字。《説卦》首行七十四字,次行七十五字,三行七十二字,四行七十八字。其古、今文字異同,「臣試其君」,今本試作「弑」;「美在中」,今本作「美在其中」;「發揮於剛柔而生肴」,今本肴作「爻」;「故易六畫而成章也」,今本無「也」字;「巛以臧之」,今本巛作「坤」,臧作「藏」。《坤》卦《釋文》出「巛」字,注:本又作坤,「巛」與「巛」同。「天下鄉明而治」,今本鄉作「嚮」;「欿者水也」,今本欿作「坎」。《坎》卦《釋文》習坎注:本亦作埳。京、劉作「欿」,石經與京本合。又此石在前石之陰,《文言傳》後,空二行,殆一爲《文言》末行,一爲《説卦傳》題,觀此知傳題佔一行也。又《説卦》次行「故易六畫而成章也」,也下空格加點,知每章空一格。然「帝出乎震」,今本爲章首,而帝上不空格,不知何也。《隸釋》載《公羊隱公傳》「何隱爾試也」,弑亦作「試」,《魯詩》

「欹欹伐輪兮」，坎亦作「欿」。

受之以　　故受之以旅

之故受　　有其信者必行之故受之以小過

右《序卦》，合今本校讀，首行七十三字。

尚書

帝曰契□□不親五　　帝曰契百姓不親五品不遜

共工垂□□首讓于　　汝共工垂拜稽首讓于殳斨

□□□□□女秩　　帝曰俞咨伯汝作秩宗

□□□□□曰於　　神人以和夔曰於

□□□□□世徵　　分北三苗舜生三十徵庸

右《堯典》，石離爲二，今併之。合今本校讀，首行七十二字，次行七十六字，三行七十四字，四行七十二字。「女作秩宗」，石經無「作」字；「三十徵庸」，石經作「世」。案，唐開成石經「二十有八載」，二十作「廿」，「三十徵庸」正當殘闕處，而以字數考之，亦作「世」也。古寫本二十、三十字多作「廿」、「丗」。段氏玉裁曰：《廣韻》注云：廿，今直以爲二十字；卅，今直以爲三十字。然則開成石經《毛詩》「于卅里」、「卅維物」、「終卅里」，仍讀三十，不讀如颯也。

天工　　惟時亮天功

右二字當是《堯典》「惟時亮天功」。段氏玉裁曰：功，今文蓋作工。故《五帝紀》於此曰「相天事」，於《皋陶謨》「天工，人其代之」亦詁以「天事」，古者工有事訓也。此石「天工」二字上下不見殘畫，初未敢定爲《堯典》抑《皋陶謨》，然二字下行有餘石，是此句恰當篇末，故確知爲《堯典》，可爲段說之證。

逆□士逆庶民逆　　女則從龜從筮逆卿士逆庶民逆

時燠若　　曰暘時燠若

右《洪範》。合今本校讀，首行七十五字。

□公　　周公居東二年

以爲　　乃得周公所自以爲功代武王之説

右《周書·金縢》。合今本校讀，首行七十一字，次行七十字。

□□□説二公　　代武王之説二公及王

□宜之□出郊　　我國家禮亦宜之王出郊

此处原空一行

越爾御事　　越爾御事弗弔

□□天降威　　予不敢閉于天降威用

□□武圖　　予翼以于敉寧武圖功

右《周書·金縢》、《大誥》。石離爲三，今併之。合今本校讀，首行七十字，次行四十三字，三行爲《大誥》篇題，佔一行，四行七十三字，五行七十五字。

□和會侯　　四方民大和會侯甸男邦采衛

一二國　　越我一二邦以修

言往敷　　紹聞衣德言往敷求于殷先哲王

右《康誥》。合今本校讀，首行七十一字，次行七十三字。石經邦作「國」，《隸釋·論語殘碑跋》：漢人作文不避國諱，威宗諱志，順帝諱保，石經皆臨文不易。此碑「邦君爲兩君之好」、「何必去父母之邦」、《尚書》「安定厥邦」，皆書邦作「國」，疑漢儒所傳如此，非獨遠避此諱也。案，惠帝諱盈，武帝諱徹，昭帝諱弗陵，和帝諱肇，而《魯詩》、《儀禮》、《周易》殘字中均有盈、徹、弗、陵、肇等字，《論語》殘字中亦有志字，信如洪氏所言。惟邦之改「國」，殆因高祖爲開創之君，故特爲之諱，未必漢儒所傳《尚書》、《論語》邦字皆作「國」也。

□茂和　　惟民其勑懋和

日至于旬　　服念五六日至于旬時

罪寇攘姦軌　　凡民自得罪寇攘姦宄

不友于弟惟　　大不友于弟惟弔兹

引惡惟　　時乃引惡惟朕憝

有　　我惟有及

右《周書・康誥》。合今本校讀，首行七十字，次行七十一字，三、四行均七十三字，五行六十七字。「姦軌」，今本作「姦宄」，軌、宄古通。《詩・民勞》箋：輕爲姦宄，《釋文》：宄，本作「軌」。《書・堯典》「寇賊姦宄」，《史記・五帝紀》作「姦軌」；《牧誓》「以姦宄于商邑」，《史記・周本紀》作「以姦軌于商國」。又，首行「和」上一字尚有殘畫，是「茂」非「懋」。上文「惠不惠，懋不懋」，《春秋》昭公八年《左氏傳》：子旗曰《周書》曰「惠不惠，茂不茂」。《漢書・食貨志》「楙遷有無」，師古曰「楙」與「茂」同。

手稽首　　王拜手稽首曰

工辯從　　予齊百工伻從王于周

右《周書・洛誥》。合今本校讀，首行七十四字。「辯」，今本作「伻」，段氏《古文尚書撰異》謂伻字疑本作「平」，轉寫俗加人旁。案，段説是也。《羣經音辨》卷二：平，使也，《書》「平來以圖」。又，古平、辯通用，《堯典》「平章百姓」，《詩·采菽》正義稱《書傳》作「辨章」。李賢注《後漢書》，亦兩引「辯章百姓」。又「平秩東作，平秩南譌，平秩西成，平在朔易」，《周禮·馮相氏》注並作「辨秩東作，辨秩南譌，辨秩西成，辨在朔易」，《尚書大傳》「辯秩」、「辯在」字皆作「辯」，與此正同。辯、辨亦古通用。

亨周公拜手　　四方其世亨周公拜手稽首曰

御事篤前　　予旦以多子越御事篤前人成烈

引考王辯　　殷乃引考王伻殷

右《周書·洛誥》。合今本校讀，首行七十三字，次行七十二字。

□·不昏作

古我先王暨

□□世篤

右《校記》。前二行爲《盤庚》之文，後一行爲《君牙》，一在《商書》，一在《周書》，相距甚遠，且「不昏作勞」不上空格加「·」，故知爲校語。惜以下文字已損，不能知其異同矣。

魯詩

仇　　君子好仇

一　　關雎三章一章四句

右《周南·關雎》。合《毛詩》校讀，首行七十二字。

□三章　　樛木三章章四句

□其一桃□夭　　桃之夭夭有蕡其實

□公侯好仇　　赳赳武夫公侯好仇

□采采　　薄言袺之采采芣苢

□泳　　不可泳思江之永矣不可方思

□墳　　遵彼汝墳伐其條肄

嗟麟　　振振公族吁嗟麟兮

右《周南·樛木》尾題至《麟之趾》。合《毛詩》校讀，行均七十二字，此石已離爲四，今併之。次行有「其一」兩小字，當一格，乃每章末注章次。洪氏《隸釋》所載《魯詩》存字中當章末者不少，乃不録其厶字，此前人校録之疏矣。

麟

右《周南·麟之趾》，上下文均缺，不知在何句。

□夙　　被之僮僮夙夜在公

□遘　　亦既覯止

昜之　　于以湘之

右《召南·采蘩》、《草蟲》、《采蘋》。合《毛詩》校讀，行均七十二字。「遘」，《毛詩》作「覯」，《爾雅·釋詁》邢疏引正作「遘」。《毛詩》「于以湘之」，《漢書·郊祀志》引《韓詩》湘作「鬺」，此殘石之上尚存殘畫，知亦作「鬺」，與《韓詩》同。

□□何斯　　在南山之下何斯違斯

其謂之其三　　迨其謂之

我以不我以　　不我以不我以

□□野有　　林有樸樕野有死鹿

右《召南·殷其靁》至《野有死麕》。合《毛詩》校讀，首行及三行均七十二字，次行七十字，末行「野」上之「樕」字尚存少半，其文似作「梀」，敦煌唐寫本《毛詩》正作「梀」。惜拓本不緻，俟得精拓證之。

□句　　二章章四句一章三句

壹發五　　壹發五豝

此间空二行

□不可　　我心匪石不可轉也

□舟五章　　柏舟五章章六句

□實獲　　我思古人實獲我心

□子于歸　　之子于歸遠送于南

□□顧　　寧不我顧

右《召南·野有死麕》至《邶風·日月》。合《毛詩》校讀，三行爲《召南》篇末，空大半行，四行爲《邶風》題目，一、二、五、六、八行均七十二字，七行七十字。

□四　　召南之國十有四篇

此间原空一行

無酒以敖　　微我無酒以敖以遊

□竫言思　　靜言思之

□惟其忘　　曷維其亡

右《國風・召南》尾題至《邶風・緑衣》。合《毛詩》校讀，行均七十二字，次空行，爲《邶風》篇題。「竫」，《毛詩》作「靜」，《漢帝堯碑》「竫恭祈福」，蔡邕《王子喬碑》作「靜恭祈福」，竫、靜古通用。「忘」，《毛詩》作「亡」。

悄
悄慍于　　憂心悄悄慍于羣小

□〻緑兮　　緑兮衣兮緑衣黃裳

右《邶風・柏舟》至《緑衣》。合《毛詩》校讀，首行七十二字。

寍不　　寍不我報

謔　　謔浪笑敖

右《邶風・日月》、《終風》。合《毛詩》校讀，首行七十二字。

□□□不平胡能有定報我

□噎
噎其陰虺虺其靁寤言

于
林之下其三死生挈闊與子

母
氏聖善我無令人其二爰有寒

下上其□展矣君子實勞我心其二瞻

濟
盈□□□鳴濟盈不濡軌雉鳴求其□□□□□鳴鴈昫

同□□□□怒采葑采菲無以□體德音莫違及爾同死

□逝我梁□發我笱我今不説□□□□其三就其

及爾顛覆既生既育比予于毒其□我有旨蓄亦以御□宴爾

微式微胡不歸微君之故胡爲乎中路其二式微□章□四句·

右《邶風·日月》至《式微》八篇，石已離爲十二，今併之。合今本校讀，行均七十二字，惟第六行七十一字。次行「□虺其靁」，今《毛詩》靁作「雷」，《廣雅·釋天》：靁，雷也，出《韓詩》。今觀此刻，知《魯》與《韓》同也。三行「□生挈闊」，《毛詩》挈作「契」，然陸氏《釋文》云：契，本亦作挈。敦煌唐寫本《毛詩》亦作「挈」。則《毛詩》亦有作「挈」之本，非《魯》與《毛》異也。八行「我今不説」，《禮記·表記》作「我今不閲」，《毛詩》作「我躬不閲」，是《魯》與《毛》異文也。末行「微君之故」，數其行字之數，由前行「生」字起，訖「胡不之不得」七十三字，則末行乃《式微》之次章，知《毛詩》以「中露」爲首章，《魯詩》則以「泥中」爲首章，是毛、魯二家章次有不同矣。又《匏有苦葉》「濟盈不濡軌」，《釋文》：軌，舊龜美反，謂車轊頭也。依《傳》意宜音犯。案，《説文》云：軌，車轍也，从車九聲。龜美反。軓，車軾前也，从車凡聲，音犯。車轊頭所謂軓也，相亂故具論之。開成石經改軌作「軓」，殆從《釋文》。案戴氏震云，軓與牡不協，當爲車軌之軌，古音讀如九，與牡韻。段氏玉裁云，軌非轍跡之專名，《毛傳》本作「由輈以下爲軌」，此以車之高下言軌也。高誘注《淮南子》云「兩輪之間爲軌」，此以車之廣狹言軌也。《毛傳》以下誤作「以上」，故以車軾前之軓解之。而《禮記・少儀》正義、開成石經竟作「濟盈不濡軓」，《釋文》軓，舊龜美反。是晉、宋古本皆作「軌」也。今石經殘字正作「軌」，知戴、段説是，《釋文》與開成石經非矣。《毛詩》「旭日始旦」，旭此作「昫」《文選・陸士衡〈演連珠〉》注：薛君《韓詩章句》煦，暖也。是《韓》、《毛》不但字異，義亦不同。《説文》：昫，日出暖也。《玉篇》：昫，暖也，同煦。《魯詩》蓋兼《毛》、《韓》兩義矣。「中路」，《毛詩》作「中露」，《列女傳・黎莊夫人傳》引亦作「中路」，用《魯詩》也。

□□章四　　凱風四章章四句

□□雄雉四　　雄雉四章章四句

□否卬須我友　　人涉卬否卬須我友

□薺宴爾新昏　　其甘如薺宴爾新昏

匍匐救之其四不　　匍匐救之不我能慉

其六谷風六章章　　谷風六章章八句

右《邶風・凱風》後題至《谷風》後題。合《毛詩》校讀，行均七十二字，惟次行七十一字。

□□□□且噎

□□□忡其二爰居
□□□夭母氏劬勞
泄泄其□我□□□□貽伊阻
匏有苦葉濟有深涉深則濿淺則
□四章章四句・習習谷風□陰
□□□以渭濁氵□
□□爲讎既詐我
□□□胡不歸微

右《邶風・終風》至《式微》。合《毛詩》校讀，行均七十二字，惟五行七十一字。此石已析爲七，今併之。「貽」，今本《毛詩》作「詒」；「濿」作「厲」。《釋文》出「貽」字，注本亦作「詒」，此與陸本合。《説文》：砅，履石渡水也。重文濿注，砅或从厲。《爾雅・釋水》深則厲，《釋文》：本或作「濿」，與《魯詩》合。六行陰上一字，雖僅存少半，不似以字；「濁」下一字存水旁，似非湜字。「既詐我□」，《毛詩》詐作「阻」，《御覽》八百三十八引《韓詩》亦作「詐」，是《魯》與《韓》同矣。

組左手　　執轡如組左手執籥

之謀其一　　聊與之謀
出遊以寫　　駕言出遊以寫我憂
何哉其二王　　謂之何哉王事敦我
雨雪其霏　　北風其喈雨雪其霏
靜女其孌　　靜女其孌
□□殄　　籧篨不殄

右《邶風·簡兮》至《新臺》。合《毛詩》校讀，前五行均七十二字，六行七十三字。

飛蓬豈　　首如飛蓬豈無膏沐
綏綏在　　有狐綏綏在彼淇厲

右《衛風·伯兮》、《有狐》。合《毛詩》校讀，首行七十二字。

□投我　　投我以木瓜
四章二百　　三十四章二百三句
□國第六　　王國第六

右《衛風·木瓜》至《王風》前篇題。合《毛詩》校讀，首行七十二字。案：《毛詩·王風》前篇題爲《王·黍離》，《詁訓傳》第六後題爲《王國》十篇，二十八章，百六十二句。據此知《魯詩》

篇題前題亦稱《王國》，與後題同，不作《王・黍離》也。

木桃報　　投我以木桃報之以瓊瑶

此間原空二行

者謂我　　不知我者謂我何求

□謂我　　中心如噎知我者謂我心憂

右《衛風・木瓜》、《王風・黍離》。合《毛詩》校讀，首行四行均七十二字，次行爲《衛風》後題，三行爲《王風》前題，石離爲二，今併之。

李報　　投我以木李報之以瓊玖

右《衛風・木瓜》。與前石「木桃報」三字同在一行，木字當報字下第十七字。

衛淇隩　　衛淇隩篇三十四章二百三句

此間原空二行

□求悠　　謂我何求悠悠蒼天

□□日　　雞棲于塒日之夕矣

右《衛風・木瓜》、《王風・黍離》。首行爲《衛風》後題，次行爲《王風》前題。合《毛詩》校讀，第三行七十二字。「隩」，今《毛詩》作「奥」。《禮記・大學》，《釋文》：澳，本亦作「奥」，本又作「隩」。敦煌唐寫本《毛詩》亦作「隩」，《爾雅・釋丘》疏引同。

□□汩其□　　苟無飢渴

□懷哉懷　　不與我戍申懷哉懷哉

六句　　揚之水三章章六句

矣啜　　啜其泣矣啜其泣矣

右《王風・君子于役》、《君子陽陽》、《揚之水》、《中谷有蓷》。合《毛詩》校讀，首行七十三字，次、三行七十二字。

□百憂　　逢此百憂

緜葛藟　　緜緜葛藟在河之涘

蕭兮　　彼采蕭兮

右《王風・兔爰》、《葛藟》、《采葛》。合《毛詩》校讀，首行七十字，次行七十二字。

兔爰　　有兔爰爰雉離于罿

兄□　　終遠兄弟謂他人母

右《王風・兔爰》、《葛藟》。合《毛詩》校讀，首行七十二字。

踰我　　無踰我牆

叔于　　　　叔于田巷無居人

右《鄭風・將仲子》、《叔于田》。合《毛詩》校讀，首行七十一字。

□有

兮其三　　　　邦之彦兮

山有　　　　山有扶蘇隰有荷華

兮倡　　　　叔兮伯兮倡予要女

我　　　　子不我思豈無他人

兮　　　　悔予不將兮

右《鄭風・山有扶蘇》至《丰》五篇。合《毛詩》校讀，次行以下均七十二字，惟由《山有扶蘇》逆數七十二，不得「兮」字，今「兮」下側注「其三」二字。若由《山有扶蘇》上接《有女同車》，越《遵大路》、《女曰雞鳴》，接上篇《羔裘》，逆數七十字，爲「邦之彦兮」之「兮」，正爲第三章。然此石第一行存「有」字，疑是《有女同車》之「有」，或《魯詩・有女同車》在《羔裘》之前耶？往歲讀趙氏《金石録跋尾》，言漢石經篇第與今本時有小異，而不言何經，今觀《魯詩》各殘石與《毛詩》篇第不同者甚多，乃知趙氏所言爲《魯詩》矣。

擇兮

右《鄭風·蘀兮》，上下文均缺，不知在何章，抑章題。

不　　不流束楚

綦巾　　縞衣綦巾

露　　零露瀼瀼

右《鄭風·揚之水》、《出其東門》、《野有蔓草》。合《毛詩》校讀，首行七十四字，次行七十二字。

□與女　　維士與女伊其相謔

衣廿一　　鄭緇衣二十一篇五十三章

右《鄭風·溱洧》。合《毛詩》校讀，首行七十一字。

之杜　　有杕之杜其葉湑湑

不佽　　胡不佽焉杕杜二章

黍父　　不能蓺稷黍父母何怙

常其□鳵羽　　曷其有常鴇羽三章

右《唐風·杕杜》、《鴇羽》。今本「鳵」作「鴇」，敦煌唐寫本《毛詩》亦作「鳵」，與石經同。此石今析爲四，茲併之。合《毛詩》校讀，首行七十字，次行及三行均七十二字。

稻有　　有條有梅

百夫　　百夫之特

右《秦風·終南》、《黃鳥》。合《毛詩》校讀，首行七十二字。「有條有梅」，「條」字此殘石僅存下半，然可辯爲「稻」。《毛傳》及《爾雅》孫炎注皆云「條，稻也」。條、稻疊韻，古通用。《禮記·月令》疏：條風，東風也。《呂覽·有始》「東方曰滔風」，「滔風」即「條風」，此又條、稻通用之證矣。

君施哉　　顏如渥丹其君也哉

我良人　　殲我良人

仲行惟　　子車仲行維此仲行

隰有　　隰有六駮

右《秦風·終南》至《晨風》。合《毛詩》校讀，每行均七十二字，惟《毛詩·黃鳥》「子車奄息」爲首章，「子車仲行」爲次章，「子車鍼虎」爲三章，《魯詩》則「鍼虎」爲次章，「仲行」爲三章，此又《魯》、《毛》章次之異矣。《毛詩》「其君也哉」，《魯詩》也作「施」，「維此仲行」，《魯詩》維作「惟」。

臨其穴惴　　百夫之禦臨其穴惴惴其慄

□樂如　　我心靡樂如何如何

右《秦風·黃鳥》、《晨風》。合《毛詩》校讀，首行七十三字。

于楚　　交交黃鳥止于楚

彼蒼　　百夫之防臨其穴惴惴其慄彼蒼者天

右《秦風·黃鳥》。合《毛詩》校讀，首行七十二字。

墓　　墓門二章章六句

兮　　月出皓兮

右《陳風·墓門》、《月出》。合《毛詩》校讀，首行七十二字。

其一　　勞心悄兮

□向　　乘我乘駒

右《陳風·月出》至《株林》。合《毛詩》校讀，首行七十字。

□□□□□綴彼　　彼候人兮何戈與祋彼其之子

四句·□□在桑其　　候人四章章四句鳲鳩在桑其子七兮

忒正□□□其三尸　　其儀不忒正是四國鳲鳩在桑

□□□□泉濅彼　　洌彼下泉浸彼苞蓍

右《曹風·候人》、《鳲鳩》、《下泉》。石離爲三，今併之。合《毛詩》校讀，行均七十二字。《毛詩》「荷戈與祋」，《魯詩》作「綴」，《周禮·候人》董氏引崔靈恩《集注》本作「何戈與綴」，《禮記·樂記》注、《羣經音辯》引《詩》亦作「荷戈與綴」，知本《魯詩》也。又「尸鳩」，今本作「鳲鳩」，《釋文》：鳲，本亦作尸。「濅」，今本作「浸」，《釋文》出「寖」注：本又作浸。濅、寖同字。

倉庚女執　　有鳴倉庚女執懿筐

陽爲公子　　我朱孔陽爲公子裳

右《豳風·七月》。合《毛詩》校讀，首行七十二字。

陽　　歲亦陽止

弭　　象弭魚服

夫謂之　　召彼僕夫謂之載矣

赫南仲　　赫赫南仲

右《小雅·采薇》、《出車》。合《毛詩》校讀，首行七十三字，次行、三行均七十二字。

□其車三千　　方叔涖止其車三千

方叔征伐獫　　顯允方叔征伐玁狁

彼
四牡四牡⿰口睪　　駕彼四牡四牡奕奕
□無聲允也　　有聞無聲允矣君子
□□其麎孔　　瞻彼中原其祁孔有
□□□人於焉　　所謂伊人於焉逍遥

右《小雅・采芑》、《車攻》、《吉日》、《白駒》。合《毛詩》校讀，行均七十二字。案，今《毛詩・吉日》爲《南有嘉魚》之什，末篇《白駒》爲《鴻雁》之什第六篇。據此存字，則《魯詩・吉日》之下直接《白駒》，此又《魯》、《毛》篇次之異矣。《毛詩》「玁狁」，《魯詩》「玁」作「獫」；拓本「獫」下尚有殘畫，非犬旁，殆徑作「允」。《鹽鐵論・繇役篇》引《詩》「獫允孔熾」，正作「獫允」。《毛詩》「四牡奕奕」，此作「⿰口睪」，字半泐，然尚可見馬旁二筆，殆是「驛」字。《廣雅・釋訓》驛驛、奕奕，皆訓盛也。《周頌・載芟》「驛驛其達」，《爾雅》作「繹繹」。《詩・閟宮》「新廟奕奕」，《周禮・隸僕》注作「繹繹」。驛、繹、奕疊韻，古通用。《毛詩》「允矣君子」，此作「允也」。《禮記・緇衣》：《小雅》曰「允也君子」，與《魯詩》同。《毛詩》「其祁孔有」，《鄭箋》：「祁」當作「麎」。觀此知鄭君以《魯》改《毛》矣。

我　　我瞻四方
章　　四章章四句

心怮怮念　　憂心慘慘念我無祿

陵民之訛　　爲岡爲陵民之訛言

如不我克　　如不我克

□將伯　　將伯助予

右《小雅・正月》。石離爲二，今併之。合《毛詩》校讀，前三行均七十二字，後二行七十三字。《毛詩》「憂心慘慘」，石經作「怮」。《説文》、《廣韻》：慇，憂也。《廣韻》「慇」下又出「怮」字，注上同。《廣韻》之「怮」，今知源出《魯詩》矣。

予不臧　　曰予不戕

由人其□　　職競由人

弗圖　　弗慮弗圖

右《小雅・十月》、《雨無正》。合《毛詩》校讀，首行七十二字，次行七十一字。「不臧」，《毛詩》作「不戕」，《釋文》：王本作「臧」，善也。孫毓評以鄭爲改字。

□□亦　　潝潝訿訿亦孔之哀

先民是程　　匪先民是程

知其一莫　　人知其一莫知其他

壹醉日富　　彼昏不知壹醉日富
哀我⿸疒尒寡　　哀我填寡
□何心之　　我罪伊何心之憂矣
□□焉　　我辰安在

右《小雅・小旻》至《小弁》。合《毛詩》校讀，首行七十三字，餘均七十二字。陳氏喬樅《詩經四家異文考》：《列女傳》八《詩》云「一醉日富」，《毛詩》箋云「飲酒一醉，自謂日益富」，則鄭君亦從《魯詩》作「一醉」也。今考之此殘字，則《魯詩》作「壹」，與《毛詩》同，不作「一」也。《毛詩》「哀我填寡」，《釋文》：填，《韓詩》亦作「疹」，此作「⿸疒尒」，隸書从㐱之字皆作「尒」，是《魯》、《韓》同字也。《毛詩》「我辰安在」，《魯詩》作「焉在」。

□□十句二　　雨無正七章二章章十句二章章八句
視謀猶伊　　我視謀猶伊于胡底
于道謀　　如彼築室于道謀
章三章　　小旻六章三章章八句
有子　　螟蛉有子
于木惴　　如集于木惴惴小心

□□如疛監寐　　惄焉如擣假寐永歎

□流不知所屆　　譬彼舟流不知所屆

□之憂矣涕既　　心之憂矣涕既隕之

□□我後其八小六　　遑恤我後小弁八章章八句

□□□□□遄已　　君子如祉亂庶遄已

右《小雅·雨無正》後題至《巧言》。石離爲二，今併之。合《毛詩》校讀，除第二行七十三字，餘均七十二字。「惄焉如擣」之「擣」，《魯詩》作「疛」，與《釋文》所載《韓詩》同。「假寐」，《魯詩》作「監寐」，「小弁」作「小卞」。隸書卞作「六」，見《孔宙碑》及《禮器碑側》。

飛載鳴我日　　載飛載鳴我日斯邁

宛六章章　　小宛六章章六句

□二惟　　維桑與梓

右《小雅·小宛》、《小弁》。合《毛詩》校讀，行均七十二字。「惟」，《毛詩》作「維」。

□彼　　彼何人斯胡逝我陳

疛其□　　云何其盱

以極　　以極反側

右《小雅・何人斯》。合《毛詩》校讀，首行七十四字，次行七十二字。「疞」，《毛詩》作「盱」。案《鄭箋》：盱，病也。《廣雅》：疞，病也。王氏《疏證》云：《何人斯》篇「云何其盱」、《都人士》篇「云何盱矣」，《鄭箋》並曰：盱，病也，「盱」與「疞」通。觀此知《都人士》篇之「盱」，《魯詩》亦必作「疞」矣。

□具　　百卉具腓

瘁以　　盡瘁以仕

右《小雅・四月》。合《毛詩》校讀，首行七十二字。

□憂矣　　心之憂矣

福其五小　　介爾景福小明五章

淑人君　　淑人君子其德不猶

酒食以享　　以爲酒食以享以祀

或燔或炙　　爲俎孔碩或燔或炙

既茨　　既齊既稷

後禄爾　　以綏後禄爾殽既將

南東　　南東其畝

右《小雅·小明》至《信南山》。合《毛詩》校讀，行均七十二字，惟第五行七十三字。《毛詩》「既齊既稷」，《釋文》：「齊」，鄭音「資」。案，《毛詩》「牆有茨」，《説文解字》引作「牆有薺」，《禮記·玉藻》注：「采齊」當爲「楚薺」之「薺」，《楚辭》注一引《詩》「楚楚者薋」，是茨、薋、齊、薺古聲近通用。鄭讀齊如「資」，殆從《魯》讀矣。

□□□□□□懷允

□□□□□□章五句·楚

剥或融或肆或□祝祭于閍我

□賓是洛報以

□□祝致告

右《小雅·楚茨》。合《毛詩》校讀，首、次行均七十二字，三行七十三字。「祝祭于祊」之「祊」，《魯詩》作「閍」，與《毛》不同。「閍」下乃「我」字。「或剥或亨」，《魯詩》「亨」作「融」；「神保」作「神賓」，「格」作「洛」。此石已離爲二，今併之。

翼黍　疆場翼翼黍稷彧彧

是烝是祀　是烝是享

右《小雅·信南山》。合《毛詩》校讀，首行七十二字。「是烝是享」，《魯詩》「享」作「祀」，存

「礻」旁，與《毛》異字。

羊以社以

□敏其三曾孫

□畝播厥百□□□且碩曾孫是不若其一既

□□斂穧□□□□此有滯穗伊寡婦之利其□

□□□□□□□□止□□如□□軨有

□□□□□□□□□□□□□□□晞

右《小雅·甫田》至《湛露》。石離爲四，今併之。合《毛詩》校讀，首行、五行七十四字，餘均七十三字。「曾孫是若」，《魯詩》作「是不若」。第四行之「晞」字，《毛詩》所無，疑即《湛露》之「匪陽不晞」，《魯詩》作「晞」也。然以「君子至止」之「至」字起七十二字，當至《瞻彼洛矣》三章，章六句下一「章」字，如以《湛露》接《瞻洛》，則「晞」上當有十字，此僅有八字，字數不合，箸之俟考。

□□一朝　　鐘鼓既設一朝右之

侯既抗　　大侯既抗

酌彼康　　酌彼康爵

載□載譊亂我　　載號載呶亂我籩豆

□□反恥式勿　　不醉反恥式勿從謂

右《小雅・彤弓》、《賓之初筵》。石離爲四，今併之。合《毛詩》校讀，前三行均七十二字，第四行七十三字。「載譊」，《毛詩》作「載呶」，「載」上一字尚存大半，似非「號」字，拓本粗劣不可辨。此石已離爲四，今併之。

□言觀　　君子來朝言觀其旂

樂旨君　　樂只君子萬福攸同

右《小雅・采菽》，合《毛詩》校讀，首行七十二字。《毛詩》之「樂只」，《魯詩》作「樂旨」。

弟綽綽　　此令兄弟綽綽有裕

䨮麃麃　　雨雪瀌瀌

不営　　不尚愒焉

□　　我不見兮

右《小雅・角弓》、《菀柳》。合《毛詩》校讀，首二行均七十字，依行七十字計之，第四行與前行「不」字並列者，當爲《都人士》首章「行歸于周」之「歸」，今此石與「不」字齊列之字僅存「戈」旁殘畫，絶非「歸」字。若删，弟一章則與「不」字並列者正值次章「我不見兮」之「我」字。「我」字殘畫下似存

「不」字首一畫。四明馬君裕藻言：《毛詩正義》謂《韓詩》無首章，石經殆始次章。案，馬説是也。《禮記・緇衣》引《都人士》首章《鄭注》，此詩毛氏有之，三家則亡。《毛詩・都人士》正義：今《韓詩》實無此首章，據《禮記》注。似三家無《都人士》。全詩據《詩》正義，則《韓詩》但無首章，今以此殘字證之，則《魯詩》亦但無首章耳，非全詩俱亡也。又《毛詩》「不尚愒焉」，《魯詩》「尚」作「當」，損下半，殆是「常」字，亦與《毛》異文。

□不盈一　　終朝采藍不盈一襜

勞之其一我　　召伯勞之我任我輦

□五黍苗　　黍苗五章章四句

右《小雅・采緑》、《黍苗》。合《毛詩》校讀，首二行均七十字。

何惟魴　　其釣維何維魴及鱮

歸處其三　　蓋云歸處

既見君　　既見君子云何不樂

白雲　　英英白雲

□雀　　有鶴在林

右《小雅・采緑》、《黍苗》、《隰桑》、《白華》。石離爲二，今併之。合《毛詩》校讀，行均七十字。「維魴及鱮」之「維」，《魯詩》作「惟」；「有鶴在林」之「鶴」，《魯詩》作「隺」，並與《毛》小異。案，「隺」，後世字書以爲「鶴」之俗。《説文》：隺，高至也。从隹，上欲出冂。《易》曰「夫乾隺然」，〔注：鶴〕（鶴注）鳴九皋，聲聞于天。案，「隺」从冂、从隹，鳥之在林冂者，即鶴之初字，鶴又增鳥，乃後起之字。《易》之「隺然」乃假借字，非本誼也。許君已不知隺、鶴一字矣。

惟其高矣　　　維其高矣

其三漸漸　　　漸漸之石三章

右《小雅·漸漸之石》。合《毛詩》校讀，首行七十字。石離爲二，今併之。「維」，《魯詩》作「惟」。

帝命　　　帝命不時

楨濟　　　維周之楨濟濟多士

右《大雅·文王》。合《毛詩》校讀，首行七十字。

□□□有命　　　天監在下有命既集

女惟莘長子　　　纘女維莘長子維行

伐大商會朝　　　肆伐大商會朝清明

□□其二周原　　　周原膴膴

右《大雅·大明》、《緜》。合《毛詩》校讀，首行七十字。此石已離爲二，今併之。

林矢　　其會如林矢于牧野
民之初生　　緜緜瓜瓞民之初生
□乃慰　　廼慰廼止
□鼛　　鼛鼓弗勝

右《大雅·大明》、《緜》。合《毛詩》校讀，前三行均七十字。「乃」，《毛詩》作「廼」。

□其四瑟　　以介景福瑟彼柞棫
在靈囿麀　　王在靈囿麀鹿攸伏
任文王之　　思齊太任文王之母
殄廛罟不　　肆戎疾不殄烈假不瑕
□獲惟彼　　其政不獲維彼四國

右《大雅·旱麓》、《靈臺》、《思齊》、《皇矣》。今《毛詩》次第爲《旱麓》、《思齊》、《皇矣》、《靈臺》，《魯詩》則《旱麓》之次即爲《靈臺》也。依《毛詩》計其行字，首二、四行均七十字，惟三行七十四字。《思齊》之「廛罟」，《毛詩》作「烈假」，《鄭箋》：厲、假，皆病也。《釋文》：烈，毛如字，鄭作厲，力世反。《隸釋·唐公房碑》作「厲蠱不遐」，《羣經音辨》引《詩》「烈椵不瑕」，

《集韻》十四泰引作「厲假不瑕」，石經烈作「厲」，與《鄭箋》、《唐公房碑》及《集韻》所引同。「假」作「罟」，與「蠱」、「嘏」同音，知鄭君以《魯》改《毛》，《唐公房碑》亦用《魯詩》也。

厥靈　　以赫厥靈
口□　　以就口食

右《大雅·生民》。合《毛詩》校讀，首行七十字。

□□□□□醉以　　既醉以酒
□□□□□□時君　　威儀孔時君子有孝子
□□□□章章　　既醉八章章四句
□□□爾酒既　　公尸來燕來處爾酒既湑
□□□其五鳧鷖　　鳧鷖五章章六句
□□隨以謹紛　　無縱詭隨以謹惛怓
□□愒惠此中　　汔可小愒惠此中國
□□是用大諫　　王欲玉女是用大諫
□矣辭之懌　　民之洽矣辭之懌矣
□熇不可救　　多將熇熇不可救藥

□自位辟　　無自立辟
□八板八　　板八章章八句
興是　　女興是力

右《大雅·既醉》至《蕩》。石離爲三，今併之。合《毛詩》校讀，行均七十字，惟第十行七十一字。此石前五行爲《既醉》、《鳧鷖》，後數行則爲《民勞》、《板》。案，今《毛詩》之次《鳧鷖》之後爲《假樂》、《公劉》、《泂》、《酌》、《卷阿》，以後乃爲《民勞》、《板》，《魯》、《毛》篇次不同。今以《鳧鷖》下接《民勞》，每行均七十字。「鳧鷖」之「鳧」别構作「⿱鳥力」，見《魏張猛龍清頌碑》，觀此則漢人已然矣。又《毛詩》之「惛怓」，《魯詩》則「惛」作「紛」，惜紛下字泐，不知爲「怓」否也。《毛詩》「立辟」，《魯詩》「立」作「位」。《左》昭公廿二年注「子朝有欲位之言」，《釋文》：位，本作「立」，立、位古今字。末行二殘字，乃「女興是力」之「興是」二字。今《毛詩·板》爲《生民》之卒章，《板》八章、章八句，後有《生民之什》十篇、六十五章，四百三十三句十六字，以後爲《蕩之什》。今以《蕩》接《板》，删去《生民之什》十六字，直以《蕩》接《板》，則下行「興是」二字正與前行殘字相齊，是《魯詩》無《板之什》。而《假樂》殘石六句二字下空一字，有「生」字，乃《生民之什》後題，疑《毛詩·蕩之什》爲《魯詩》所無，《魯詩》但有《生民之什》矣。

息惠此　　民亦勞止汔可小息惠此京師

右《大雅・民勞》。

方殿　　民之方殿屎

宗　　宗子維城

右《大雅・板》。合《毛詩》校讀，首行七十一字。

嗇卒　　稼穡卒痒

右《大雅・桑柔》。「嗇」，《毛詩》作「穡」。

□用力其□　　執競用力

賊蝆疾靡有　　蟊賊蟊疾靡有夷屆

厲之階亂匪　　維厲之階亂匪降自天

不淑不　　不弔不祥

□自我後藐藐　　不自我後藐藐昊天

□皇皇且君且　　穆穆皇皇宜君宜王

□□句・生　　假樂四章章六句生民之什

右《大雅・桑柔》、《瞻卬》、《假樂》。第一行爲《桑柔》，篇後四行爲《瞻卬》，末二行爲《假樂》。

案，今《毛詩》篇次《桑柔》之後、《瞻卬》之前尚有《雲漢》、《崧高》、《烝民》、《韓奕》、《江漢》、

《常武》六篇，據此知《魯詩・桑柔》之後即接《瞻卬》。今以《桑柔》接《瞻卬》，數其行字，每行七十字，則《魯詩・桑柔》、《瞻卬》二篇相聯，信有徵矣。次行「□賊蛑疾」，今本《毛詩》「蛑」作「蟊」，然陸氏《釋文》出「蛑賊」，注：本或作「蟊」，音「牟」。是陸本亦作「蛑」。今本作「蟊」者，古蟊、蛑同字。《晉書音義》蛑與蟊同。是《魯》、《毛》同字，非有殊也。四行之「不淑」，《毛詩》作「不弔」，吴氏大澂言古禮器「不淑」即《詩》、《書》之「不弔」，因古文叔作「□」，篆文弔作「□」，形近致譌。其言至當，而苦未有徵，今乃得其證矣。又《毛詩・假樂》在《生民之什》，《瞻卬》則在《蕩之什》，石經則《瞻卬》在前，與《毛》不同。此刻第七行之「句・生」，「句」乃《假樂》四章、章六句末一字，「生」乃《生民之什》首一字，以是知《魯詩・瞻卬》亦在《生民之什》，下接《假樂》，《假樂》即《生民之什》之末篇也。以《假樂》直接《瞻卬》，合《毛詩》校讀，行均七十字。《毛詩》之「宜君宜王」，陸氏《釋文》出「且君且王」，注：一本「且」並作「宜」字。《魯詩》亦作「且」，與《毛詩》釋文本合，與今本異矣。此石已離爲二，今併之。

萬民　　萬民靡不承

□爲則　　鮮不爲則

右《大雅・抑》。合《毛詩》校讀，首行七十一字。

毋不　　無不能止

惟嶽　惟嶽降神

人　因是謝人

右《大雅・云漢》、《崧高》。合《毛詩》校讀，首、二行均七十字，「無不」之「無」石經作「毋」，與《毛》不同。

□入于　既入于謝

天生烝　天生烝民

□山　王命仲山甫

右《大雅・崧高》、《烝民》。合《毛詩》校讀，首行七十字，次行六十九字。

□□□相攸莫　爲韓姞相攸莫如韓樂

國因以其伯實墉實　奄受北國因以其伯實墉實壑

□一篤公劉于□斯原　篤公劉于胥斯原

右《大雅・韓奕》、《公劉》。石離爲二，今併之。案，《毛詩・韓奕》在《蕩之什》，《公劉》在《生民之什》，石經則《韓奕》在前，《公劉》在後。今以《公劉》接《韓奕》，計其行字，首、二行正七十字。知《魯》、《毛》二家篇第不同者衆矣。

予　將予就之

惟予
維予小子

□其□
予又集于蓼

右《周頌・訪落》至《小毖》。合《毛詩》校讀，首行六十八字，次行七十字。「惟」，《毛詩》作「維」。

昈侯主侯
徂隰阻畛侯主侯伯

□爲醴烝畀祖妣以
爲酒爲醴烝畀祖妣以洽百禮

及簝其餉伊柔其笠伊
載筐及筥其饟伊黍其笠伊糾

□其一良粭一章廿三
良耜一章二十三句

右《周頌・載芟》、《良耜》。合《毛詩》校讀，首行七十字，次行六十九字，三行六十八字。《毛詩》之「及筥」，《魯詩》作「及簝」；《毛詩》之「其饟」，「饟」字石經作「餉」，《禮記・郊特牲》注引《詩》「其餉伊黍」亦作「餉」。又，末行有「其一」二字，知篇僅一章者亦注章次也。「黍」字分隸作「𥝢」，此作「柔」，黍之別搆。《良耜》作「良粭」，古「台」、「目」同，古金文「姒」字多作「始」，其例也。

思樂
思樂泮水

克明其德既
克明其德既作泮宮

搜戎車孔博徒　束矢其搜戎車孔博徒御無斁

□實□枚枚赫　實實枚枚赫赫姜嫄

□□□居岐之　居岐之陽

右《魯頌・泮水》至《閟宮》。石離爲三，今併之。合《毛詩》校讀，前三行均七十字，第四行七十一字。

其旂其　言觀其旂其旂茷茷

右《魯頌・泮水》。

磬聲　依我磬聲

及爾斯　及爾斯所

予烝嘗　顧予烝嘗

右《商頌・那》、《烈祖》。前二行均七十字。

有虔　有虔秉鉞

章七句　四章章七句

□辟設　天命多辟設都于禹之績

□□陟彼　以保我後生陟彼景山

□□萬九

右《商頌・長發》、《殷武》。合《毛詩》校讀，行均七十字。末行存「萬九」二字，殆記《詩》字總數之殘字。石離爲二，今併之。

□葉　　昔在中葉

□一惟女　　維女荊楚

遑命于下　　不敢怠遑命于下國

章章六句　　殷武六章三章章六句

右《商頌・長發》、《殷武》。合《毛詩》校讀，行均七十字。

□翼　　商邑翼翼

五句　　二章章七句一章五句

右《商頌・殷武》。合《毛詩》校讀，首行七十字。

來辟勿　　歲事來辟勿予禍適

是斷是　　是斷是遷

右《商頌・殷武》。合《毛詩》校讀，首行七十字。

章章

□郎中

此間空一行

□無

右此數行當在《魯詩》之末，首行當是「《殷武》六章、章六句，二章、章七句」之「七句」上兩章字，知爲《魯詩》之末者。宋洪氏《隸釋》記《論語》末有「博士臣左立、郎中臣」書名，《公羊》末有「□谿典」等名，此石次行尚存「郎中」字，而前行有「章、章」字，故知爲《詩》末矣。第四行殆校記。

東門

右石僅此二字，《詩》「東門」字數見，此不知在何篇，姑附此。

壽無畺

□章齊

右《校記》一，此「萬壽無疆」之校文，《漢白石神君碑》亦作「萬壽無畺」。

言優柔

八章以爲

言予賓

齊言就

□□齊

右《校記》二，首行言「優柔」，「優柔」乃「優游」之異文，《小雅·采菽》「優哉游哉」，《韓詩外傳》八作「優哉柔哉」，《後漢書·朱浮傳》注：「優游」謂「優柔」也。《爾雅·釋天》「太歲在丙曰柔兆」，《史記·歷書》作「游兆」。「游」、「柔」古通用，此不知爲「慎爾優游」抑「優游爾休矣」之校文。

□言似

齊言引

言介爾

右《校記》三，「介爾」殆「介爾景福」校文。

灌將齊

右《校記》四，此行後尚有半字三，拓本劣不可辨。案，此當是《大雅·文王》「祼將于京」之校記，《禮記·郊特牲》「灌用鬯臭」，《釋文》：灌，本作「祼」。《禮器》「灌用鬱鬯」，文亦作「灌」，《周禮·大宗伯》注、《考工記·玉人》注並云「祼之言灌」，《大行人》司農注「祼」讀爲「灌」。今《毛詩》之「祼將」，知《魯詩》作「灌將」矣。此「灌將」下有「齊」字，《齊詩》殆不作

「灌」歟？

矣齊韓

有緝御

□里

右《校記》五，次行殆《大雅·行葦》「授几有緝御」校文。

齊□

韓言如

之疢·

右《校記》六，「之疢」殆《大雅·召旻》「維今之疢不如兹」校記。

言芾禄·四

□言于緝·

□于南海韓

□正徐國韓

□職兄齊皆□□□·不

□□齊皆□釗·念哉

□□既有・薄□振之
□□偫而錢鎛□言
□韓皆言右
□耆定爾公

右《校記》七，此石在《邶風》之陰，已離爲三，今併之。文雖殘斷，然以《毛詩》校之，知爲《大雅》至《周頌》校語。首行當是《卷阿》「茀禄爾康矣」，《毛》作「茀」，此作「芾」，古「茀」、「芾」通。《毛詩・采芑》「朱茀斯皇」，《釋文》：本又作「芾」。此「言芾禄」，「言」上闕一字，非「韓」則「齊」也。次行「于緝」當是《毛詩・文王》之「於緝熙敬止」，此「言于緝」，「言」上字亦闕，不知爲「韓」爲「齊」也。《毛詩・文王》爲《大雅》首篇，《卷阿》在《生民之什》，《校記》列《卷阿》於《文王》之前，則《魯詩・文王》非《大雅》首篇矣。三行殆《江漢》之「至于南海」，四行殆《常武》之「濯征徐國」，《毛》作「征」，《魯》作「正」也。五行殆《召旻》之「職兄斯引」，七行疑《周頌・我將》之「既右饗之」，古「右」、「有」通用。「薄□振之」，今《毛詩》「振」作「震」，《後漢書・李固傳》引正作「薄言振之」，知固傳從《魯詩》也。八行殆《臣工》之「庤乃錢鎛」，《考工記・總目》注引《詩》作「偫乃錢鎛」，「庤」亦作「偫」。十行乃《武》之「耆定爾功」，《毛詩》「公」作「功」。此石已離爲二，今併之。

帝立子生

□齊言

右《校記》八，《商頌·長發》校文。《列女傳》一、《吕覽·初音篇》高誘注引「有娀方將，立子生商」，均無「帝」字，此石「帝」上字已損，不知有「帝」字者爲《魯詩》，抑《齊》、《韓》也。

言肇

言陟

暘

右《校記》九。案，此疑《商頌》「肇域彼四海」及「陟彼景山」之校文，是此二字《魯》與《毛》異矣。「肇」字亦不避和帝諱。

爲三

箱·曾

韓言

右《校記》十。

□韓言

事齊言王

□齊言皆

右《校記》十一。

原・茁

以鹹・

齊皆言

□民

右《校記》十二。

予訁□

不堪

□齊韓

右《校記》十三。

齊言

爾韓

□辛

右《校記》十四。

言優

二章

·有

奔

右《校記》十五。石離爲二，今併之。

□章韓

第四·七

□韓言

右《校記》十六。

□齊言

齊無不

右《校記》十七。

矣□無

齊韓言定

右《校記》十八。

□韓言

韓言

韓言

右《校記》十九。

□□章

韓言

右《校記》二十。

言肇

韓言

右《校記》二十一。

韓言

右《校記》二十二。案，洪氏《隸釋》言，「《詩經》殘碑間有齊、韓字，蓋敘三家異同之説，猶《公羊》碑所云顔氏、《論語》碑所云盍、毛、包、周之比也。漢代《詩》分爲四，在東京時毛氏不立學官，《隋志》有石經《魯詩》六卷，此碑既論《齊》、《韓》於後，則知《隋志》爲然也。」云云。今《校記》有韓言、齊言、齊韓言，則《隋志》之稱《魯詩》，信有徵矣。

儀禮

主人荅拜乃請賓禮辭許主
東南南北以堂深西東當東榮
□先入賓揖介入門左介揖衆賓
□于階前辭賓對主人坐取爵興
□坐奠爵遂拜降盥賓降主人辭
□□□賓升席自西方
□□告旨執爵

右《鄉飲酒》。合今本讀之，首行七十二字，次行七十四字，三行七十三字，四行七十四字，五、六行均七十五字。今本「乃請賓，賓禮辭」，此作「乃請賓，禮辭」；「東西當東榮」，「東西」此作「西東」。「賓厭介入門左，介厭，衆賓皆入門左」，兩「厭」字此均作「揖」。鄭注：推手曰「揖」，引手曰「厭」。今文皆作「揖」。又曰：衆賓皆入左，無「門」，此正作「揖」，與鄭合。又，他殘石十行，其首行「左北上主」四字即與「介揖衆賓」句相接，而兩石中間闕五字，是石經無「門」字，與鄭注同。若如今本有「門」字，則兩石間當闕六字矣。

□左北上主
坐奠于匪下盥
當西序卒盥揖
疑立賓坐左執
□北面坐卒爵
□□爵卒洗揖
□□□賓禮不
□□□當西序
□□□□洗賓
□□□□□面主

衆賓皆入門左北上主人與賓三揖
坐奠爵于篚下盥洗
當西序卒盥揖讓升
疑立賓坐左執爵祭脯醢
賓西階上北面坐卒爵
坐取爵卒洗揖讓如初升
如賓禮不告旨
賓不辭洗當西序東面
如獻禮升不拜洗賓西階上立
立于階西當序東面主人以介揖讓升

右《鄉飲酒禮》。合今本校讀，首行七十三字，次行七十二字，三行七十六字，四行七十五字，五行七十六字，六行七十三字，七行七十五字，八行七十四字，九行七十二字。次行「坐奠于匪」，今本「奠」下有「爵」字，而鄭注乃云：今文無「奠」。胡氏承珙曰：上文主人坐取爵，興，適洗，南面。今文蒙上「爵」字，但云「坐奠于篚」，下注當云：今文無「奠下爵」，傳寫脱「下爵」二字。今此石有「奠」無「爵」，與胡氏説合，於此見我朝諸儒研經之密矣。又，「匪」今本作

「筐」,《説文》:「匪,似竹筐,从匚非聲。《逸周書》曰:實玄黄于匪。」又,「筐,車笭也。从竹,匪聲。」是「匪」、「筐」二字二義,石經作「匪」乃本字本義也。

遂拜　坐奠觶遂拜執觶興

後首　後首挎越内弦右手相

醢□□□祭工　薦脯醢使人相祭工飲

□□□□升堂　盡階不升堂

右《鄉飲酒禮》。合今本校讀,首行七十四字,次行、三行七十三字。此石已離爲二,今併之。

□于主人主人　受命于主人主人曰請安于賓

□卒觶興坐奠觶　遂飲卒觶興坐奠觶遂拜

賓觶東南面授主人　卒觶不洗賓觶東南面授主人

酬受酬者降席司正退　某子受酬受酬者降席司正退立于序端

遂拜執觶興賓介席末　遂拜執觶興賓介席末拜皆坐

拜送降賓介奠于其所　退皆拜送降賓介奠于其所

西階上北面僎者降席　西階上北面遵者降席東南面

如賓禮衆賓皆□脱　如賓禮衆賓皆降脱屨

□衆賓皆降復初位　　賓介降衆賓皆降復初位

□如賓□以拜辱·主　　主人如賓服以拜辱主人釋服

□□縮□北面鼓　　磬階間縮霤北面鼓之

右《鄉飲酒禮》。石裂爲二，今併之。合今本校讀，首行七十六字，次行七十五字，三行七十三字，四行七十四字，五行七十五字，六、七、八行均七十三字，九行七十四字。第七行「僎者降席」，今本「僎」作「遵」，鄭注：今文「遵」爲「僎」，或爲「全」。《禮記·冠義》「介僎，象陰陽也」，注：古文《禮》「僎」皆作「遵」。又《少儀》「僎爵」，注：「僎」，或爲「騶」，古文《禮》俱作「遵」。胡氏承珙曰：古文《禮》者，指此《禮經》古文也。此石作「僎」，與鄭注合。又，末行之「北面鼓」三字乃記文「磬階間縮霤，北面鼓之」之殘字。由第十行首數，至此得二百餘言，不應行次相連，知《儀禮》章次古今文亦有異同，前此治《禮經》諸儒所未知也。

再拜主　　賓出迎再拜主人答再拜

東　　匪在其南東肆

右《鄉射禮》。合今本校讀，首行七十四字。

復求矢加　　乃復求矢加于楅

□子西（皆）〔階〕　　某御於子西階上北面

□司射　皆未降司射乃比衆耦辯

□□郤　坐横弓郤手自弓下取一个

右《鄉射禮》。合今本校讀，首行、三行均七十四字，次行七十三字。「郤」从「卩」，别搆字。

獲者設中　命釋獲者設中

揖司射退　上射揖司射退反位

□俟三耦　執而俟三耦卒射

右《鄉射禮》。合今本校讀，首行七十四字，次行七十三字。

爵　拜送爵釋獲者就其薦坐

倚　司射去朴倚于階西

右《鄉射禮》。合今本校讀，首行七十六字。

西階　降自西階以東

賓皆　大夫及衆賓皆説屨升坐

右《鄉射禮》。合今本校讀，首行七十字。

許諾射　賓再拜稽首許諾射人反命

入及庭　賓入及庭公降一等揖之

□奠　　主人坐奠觶于篚

右《燕禮》。合今本校讀，首行、次行均七十三字。

席坐奠　　降席坐奠爵

□匪　　賓坐奠觶于篚

右《燕禮》。合今本校讀，首行七十四字。「匪」，今本作「篚」。

□北降　　交于楹北降適阼階下

□公答拜騰　　公答拜媵爵者洗象觶

□奠觶答　　公坐奠觶答拜執觶興

告于儐　　賓告于儐者請旅諸臣

□拜　　大夫拜受賓拜送遂就席

右《大射儀》。合今本校讀，首行七十八字，次行、三行均七十四字，四行七十三字。「騰爵」之「騰」，今本作「媵」，本篇「媵觶于賓」注：古文「媵」皆作「騰」。胡氏承珙曰：此注「古文」，疑當作「今文」，傳寫誤耳。鄭注《檀弓》云「禮揚作媵」，「禮」即《禮經》，謂《禮經》古文皆作「媵」。若《禮記》，則今文「其」作「揚」，與《禮經》今文作「騰」者義合，故知此作「騰」者，必今文也。今殘字正作「騰」，可爲胡氏説作證。

興　執觶興公卒觶賓下拜

臣擯　請旅諸臣擯者告于公

□偏受　大夫辯受酬

右《大射儀》。合今本校讀，首行七十四字，次行七十三字。「偏」，今本作「辯」。《鄉飲酒》「衆賓辯有脯醢」，注：今文「辯」皆作「偏」。案，《説文》：辯，治也。偏，帀也。偏爲本誼，辯乃假字。

諸弦　兼諸弦面鏃適次

朴襲　去朴襲反位

受者　大夫卒受者

徹公　庶子正徹公俎

右《大射儀》。合今本校讀，行均七十三字。「去朴」之「朴」，今本作「扑」。

□牽馬右　牽馬右之入設

君辭拜也君　君辭拜也君降一等辭

□出許上　擯者入告出許上介奉幣儷皮

右《聘禮》。合今本校讀，首行七十五字，次行七十三字。

以東　以東醢醢昌本

俎其西　黍當牛俎其西稷

東牛飲　豕以東牛飲酒實于觶

醢上豆　以辯擩于醢上豆之間祭

右《公食大夫禮》。合今本校讀，首行七十四字，次行七十五字，三行七十四字。

□三　爲宮方三百里

旂置　上介皆奉其君之旂置于宮尚左

山丘陵　祭山丘陵升

右《覲禮》。合今本校讀，首行七十三字，次行七十五字。

俟　燭俟于饌東

上乃　南面東上乃適饌

右《士喪禮》。合今本校讀，首行七十五字。

□□□卒　卦者在左卒筮

□人哭　婦人哭于堂

東面南　立于門西東面南上

宗　　宗人受卜人龜
莅　　宗人受龜示涖卜

右《士喪禮》。合今本校讀，首、次行均七十四字，後三行均七十三字。「莅」，今本作「涖」。

□哭者皆　　祝前哭者皆從
畢賓出·死三日而　　告事畢賓出死三日而殯
之饗·明日以其胖祔　　哀于某圭爲而哀薦之饗明日以其班祔
□某甫饗期而小　　以隮附爾孫某甫尚饗期而小祥

右《士虞禮》。合今本校讀，首行七十二字，次行七十五字，三行七十三字。今本「明日以其班祔」，注：班，今文爲「胖」，又《既夕》注亦云：今文「班」爲「胖」。此正作「胖」。「某甫饗」，今本作「某甫尚饗」，石經無「尚」字。此經於上、下兩節間作「·」以識之，而不空格。「死三日」及「明日」上有「·」，乃「期而小祥」上獨否，殊不可曉。

爵答　　坐奠爵答拜降盥
婦不　　主婦不興受

右《有司徹》。合今本校讀，首行七十五字。

蕡　　執蕡麷以授婦贊者

俎坐　　加於俎坐挩手

右《有司徹》。合今本校讀，首行七十三字。

卒爵　　坐祭遂飲卒爵拜

皆拜送　　舉觶者皆拜送

右《有司徹》。合今本校讀，首行七十三字。案，諸經行字皆横直相當，此二行則横列頗參差，「皆」字下半當「卒」字上半，「拜」字在「卒爵」二字間，「送」字當「爵」字下半及下一字上半，知諸經中間有行列參差者也。

□□□壹揖

□□戴言

出迎

右《校記》。以前《儀禮》未見校記，此石除全字外，尚存半字四，惜拓本劣，不能知爲何字矣。

公羊春秋經

人遜于　　三月夫人遜于齊

□月　　秋七月

右莊公元年、二年。合今本校讀，首行七十一字。案，《隋志》載一字石經有《周易》、《春秋》，而宋代諸儒未之見，今所出殘石有《周易》及《春秋經》，可爲《隋志》左證。

築王　　築王姬之館于外

夫人姜　　夫人姜氏會齊侯于郜

右莊公元年、二年。合今本校讀，首行七十一字。

桓公命王　　王使榮叔來錫桓公命王姬歸于齊

月溺會　　三年春王正月溺會齊師伐衛

右莊公元年至三年。合今本校讀，首行七十字。

一年春　　十有一年春王正月

□□有三　　十有三年春

右莊公十一年至十三年。合今本校讀，首行七十字。

□鄄　　公子結媵陳人之婦于鄄

七月戊　　七月戊戌夫人姜氏薨

□年　　二十有三年

右莊公十九年至廿三年。合今本校讀，行七十字。

如齊　　公如齊觀社
如齊　　公如齊逆女
朔　　六月辛未朔

右莊公廿三年至廿五年。合今本校讀，行七十字。

延厩夏鄭□□許　　新延厩夏鄭人侵許
魯濟齊人□□戎　　公及齊侯遇于魯濟齊人伐山戎
□月癸亥公□于　　八月癸亥公薨于路寢
□□正月　　二年春王正月

右莊公廿九年至閔公二年。合今本校讀，首行七十一字，次行、三行均七十字。此石今離爲二，茲併之。

年春王　　三十年春王正月
于蘖六月　　築臺于薛六月
邢・元年　　狄伐邢元年
□月夫　　九月夫人姜氏遜于邾婁

右莊公三十年至閔公二年。合今本校讀，行均七十字。案，次行之「于蘖」，今三傳本皆作「于薛」，陸氏《釋文》亦不出「于蘖」之本，則「薛」爲「蘖」誤，六朝以降，諸儒均不知之矣。

梁丘　　宋公齊侯遇于梁丘

子來　　季子來歸

右莊公卅二年至閔公元年。合今本校讀，首行七十字。

齊侯盟于　　公及齊侯盟于洛姑

□衛鄭　　狄入衛鄭棄其師

右閔公元年、二年。合今本校讀，首行七十一字。

□公□□□子衛　　公會宰周公齊侯宋子衛侯

克殺□□子及其　　晉里克弑其君卓子及其大夫荀息

十有二□春王三　　十有二年春王三月庚午

右僖公九年至十二年。合今本校讀，首行、次行均七十二字。「殺」，今本作「弑」。又，「殺」下、「及」下今本有四字，石經僅三字，疑石經無「其」字也。此石今離爲二，兹併之。

□□□日有食　　春王三月・庚午日有食之

□□・十有四　　公子友如齊十有四年

□衛侯鄭　　公會齊侯宋公陳侯衛侯鄭伯

人伐曹　　冬宋人伐曹

卒秋　　鄭季姬卒秋七月

二月　　冬十有二月乙亥

有　　十有九年

廿　　二十年

右僖公十二年至廿年。合今本校讀，前五行均七十字，第六、七行均七十一字。

年　　三年春王正月

四年　　四年春公至自晉

右文公三、四年。合今本校讀，首行七十字。

其　　晉殺其大夫陽處父

狄偪　　狄侵我西鄙

戎　　公子遂會伊雒戎盟于暴

右文公六年至八年。合今本校讀，首行七十二字，次行七十一字。

射姑出　　晉狐射姑出奔狄

□會諸□晉□夫盟于　　公會諸侯晉大夫盟于扈

□□□至復□戌奔筥　　公孫敖如京師不至復丙戌奔莒
□□□大夫　　晉人殺其大夫士縠

右文公六年至九年。合今本校讀，首二行七十一字，三行七十字。石離爲四，今併之。「筥」，今本作「莒」。案，三傳國名之「莒」今均从艸，石經从竹，艸、竹二字相似易亂，故誤「筥」爲「莒」，猶人姓之「范」，今皆从艸，漢人印章均从竹作「笵」，是其比矣。

有□□□□□□人　　十有二月戊午晉人秦人戰于河曲
沓狄帰□□□□□己丑　　衛侯會于沓狄侵衛十有二月己丑
侯鄭伯□□□□□趙盾　　衛侯鄭伯許男曹伯晉趙盾

右文公十二年至十四年。合今本校讀，首行六十八字，次行七十字。此石已離爲三，今併之。

冬單□□□□□執單　　冬單伯如齊齊人執單伯

右文公十四年。此石已離爲二，今併之。

六年　　六年
□會夏　　公至自會夏六月
頃　　葬我小君頃熊

右宣公六年至八年。合今本校讀，首行六十九字，次行七十字。

齊侯戰　　曹公子手及齊侯戰于鞌
楚人秦　　丙申及楚人秦人宋人陳人
宋文公　　乙亥葬宋文公
□夫　　丁未及孫良夫盟

右成公二、三年。合今本校讀，首二行均七十字，三行七十二字。

鄭　　鄭伐許
宋　　仲孫蔑如宋
月辛　　二月辛巳

右成公三年至五年。合今本校讀，首二行均七十字。

良夫率　　衛孫良夫帥師及齊師戰于新築
及國佐　　及國佐盟于袁婁
人繒人　　邾婁人薛人鄫人盟于蜀
叔孫　　叔孫僑如率師圍棘
鄭伯紑卒　　三月壬申鄭伯堅卒
□□有一　　秋大水冬十有一月

□邾婁	夏六月邾婁子來朝
□又食	鼷鼠又食其角
□冬大	吴入州來冬大雩
月天子使	秋七月天子使召伯錫公命
衛侯鄭伯曹	宋公衛侯鄭伯曹伯
公子嬰齊率	楚公子嬰齊帥師伐莒
齊人來媵	齊人來媵丙午晉侯獳卒
夏公會晉侯	夏公會晉侯衛侯于沙澤

右成公二年至十二年。合今本校讀，首行七十字，次行六十九字，三行七十字，四行七十二字，五行以下均七十字，惟第十行七十一字。今本「率」作「帥」，「繒」作「鄫」，「鄭伯⿰糸臣卒」之「⿰糸臣」作「堅」。宋紹熙余仲仁本「堅」作「臤」，注：伯臤，苦刃反，本或作「堅」。與陸氏《釋文》合；《正義》：本作「堅」。與開成石經合。此作「⿰糸臣」，見原本《玉篇》，古賢、古兩二反。《公羊傳》成公四年「鄭伯⿰糸臣卒」，與石經正符。今本《玉篇》則誤「⿰糸臣」爲「⿰糸巨」，注：古千、古兩二切。成公四年「鄭伯⿰糸臣卒」，既譌其文，又删其注，于此益知古寫本之可貴矣。此石已析爲二，今併之。

救鄭　　莒子邾婁子杞伯救鄭

使公孫壽　　宋公使公孫壽來納幣

右成公七、八年。合今本校讀，首行七十一字。

□宋公　　公會晉侯齊侯宋公衛侯曹伯伐鄭

有二年　　十有二年春周公出奔晉

右成公十一、二年。合今本校讀，首行七十字。

□卒于師秋　　曹伯廬卒于師秋七月

□十月庚寅　　冬十月庚寅

□月宋公固　　夏六月宋公固卒

□子鰌邾婁　　鄭公子鰌邾婁人會吳于鍾離

□于鄢陵楚　　戰于鄢陵楚子鄭師敗績

行父舍之于　　晉人執季孫行父舍之于招丘

□宋公衛　　晉侯齊侯宋公衛侯曹伯

□公至　　公至自伐鄭

□州滿齊　　晉弒其君州蒲齊殺其大夫國佐

右成公十三年至十八年，在二年至十二年殘字十四行之陰，文相銜接。合今本校讀，行均七十字，惟次行七十四字，七行七十一字。末行之「州滿」，今本作「州蒲」，《左傳》成公十年，《釋文》出「州蒲」，注：本或作「州滿」。是陸氏所載或本與石經同也。

晉士燮　　叔孫僑如會晉士燮

欒黶　　晉侯使欒黶來乞師

右成公十五、六年。合今本校讀，首行七十字。

師冬公會單子　　晉侯使荀罃來乞師冬公會單子晉侯

滅舒庸・十　　楚人滅舒庸十有八年

□婁子來　　八月邾婁子來朝

右成公十七、八年。合今本校讀，首、二行均七十字。此石已離爲二，今併之。

□壬　　秋楚公子壬夫帥師侵宋

師衛甯　　晉師宋師衛甯殖侵鄭

小　　滕人薛人小邾婁人于戚

齊　　邾婁子齊世子光己未同盟于雞澤

右襄公元二年。合今本校讀，行均七十字。石離爲二，今併之。

婁季孫　冬叔孫豹如邾婁季孫宿如晉

右襄公六年。次行尚有半字，拓本不明，俟得精本補之。

□□□公　冬公會晉侯宋公衛侯

□□杞伯　薛伯杞伯小邾婁子

□滕子薛　齊世子光滕子薛伯

之率師侵　鄭公孫舍之帥師侵宋

子光莒子　齊世子光莒子邾婁子滕子

□士彭來　晉侯使士彭來聘

□□人鄭　衛人鄭公孫囆曹人

□□小邾　薛人杞人小邾婁人伐秦

□己亥　二月己亥及向戍盟于劉

右襄公九年至十五年。合今本校讀，首行六十九字，次行以下均七十字。石離爲二，今併之。

□□匄齊人　季孫宿叔老會晉士匄齊人宋人衛人

□人滕人　邾婁人滕人薛人杞人小邾婁人伐秦

使向戌来　宋公使向戌來聘

晉侯周　　晉侯周卒

至自會　　夏公至自會

右襄公十四年至十六年。合今本校讀，一、三、四行七十字，次行七十一字。

公　　三月公會晉侯宋公衛侯

秋齊　　秋齊侯伐我北鄙

右襄公十六年。合今本校讀，首行七十字。

辰朔　　十月丙辰朔

晉侯□侯宋　　公會晉侯齊侯宋公衛侯鄭伯

右襄公廿年。合今本校讀，首行七十字。石離爲二，今併之。

漆閭丘来　　邾婁庶其以漆閭丘來奔

右襄公廿一年。石離爲二，今併之。

□□□□□公至自　　二十有二年春王正月公至自會

□□□□□朔日有　　春王二月癸酉朔日有食之

叔孫豹□□救晉　　叔孫豹帥師救晉

之既齊□□率師伐　　日有食之既齊崔杼帥師伐莒

奔楚叔□□如京師　　陳鍼宜咎出奔楚叔孫豹如京師
子鄭公□□之亲師　　壬子鄭公孫舍之帥師入陳
月辛卯□甯喜殺其　　二月辛卯衛甯喜弒其君剽
甯卒于□□□子蔡　　許男甯卒于楚冬楚子蔡侯陳侯伐鄭
之弟鱄　　衛侯之弟鱄如晉
有一月公　　十有一月公如楚
公孫囆曹　　鄭公孫段曹人莒人邾婁人

右襄公廿二年至廿九年。合今本校讀，首行七十二字，二至七行均七十字，八行六十八字，九行、十行亦七十字。「齊崔杼帥師伐莒」及「公孫舍之帥師入陳」，「帥」，石經均作「亲」，「莒」作「筥」，「甯喜弒其君剽」，「弒」作「殺」。末行之「公孫囆」，今本作「公孫段」，惜石經字半泐，不能知其偏旁矣。石離爲二，今併之。

月乙卯叔　　十有二月乙卯叔孫豹卒
頓子沈子徐　　許男頓子沈子徐人越人伐吴
正月暨齊平三　　七年春王正月暨齊平三月公如楚
弟招殺陳世子　　陳侯之弟招殺陳世子偃師

□越殺陳　　放之于越殺陳孔瑗

右昭公四年至八年。合今本校讀，行均七十字。「陳侯之弟招」，今本作「招」。

□晉秋　　公至自晉秋八月

于大辰楚　　有星孛于大辰楚人及吳戰于長岸

□□殺其君　　許世子止弒其君買

□·廿有一年　　二十有一年蔡侯盧卒

右昭公十六年至廿一年。合今本校讀，前三行均七十字。「殺其君」，今本作「弒其君」。

辛卯　　三月辛卯

胡子滕　　胡子滕子薛伯

□至自　　秋七月公至自會

右定公三年、四年。合今本校讀，首行七十一字。

敗吳　　五月於越敗吳于醉李

□城　　城莒父及霄

右定公十四年。合今本校讀，首行七十一字。

□吳　　蔡公孫辰出奔吳

春城　　　　　春城比

右哀公四、五年。合今本校讀，首行七十一字。

西齊□□臼卒冬　　秋九月癸酉齊侯處臼卒冬叔還如齊

右哀公五年。石離爲二，今併之。

公羊傳

□□□累
□□之甚欲立其
□正而立不正廢長而
荀息可謂不食其言矣・里
□矣又將寡人之圖爲爾
□也文公之亨國也短美
□子下無方伯天下諸侯
□□□邑也□邑也其言
□□□□爲者也季氏之

□□言石霣石記聞聞其

右僖公十年至十六年。第五行「又將寡人之圖」，今本作「又將圖寡人」。其他諸行，合今本校讀，首行七十六字，次行七十四字，三、四行均七十三字，五行七十五字，六行七十四字，七行百四十一字，八、九行均七十三字，行字之數參差殊甚。第七行至相差數十字，則古、今本之異同亦甚矣。第四行「里克」之「里」上於兩字間加點，以畫斷前後文字之首尾而不空格。

何以書　　狩不書此何以書

□定不　　罪定不定已可知矣

右僖公二十八年。合今本校讀，首行七十四字。

之禍　　衛之禍文公爲之也

君也　　夷狄之君也

遂事　　大夫無遂事

□諸　　班其所取侵于諸侯

右僖公廿八至三十一年。合今本校讀，首行七十三字，次行七十四字，三行七十九字。

□□□□□□□用粟者臧　　用粟者藏主也

異□□□□□□□云災故　　曷爲以異書大旱之日短而云災故

也何　　躋者何升也何言乎升僖公譏

□疾　　三年之恩疾矣

右文公二年。合今本校讀，首行七十四字，次行七十一字，三行七十八字。石離爲二，今併之。

□□爲不於祭焉　　然則曷爲不於祭焉

□□者何天子之大　　王子虎者何天子之大夫也

□□江也・四年其　　伐楚爲救江也四年其謂之逆婦于齊何

□曷爲出奔射姑殺　　則狐射姑曷爲出奔射姑殺也

□不說不可使將　　射姑民衆不說不可使將

□使若它人　　內辭也使若它人然

夫何以　　大夫何以不名

外也　　遂在外也

右文公二年至八年。合今本校讀，首行七十五字，次行七十三字，三行七十六字，四行七十三字，五行七十一字，六行七十四字，七行七十三字。第三行「四年」上空一格，以「・」識之，知每易一年空一格。

則其　　則其稱國以殺何

處父於　出刺陽處父於朝而走

右文公五年。合今本校讀，首行七十三字。

三世　三世内娶也
不可　諸侯不可使與公盟
宫　曷爲皆官舉

右文公七年、八年。合今本校讀，首、二行均七十三字。

□將陽　君將使射姑將陽處父諫曰
天無是□也閏　天無是月也閏月矣
敵也此晉先眛　何以不言師敗績敵也此晉先眛也
八年不至復者　八年不至復者内辭也
年毛伯者　九年毛伯者何天子之大夫也
於其　亦知諸侯於其封内三年稱子也

右文公七年至九年。石裂爲三，今併之。合今本校讀，首行七十四字，二、三、四行七十三字，五行七十八字。

之晉　則未知其之晉者也

人之　死則以成人之喪治之
斷斷　惟一介斷斷焉無他技

右文公十一、二年。合今本校讀，首行七十三字，次行七十四字。

者何　還者何善辭也
何大其弗克納　其言弗克納何大其弗克納也
未知齊　則未知齊晉孰有之也

右文公十三、四年。合今本校讀，首、二行均七十四字。石離爲二，今併之。

□之故　引師而去之故君子大其弗克納也
□舍　其言弑其君舍何
何　單伯之罪何

右文公十四年。合今本校讀，首行七十字，次行六十五字。

予而文不予文　實與而文不與文曷爲不與
事執也不稱行　以其事執也不稱行人而執者
之茍將而來也　脅我而歸之茍將而來也
此何以書　此何以書動我也

右文公十四、五年。合今本校讀，首行七十八字，次行七十字，三行七十二字。今本「予」作「與」。石離爲三，今併之。

其言　　其言之何
行自外至　　無匹不行自外至者
□君此　　趙盾弒君此其復見何

右宣公三年至六年。合今本校讀，首行七十二字，次行七十一字。

之視　　於稷者唯具是視
來而不　　言叔姬之來而不言高固之來
賊曰晉趙　　晉史書賊曰晉趙盾弒其君夷獋
後處乎臺上　　然後處乎臺上引彈而彈之
視之則赫然死　　趙盾就而視之則赫然死人也
焉欲殺之於　　靈公心怍焉欲殺之於是使勇士某者
入子之閨則無人焉　　入子之閨則無人焉
□□□可使往者　　衆莫可使往者
□□□趙盾起將　　趙盾起將進劍

右宣公三年至六年，在文公二年至八年石之陰。合今本校讀，首行七十二字，次行七十三字，三行七十一字，四行七十六字，五行七十一字，六行七十字，七行七十三字，八行七十一字。首行「唯具之視」，今本「之」作「是」。

樂而　　是樂而已矣

也熊膰　　膳宰也熊膰不熟

□□人門　　則無人門焉者

右宣公六年。合今本校讀，首行七十七字，次行七十四字。石離爲二，今併之。

爲仁爲義　　爾爲仁爲義

朝有人何　　與諸大夫立於朝有人荷畚自閨而出者

□使我棄　　將使我棄之

□□焉　　則無人閨焉者

右宣公六年。合今本校讀，首行七十二字，次行七十六字，三行七十字。今本「何」作「荷」，何、荷古今字。石離爲二，今併之。

□面再□□□趍而出　　趙盾逡巡北面再拜稽首趨而出

仁人也□□子之大門　　子誠仁人也吾入子之大門

矣遂刎□□死靈　　吾亦不可復見吾君矣遂刎頸而死靈公聞之怒

□□□□蓋利劍　　吾聞子之劍蓋利劍也

右宣公六年。合今本校讀，首行七十字，次行七十一字，三行七十三字。石離爲三，今併之。

□是子之易　　是子之易也

趙盾而食　　召趙盾而食之

□曰盾　　祁彌明自下呼之曰盾

□起有　　鼓而起有起于甲中者

右宣公六年。合今本校讀，首行七十三字，次行、三行七十一字。石離爲二，今併之。

焉者入其閨　　則無人門焉者入其閨

國重卿而食魚　　子爲晉國重卿而食魚飧

右祁彌明者力國　　趙盾之車右祁彌明者國之力士也

□□于君所趙　　何故拔劍於君所趙盾知之

右宣公六年。合今本校讀，首行七十字，次行七十三字，三行七十一字。今本「國之力士也」，石經存「力國」二字，其文殆是「力國士也」，「于君所」之「于」今本作「於」。

□□□伏　　於是伏甲於宮中

□□□祁　將進劍祁彌明自下呼之曰
□之獒　君之獒不若臣之獒也
而出衆無　趙盾驅而出衆無留之者
而不反　聞喪徐行而不反
去其　其言萬入去籥何去其有聲者

右宣公六年至八年。合今本校讀，首行七十一字，次行六十九字，三、四、五行均七十三字。

數千里　南郢之與鄭相去數千里
從不赦　告從不赦不詳

右宣公十二年。合今本校讀，首行七十一字。

□爲使我歸之蹇之戰
子何元年春王正月也
以書録伯姬也・十
天子之三公也王者無
謂之仲嬰齊爲兄後也
仲惠伯傅子赤者

宣公宣公死成公

□君薨家

右成公八年至十五年，在僖公十年至十六年石之陰。合今本校讀，行均七十一字，惟第三、四行各七十字。

逐衛侯　　逐衛侯而立公孫剽

右襄公二十七年。

曷爲

右上下文均闕，不知何公。

何大爾

右上下文均闕，不知何公。

譏爾

右上下文均闕，不知何公。

內辭

右上下文均闕，不知何公。

顏氏

右《校記》。案，洪氏《隸釋・公羊傳》殘字後有顏氏言三則，記嚴、顏異同，今所見殘石，但存此二字耳。

論語

人不知　　　　　　人不知而不慍

右《學而》。

□以觀　　　　　　視其所以觀其所由

則罔思而　　　　　學而不思則罔思而不學則殆

行寡悔祿　　　　　言寡尤行寡悔祿在其中矣

・或謂孔　　　　　或謂孔子曰

子曰殷因　　　　　子曰殷因於夏禮

右《爲政》。合今本校讀，首二行七十四字，三行七十三字，四行七十一字。第四行「或謂」上空格加「・」，知《論語》每章上空一格。

惡不仁者其　　　　惡不仁者其爲仁矣

子曰士志乎　　　　子曰士志於道

□爲國　能以禮讓爲國乎何有

□君子喻　子曰君子喻於義

右《里仁》。合今本校讀，首行七十二字，次行七十三字，三行七十四字。石離爲二，今併之。

「士志乎道」，「乎」今本作「於」。

衣惡　而恥惡衣惡食者

禮讓　不能以禮讓爲國

右《里仁》。合今本校讀，首行七十三字。

·子　子曰君子懷德

·子　子曰參乎

志不　見志不從

右《里仁》。合今本校讀，首行七十二字，次行七十四字。

道可謂　三年無改於父之道可謂孝矣

·子　子游曰事君數斯辱矣

公冶　公冶長第五

右《里仁》至《公冶長》篇題。合今本校讀，首行七十三字。

則以懼　　一則以懼

右《里仁》。

里仁　　里仁爲美

右《里仁》。

子食　　子食於有喪者之側

懼好謀而　　必也臨事而懼好謀而成者也

□□問之　　吾將問之

右《述而》。合今本校讀，首行七十一字，次行七十六字。

之則吾　　如用之則吾從先進

子曰孝　　子曰孝哉閔子騫

右《先進》。合今本校讀，首行六十八字。

死子曰　　顏淵死子曰噫

□我　　非我也

右《先進》。合今本校讀，首行七十四字。

□有　　言必有中

而求　　　　而求也爲之聚斂

不　　　　子曰不踐迹

右《先進》。合今本校讀，首、二行均七十一字。

□三年之　　　　夫三年之喪

亂小人有　　　　君子有勇而無義爲亂小人有勇而無義爲盜

子曰唯女　　　　子曰唯女子與小人

右《陽貨》。合今本校讀，首行七十四字，次行七十七字。

□去之　　　　微子去之

吾不能　　　　若季氏則吾不能

右《微子》。合今本校讀，首行七十三字。

□去乎　　　　子未可以去乎

不朝孔　　　　三日不朝孔子行

孔子過　　　　孔子過之

右《微子》。合今本校讀，首行七十四字，次行、三行七十三字。

羣也　　　　鳥獸不可與同羣

爲黍　　殺雞爲黍而食之

也道□不行　　行其義也道之不行

□□身中情　　身中清廢中權

□□大臣怨　　不使大臣怨乎不以

□□弟十　　子張弟十九

　　右《微子》。合今本校讀，首、二、四行均七十二字，三行七十一字。今本「鳥獸不可與同羣」下無「也」字。「身中清」，石經「清」作「情」。石離爲二，今併之。

方叔　　鼓方叔入於河

隨季　　季隨季騧

　　右《微子》。合今本校讀，首行七十四字。

□□飯干適楚三　　亞飯干適楚三飯繚適蔡

□□八士伯達伯栝　　周有八士伯達伯适

此間原空一行

子張曰□德不弘信道　　子張曰執德不弘信道不篤

□大賢□於人何不容　　我之大賢與於人何所不容

□□□□□志　　博學而篤志

右《微子》、《子張》。合今本校讀，首行七十四字，次行七十三字，三行原空，乃《子張》篇題，四行七十四字，五行七十三字。「伯栝」，今本作「伯适」；「於人何不容」，今本「何」下有「所」字。石離爲三，今併之。

意末也本之□□如之何　　抑末也本之則無如之何
斿曰喪致乎□而止・子　　子游曰喪致乎哀而止子游曰
□□□□□□其不改　　其他可能也其不改父之臣

右《子張》。合今本校讀，首、二行均七十四字。「意末也」，今本作「抑末也」。《學而》子禽章「抑與」之「（與）（抑）」，《隸釋》載石經作「意予」之「（與）（意）」。案，《周語》「抑人故也」，賈子《禮容語》下作「意人」。《詩・十月之交》「抑此皇父」，《釋文》引《韓詩》：抑，意也。是意、抑音近義同。石離爲三，今併之。

□聞　　吾聞諸夫子
甚也　　不如是之甚也
大者　　賢者識其大者

右《子張》。合今本校讀，首行七十六字，次行七十八字，三行七十三字。

□□□□□□□□□□人謹　　在予一人謹權量

□□□□□□□□□斯可　　斯可以從政矣

□□□□□□□□□仁而　　欲仁而得仁

□虐不戒□□□□□暴　　不教而殺謂之虐不戒視成謂之暴

此間空一行

□言主·

曰無矣

右《堯曰》。合今本校讀，首行七十三字，二、三行均七十四字，末二行爲《校記》，其前空一行，爲篇末。

繼絶　　繼絶世

費勞而　　惠而不費勞而不怨

亦泰而　　斯不亦泰而不驕乎

司·凡二　　謂之有司

此間原空一行

□言黑·

□且在封

右《堯曰》，附《校記》。合今本校讀，首行七十三字，次行七十五字，三行七十四字。石離爲三，今併之。《校記》：「且在封，乃且在邦域之中矣」之殘字，今本「封」作「邦」。陸氏《釋文》：邦或作「封」，孔注：魯七百里之封。是《正義》本亦作「封」，今作「邦」，後人追改也。

張盍毛

歸厚包

徹·既

乎周

右《校記》二。案《隸釋·論語》殘碑後載盍、毛、包、周有無不同之説，黃氏《東觀餘論》云，今《論語》無盍氏、毛氏。案《經典釋文敘録》載鄭玄就《魯論》張、包、周之篇章考之，齊古爲之注焉。今《校記》有張、盍、毛、包、周，張乃「張禹」，包乃「包咸」，周氏不詳何人，盍、毛二家則《釋文》所未載，故黃氏云爾也。

盍

包言

言靜

右《校記》三。

序記

□□□□□□冝乾

□□□□□□實則虛僞

□□□□□與五經博士

□□□□字摩滅解落雲脱

□□章言考覆紛紛家殊人

□學猾吏以人事相陰陽或競

舊聞留心稽古汲汲秘觀挍序文

□石雜與光禄勳劉寬五官中郎將堂谿

□□□□□□□□實無相得論顛下大司

右石陽一，石離爲二，今併之。

□□□□□□□□□以經本各一通付大常諸

□□□□□□□□字庛毁所不知書箝解難固必

□□□□□本及傳記論語即詺所挍定以爲可
□□□列置講堂以參當試壹勞而久逸暫費而
□屬張玹司空兼集曹掾周達屬尹弘雜議
□隱之士葝核聖術説難傳義文指條暘以
恨也巡欲鑿石正書經字立於大學絶試
又隆暑炎赫非倉卒所成可須秋涼收
　　右石陽二。
□粉□
不足采紀
　　右石陽三。
□□□子舍人傳彌易梁
□□施氏郎中孫進尚書小夏侯郎中
□雜考合異同各隨家法是正五經
患苦賴蒙
藝孜孜匪懈令問不已廑化萬

因緣生姦無以防絶每徵
□學官選守職畏事百石
□□稽古以大學久廢
□□□年六月三府
□□□□士卒皆出
□□□□□書葥

右石陰一，乃石陽一之陰。此十一行字小於石陽，殆因文多，故縮書之耶？石離爲二，今併之。

□□□□□□□孟郁之
□□□夫子刪詩書定禮樂欲令
由舊章平議餘所施行有益時要者

右石陰二，乃石陽二之陰。

三四萬錢
此處空一行
只主者吏卒通姦

此處空三行

此之時五經章句

可案文責實

右石陰三，末行尚有半字，拓本劣不可辨。

不亻□

此處原空一行

年六月三

右石陰四。

闇於

論

右石陰五。

訁□訁□

大夏

時

右石陰六。

離

弗

右石陰七。

考

以

嚋

右石陰八。石離爲二，今併之。

陳懿郎

右石陰九。

萬言以上

右石陰十。

實

州郡禁

右石陰十一。

予既會合前後所見石經殘字，集録爲一編，而《魯詩》殘字中異文尚有未備考者。如《周南·關雎》「君子好仇」，今《毛詩》作「逑」，《釋文》：逑，本亦作「仇」。《禮記·緇衣》、《漢書·匡衡傳》、《後漢書·張衡傳》注、《爾雅·釋詁》「仇，匹也」注引《詩》皆作「君子好仇」。《文選》何平叔《景福殿賦》注、嵇叔夜《贈秀才入軍詩》注、《琴賦》注、曹子建《七啓》注，並引《毛詩》「君子好仇」，是《毛詩》一本作「仇」，非《魯》、《毛》異文也。《邶風·谷風》「我今不説」，《左傳》襄公二十五年傳：「《詩》所謂『我今不説，皇恤我後』者，甯子可謂不恤其後矣。」杜注：言今我不能自容説，何暇念其後乎。與《魯詩》正合。《小雅·采芑》「征伐玁□」，《漢書·韋玄成傳》載劉歆《議》引《詩》「征伐玁狁」，正作「玁」。《吉日》「其麌孔□」，《毛詩》孔疏引《釋獸》「麋，牡麔、牝麌，某氏曰《詩》云『瞻彼中原，其麌孔有』」亦與《魯》同。《角弓》「□雪瀌瀌」，《荀子·非相篇》、《漢書·劉向傳》、《韓詩外傳》四並引《詩》「雨雪瀌瀌」，是又《魯》與《韓》同字矣。前藁既寫定，不及增入，爰附記卷末。時七月既望，羅振玉又記。

漢熹平石經殘字上

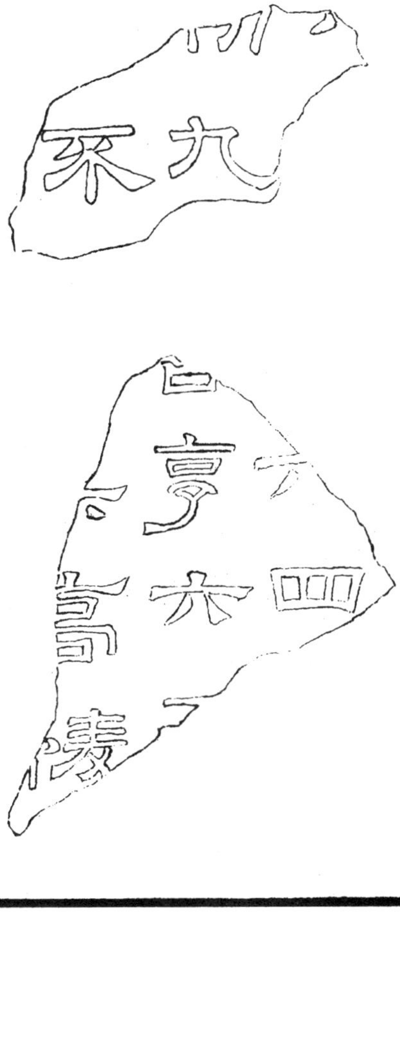

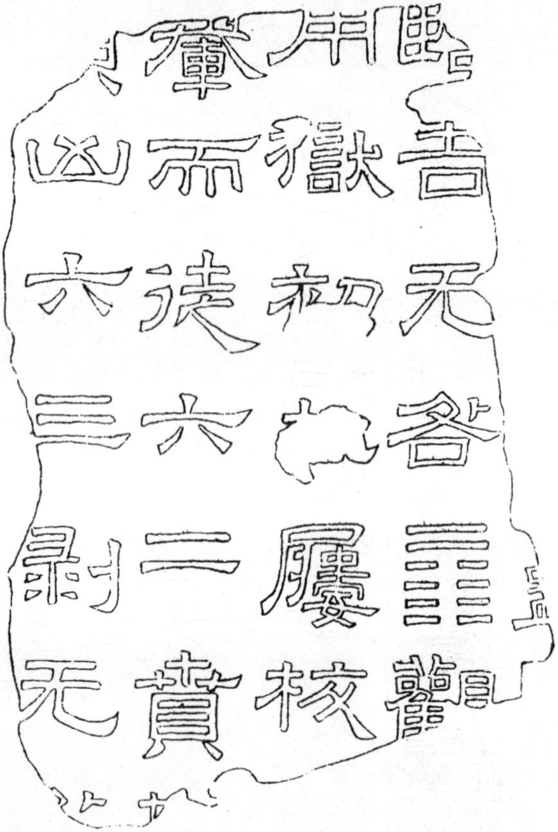
吉无咎
徵初屨校
而後六二賁
山六三剝无

臨　絡　吉　勿　有

廣　耆　九　臨　絡

吉　六　五　吉　九

婦　四　王　上　四

子　富　假　九　睽

嘻　家　有　有　孫

嘻　大　家

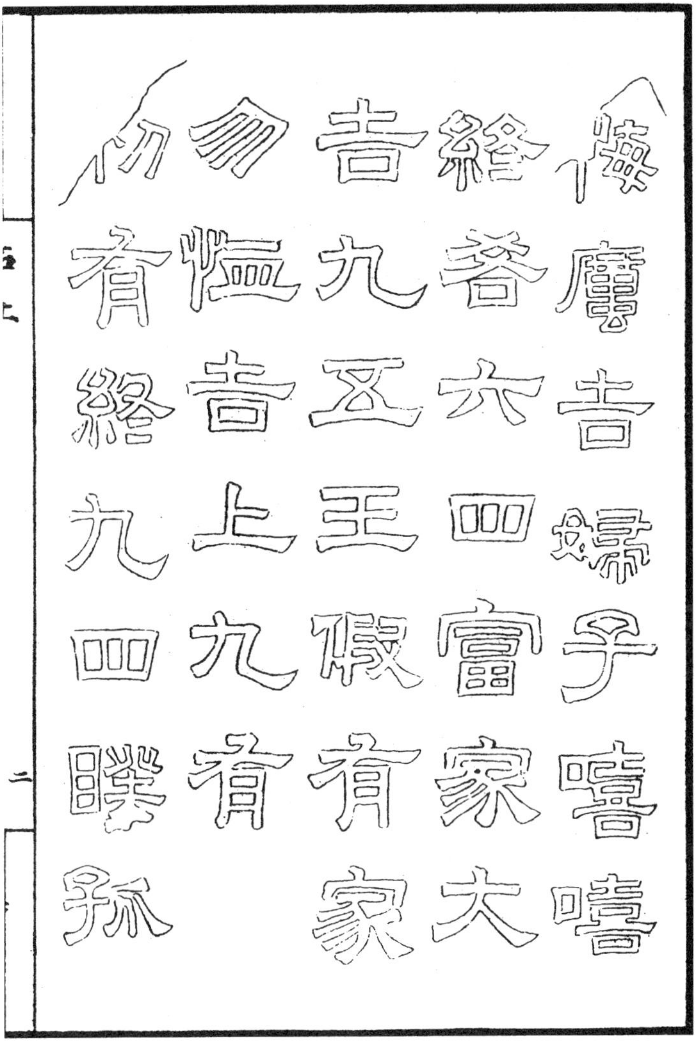

遇元夫交孚厲无

咎六五悔亡厥宗

噬膚往何咎

譽六二王臣蹇蹇

匪躬之故九三往

六　解　致　來　寰
五　而　寰　連　來
君　按　至　九一　反
子　　　貞　貞　六四
維　至　晉　旦　往
一　斯　九　來　寰
　　孚　四　四

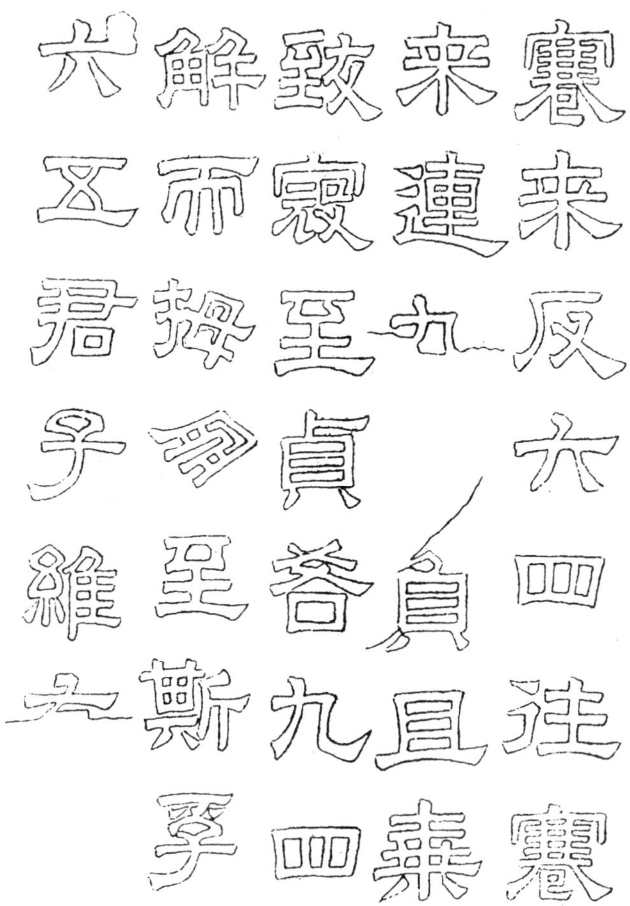

元咎酌損之九二
利貞征凶弗損益
之六三三人行則
損益利用攸往
利涉大川初九利

用為大作元吉无
[illegible]惠心勿間元
吉有孚惠我德上
九莫益之或擊之
子夬夬獨行遇

雨若濡有慍无咎
九四臀无膚
包有魚无咎不利
賓九三臀无膚其
行次咎乃亂乃

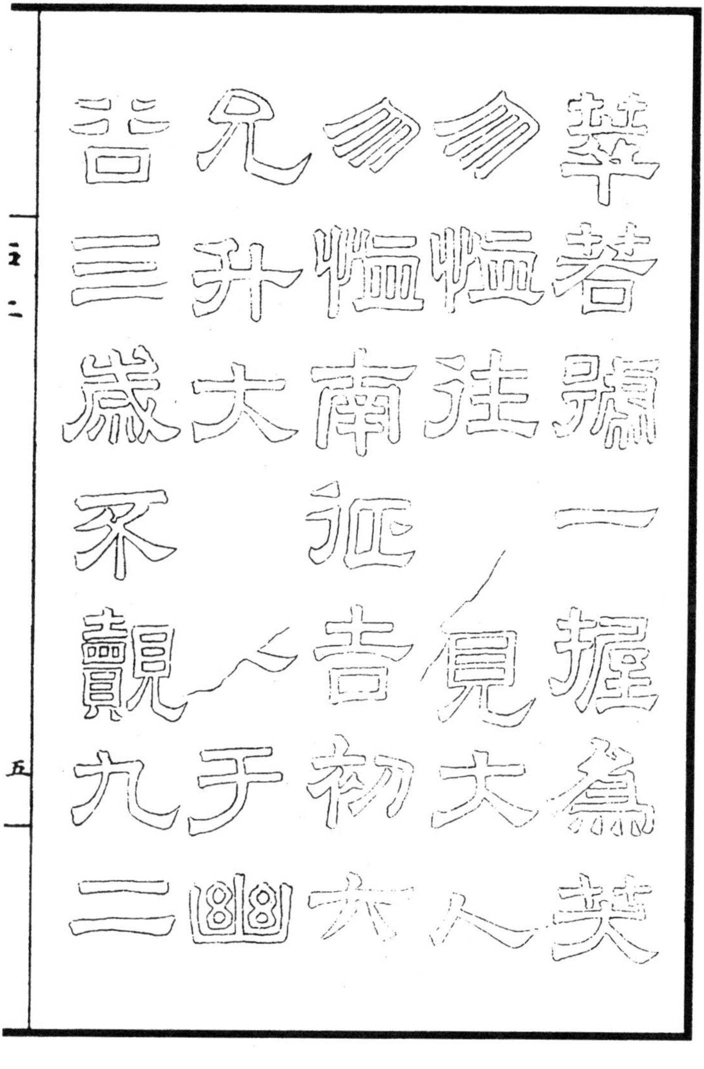
萃若號一握爲笑
勿恤往見大人
勿恤南征吉初六
允升大于幽
谷三歲不覿九二

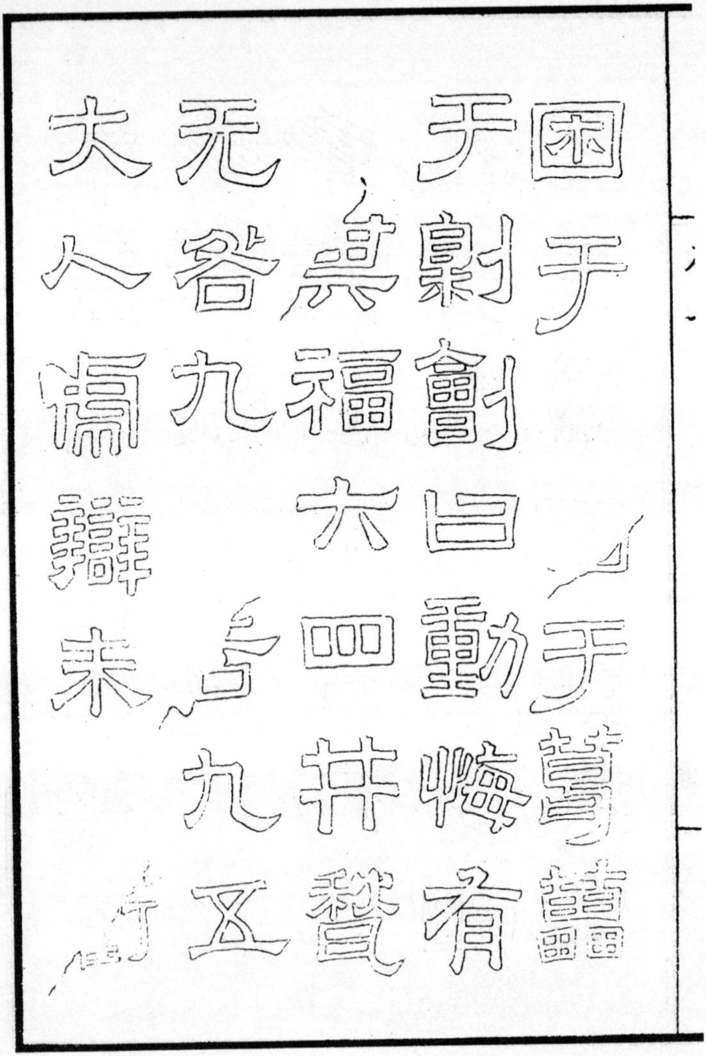
困于
于葛藟
曰動悔有
其福六四井甃
无咎九九五
大人未

悔終吉九四鼎
九陵勿逐七
六艮其止咎六
二凶

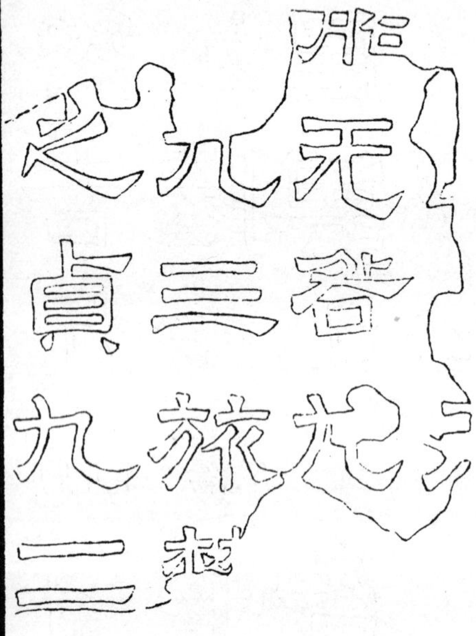

七

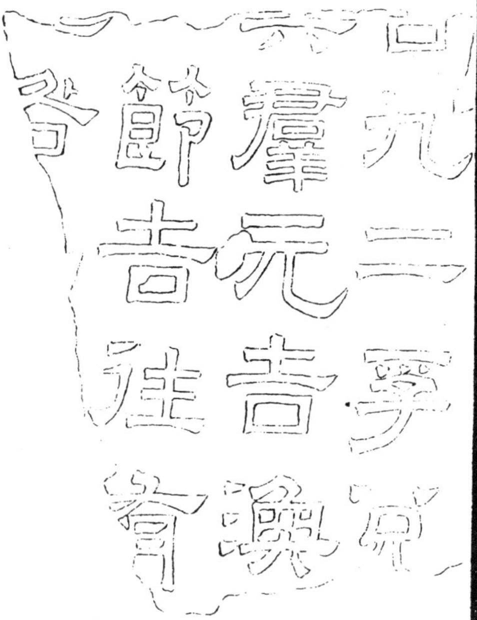

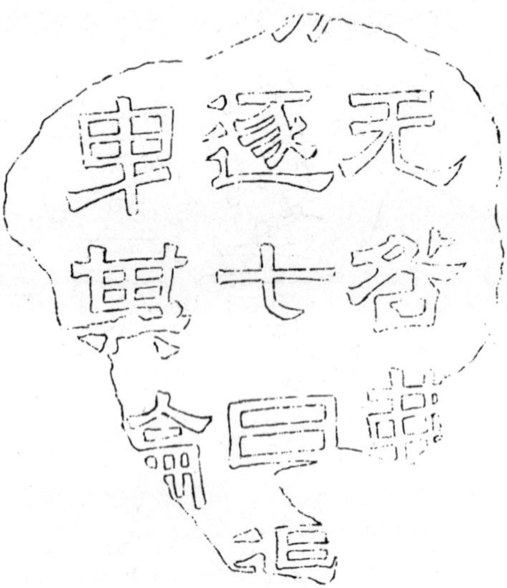

六二

八

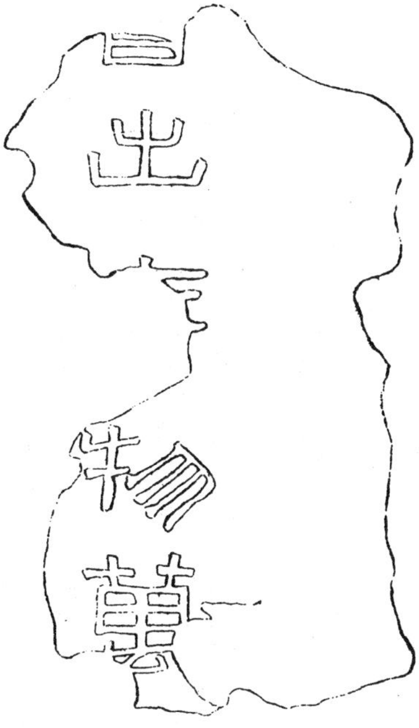

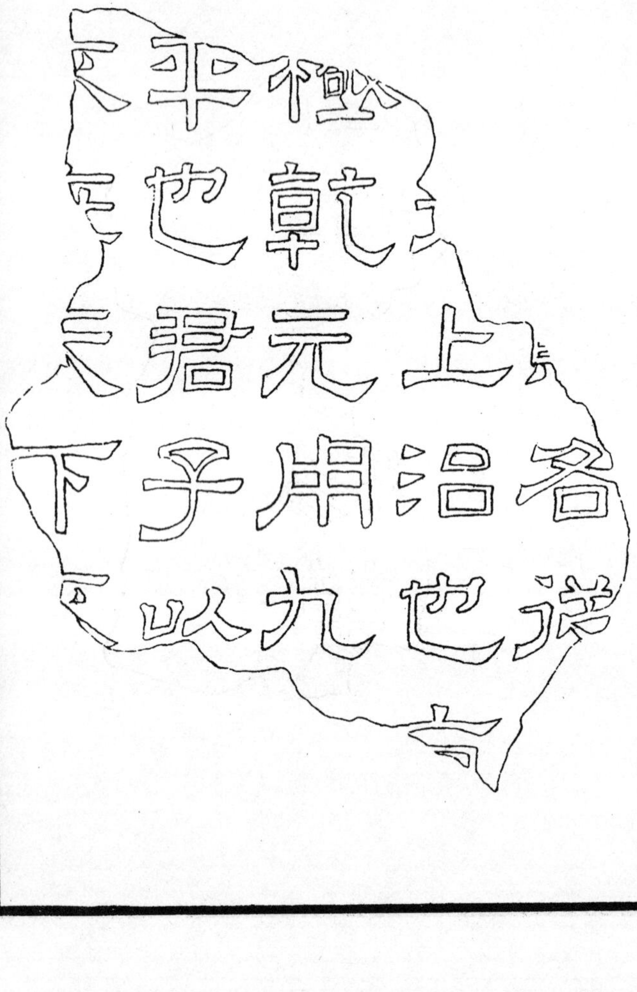
各從
上治也
乾元用九
平也君子以
下

之二

龍　情　龍　絡　也
在　也　在　日　日
田　時　一　乾　人
利　　　　　信
見　易　揮　才　而
士　日　喬　革　飛
　　見　通　飛　也
　　　　見

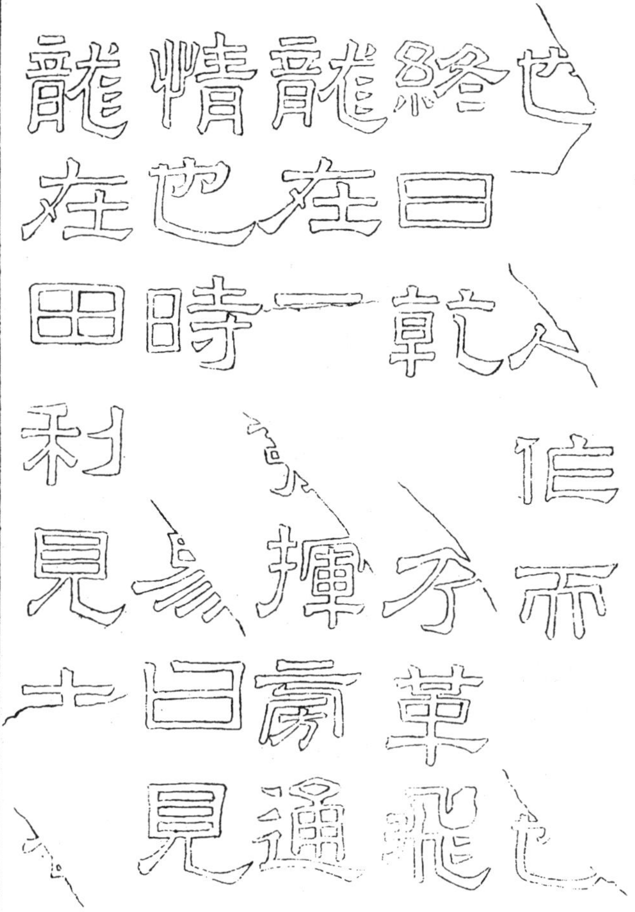

九

夫大人者與天地
合其德亡知得而
不知喪其唯聖人
乎不善之家必有
餘殃臣弒其君子

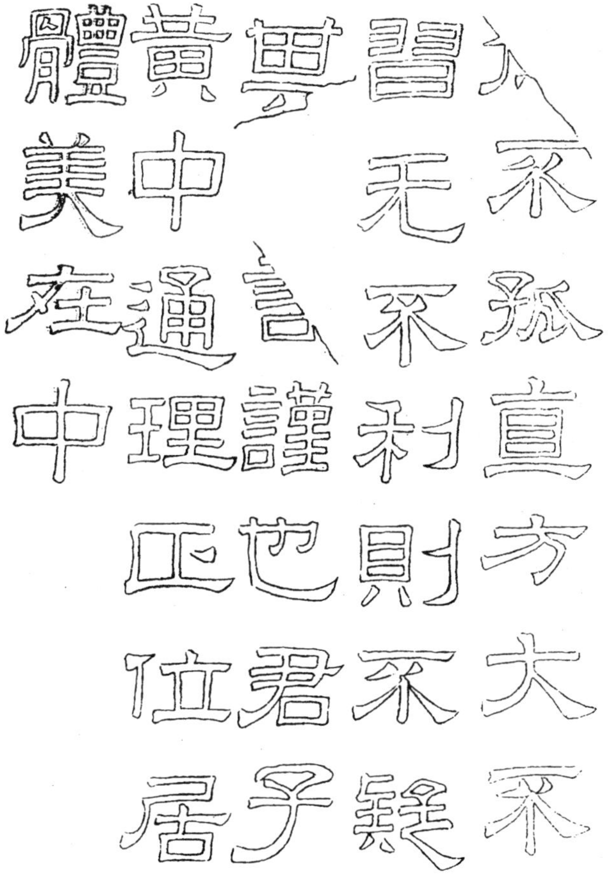
不孫直方大不
習无不利則不疑
言謹也君子
黄中通理正位居
體美在中

剛柔而生爻和順
於道德而理於義
窮理盡性以至
畫而成卦分陰分
陽迭用柔剛故易

六畫而成章也○
天……艮以止之
兌以說之乾以君
之巛以藏之帝出
乎震齊乎巽……

十一

也者明也萬物皆
相見南方之卦也
聖人南面而聽天
下鄉明而治也
欿者水也正北方

之卦也勞卦也萬
物之所歸也故曰
勞乎

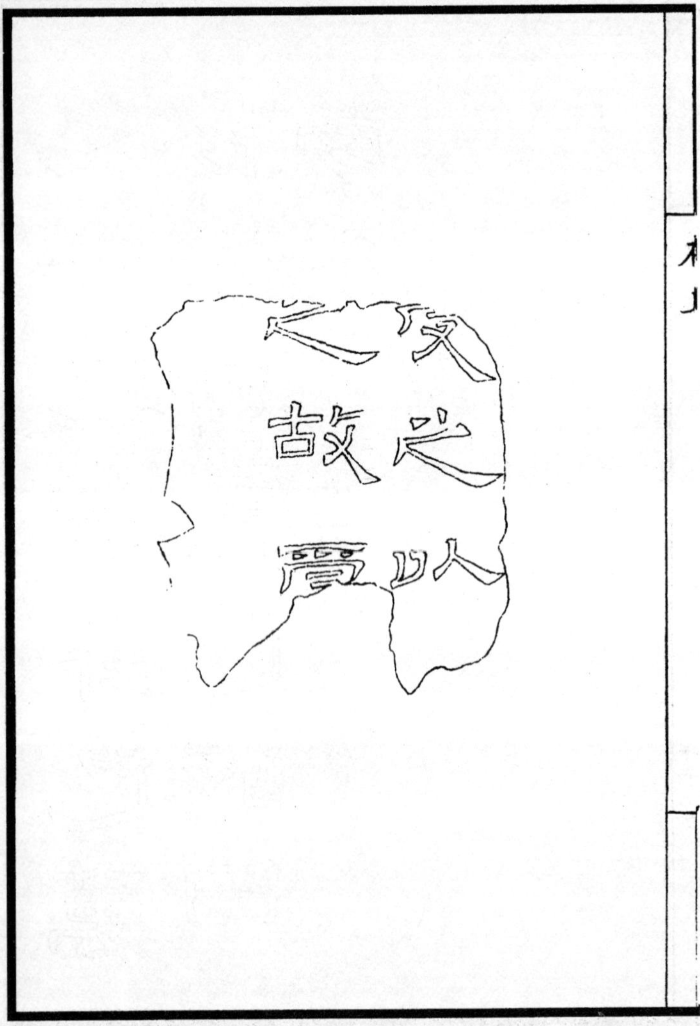

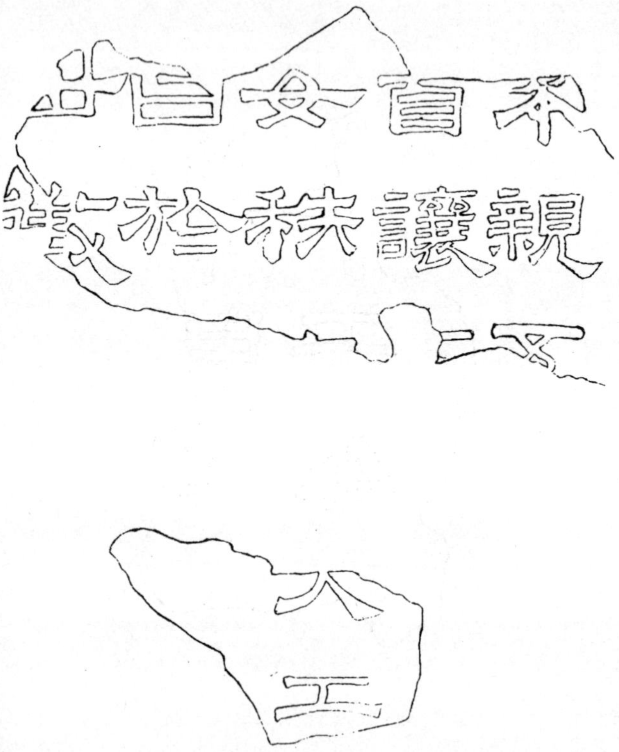

石上　十四

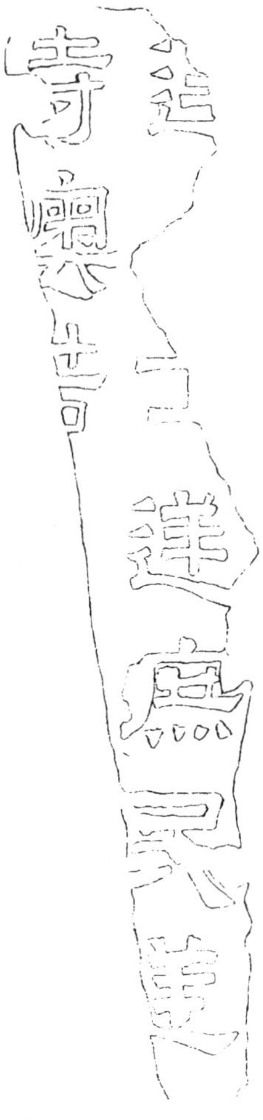

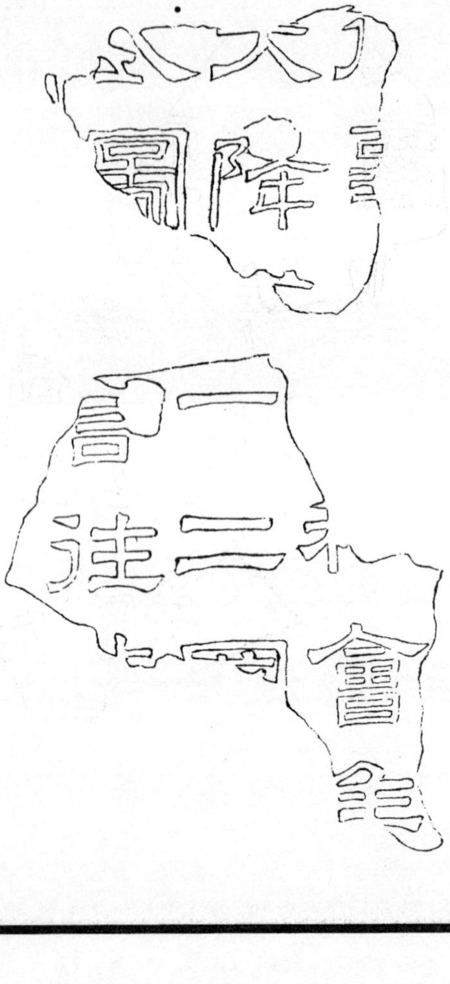

十六

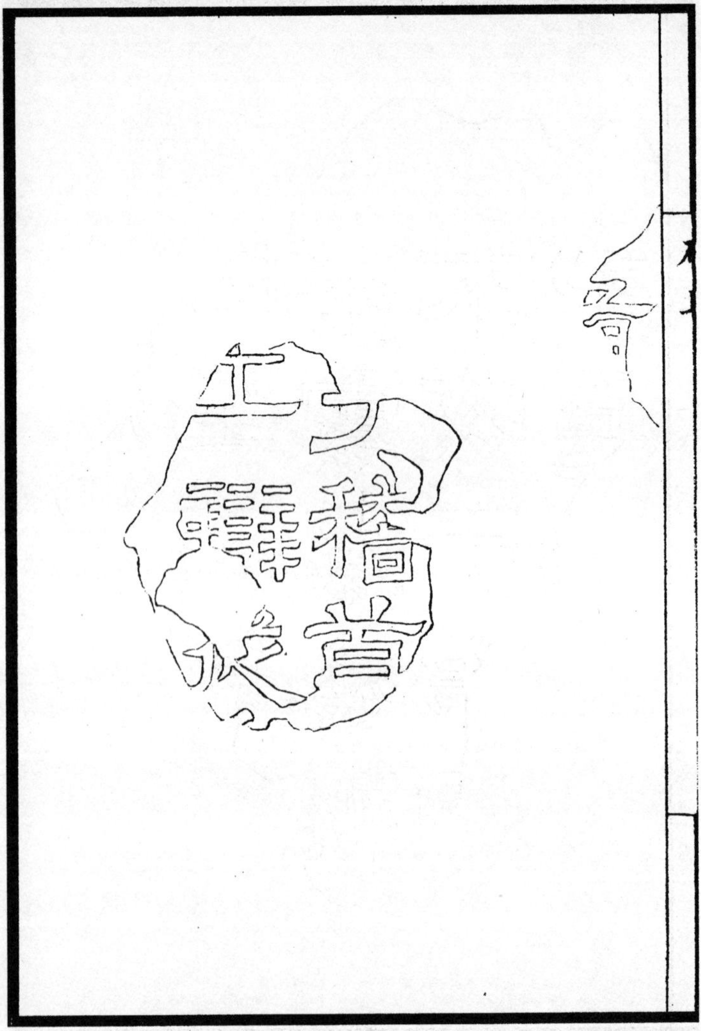

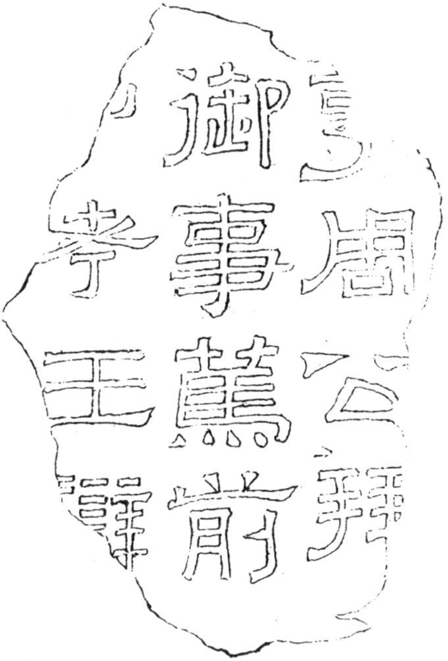

十七

仇

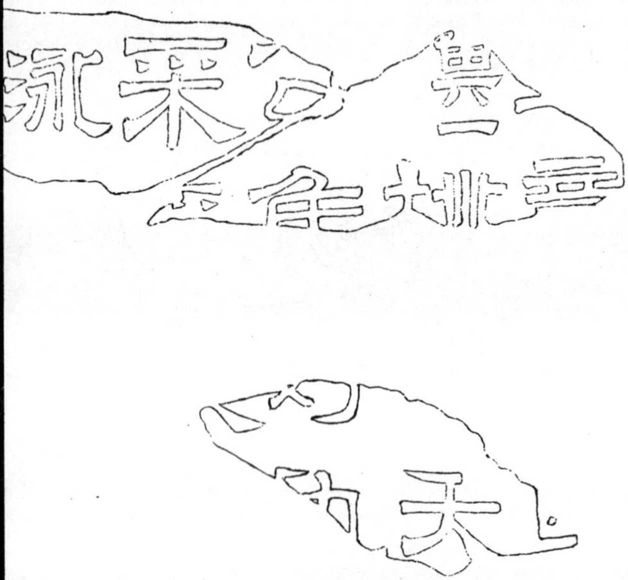

二　二

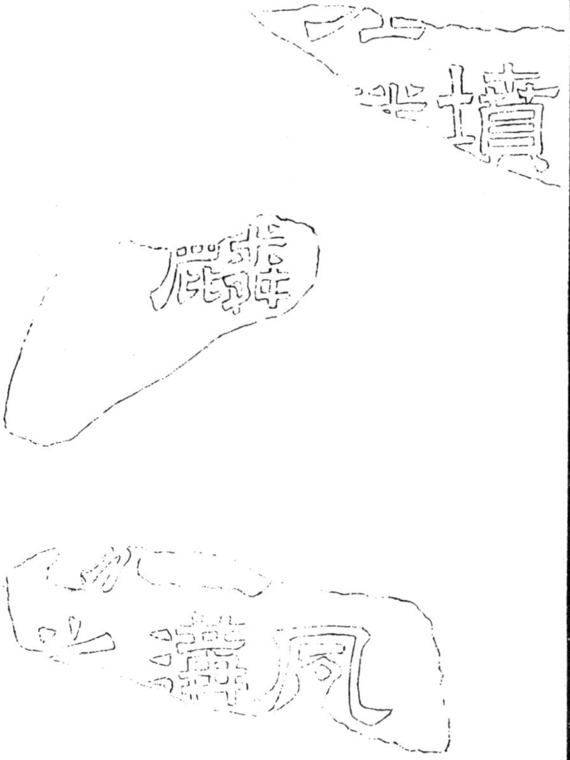

十九

二十

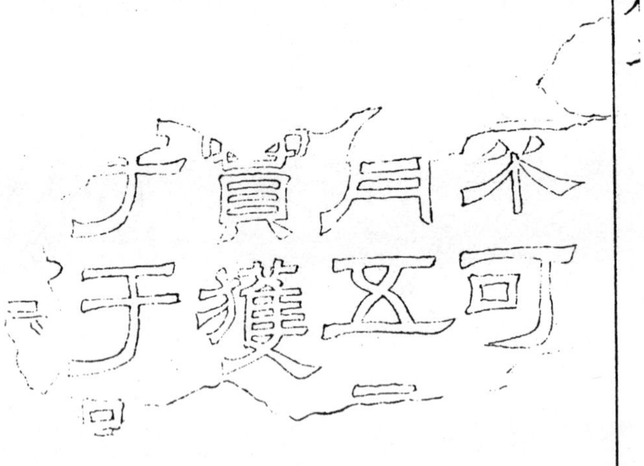

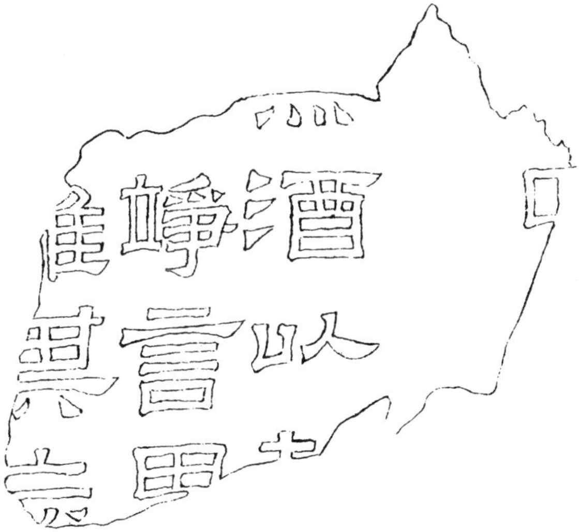

廿一

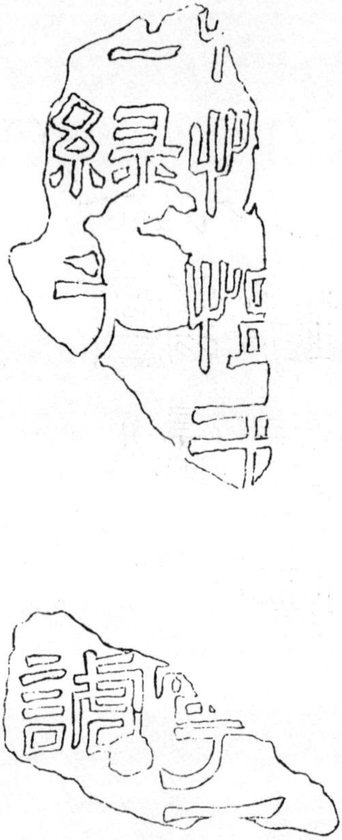

石上

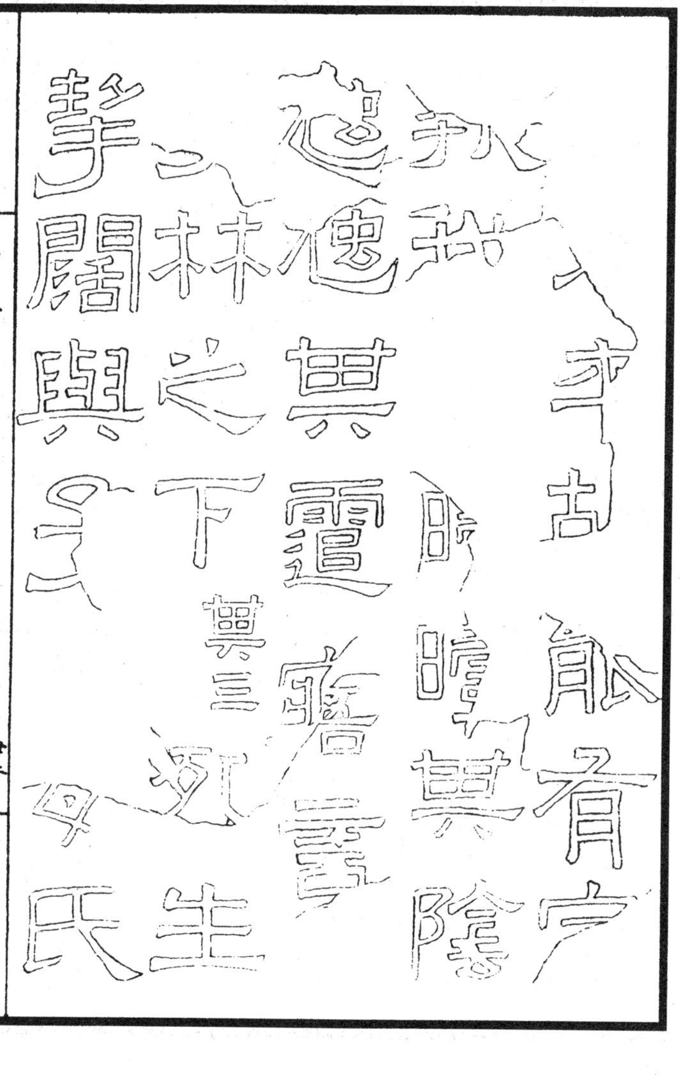

廿二

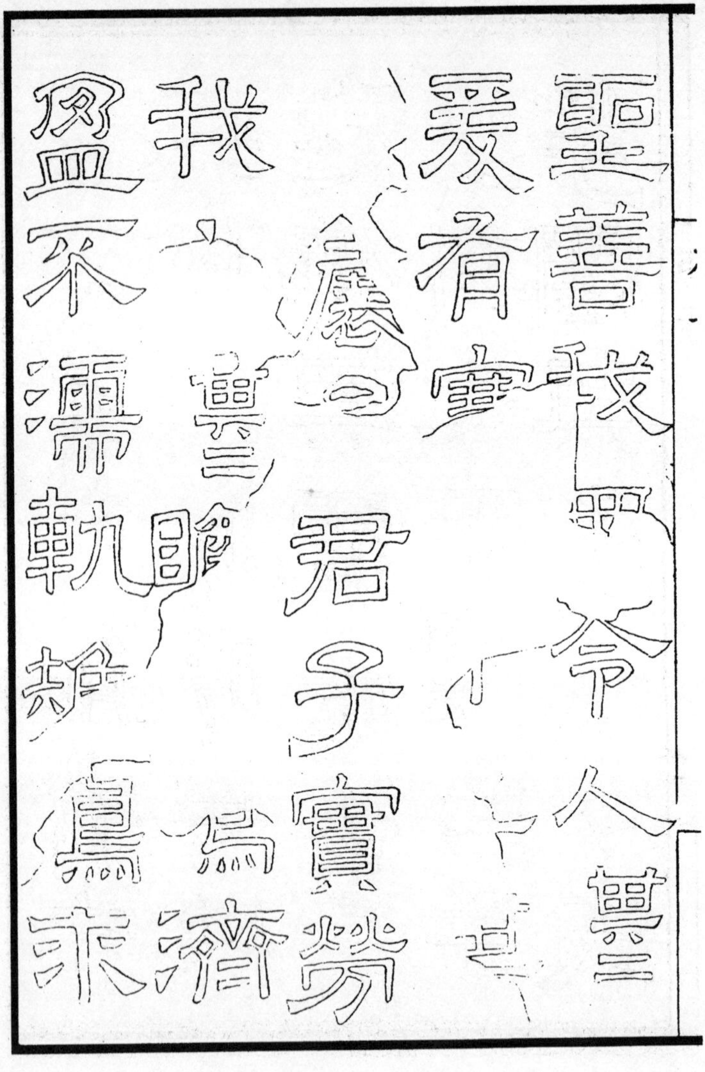
聖善我令人其
爰有寔
慶君子實勞
我其為濟
盈不軌鳥來

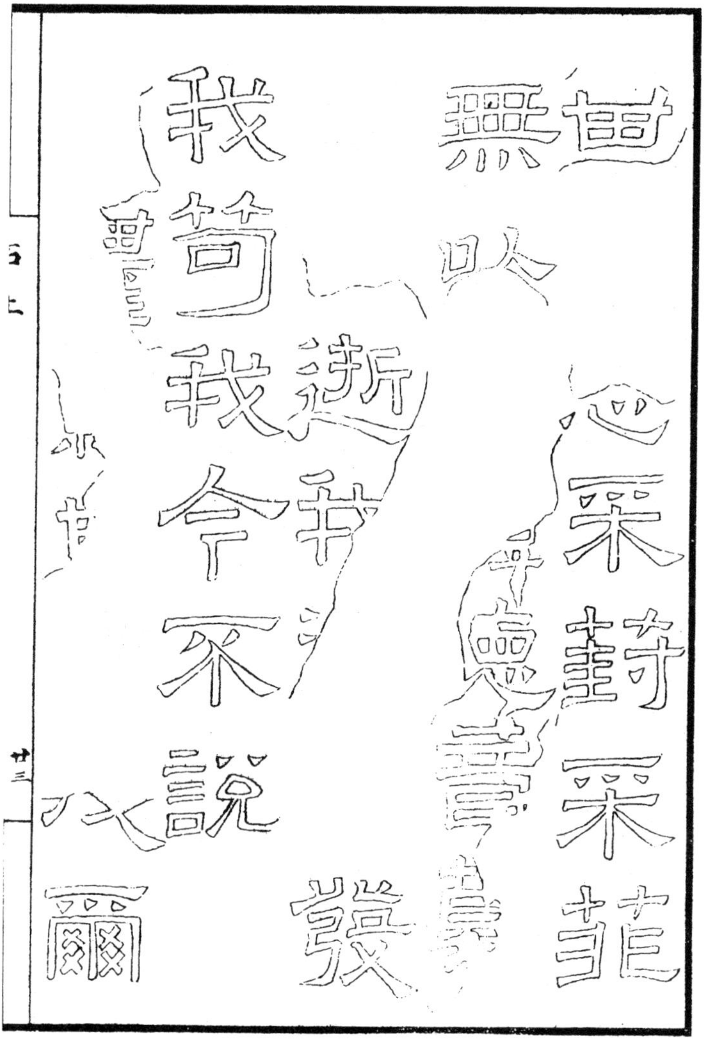
石上
廿三
由心采葑采菲
無以
逝我
我荀我今不說
爾

顛覆既生既育比
予于毒其我有旨
蓄亦以[illegible]宴爾
[illegible]式微胡[illegible]歸
微君之故胡為乎

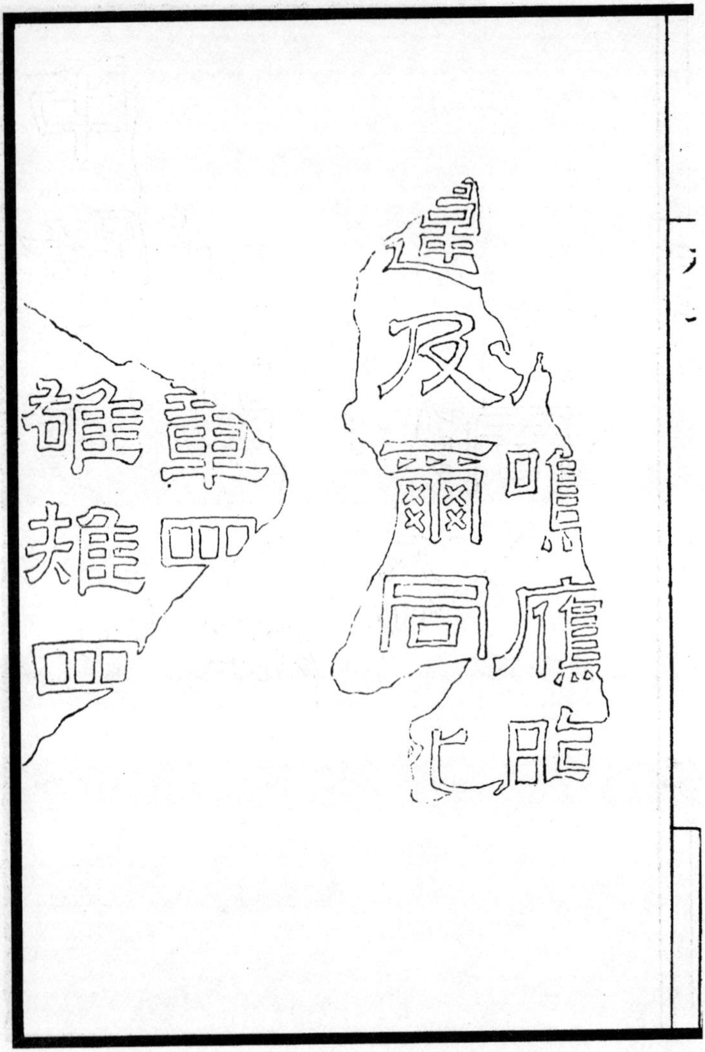

廿五

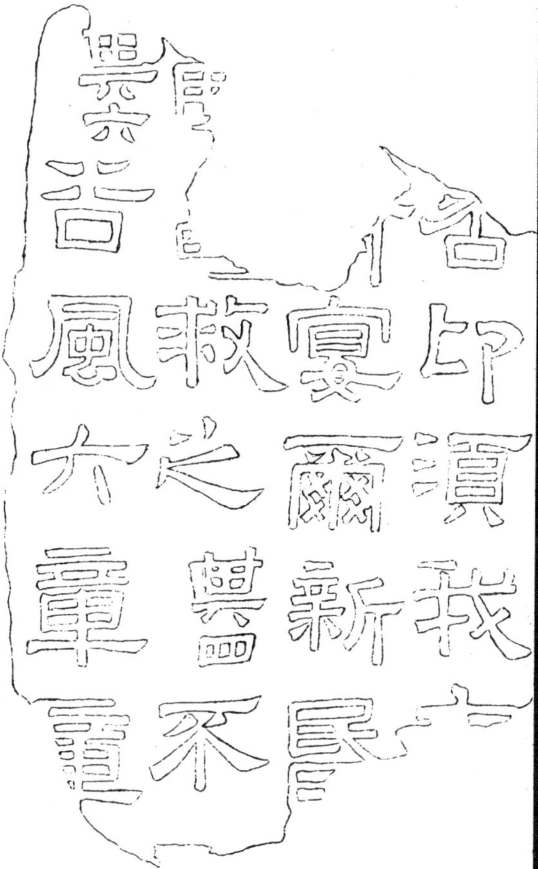

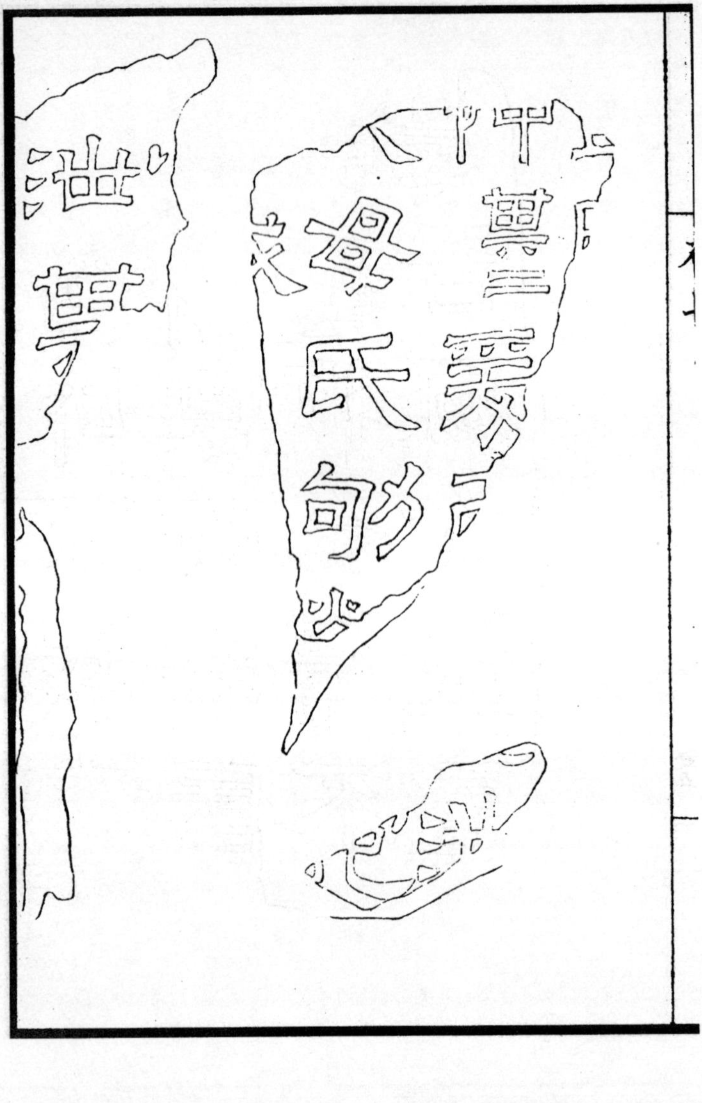

字上

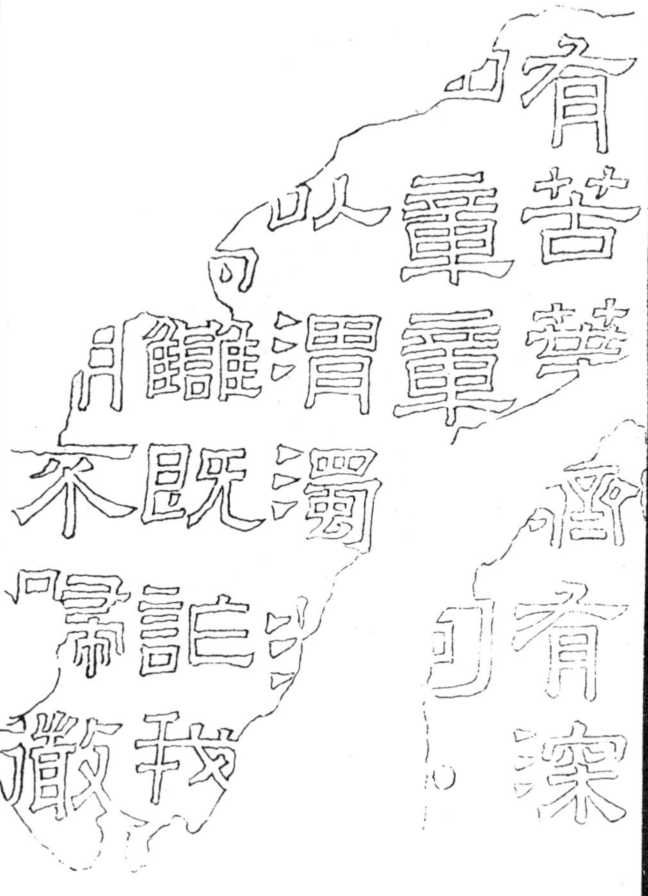

廿六

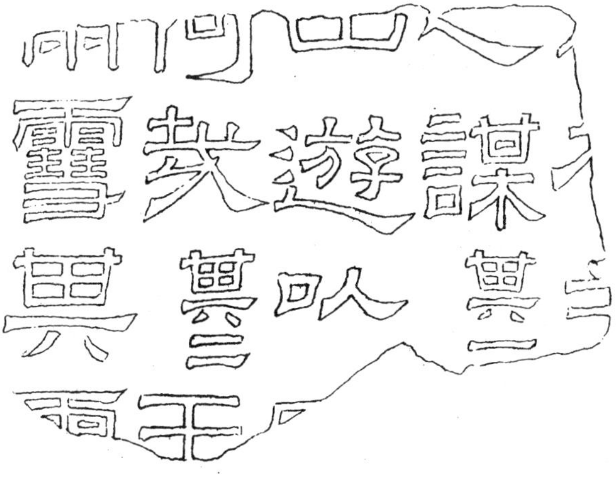

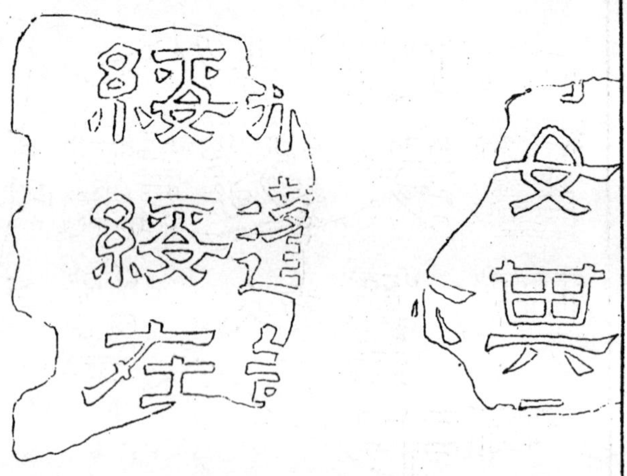

童
二
我
第

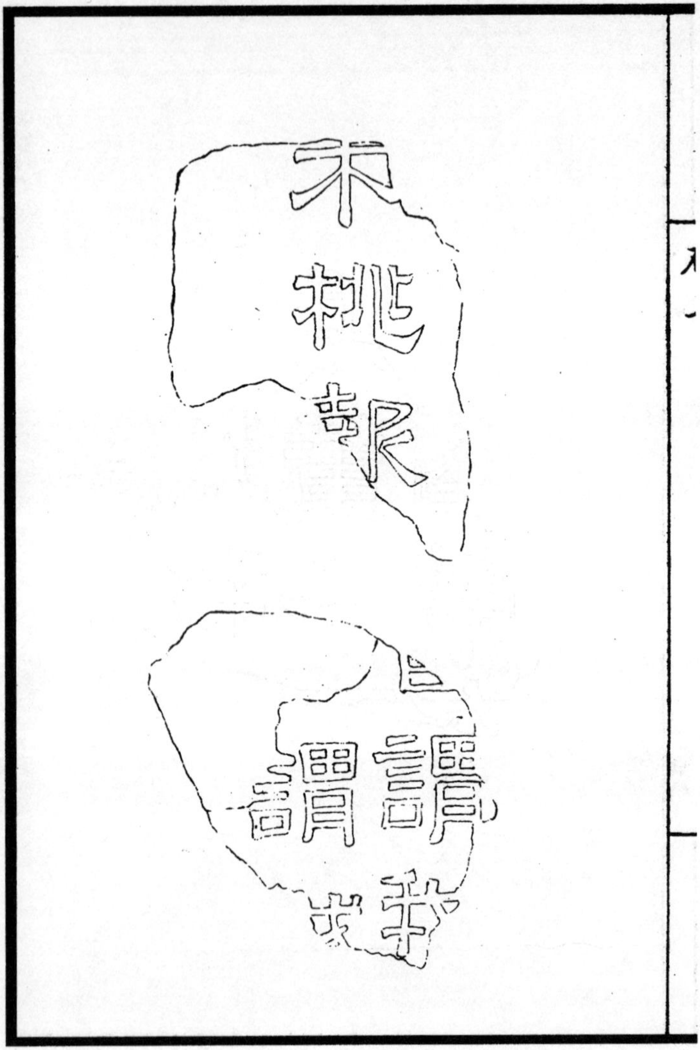
不桃報
謂我
謂

李
淇
脩

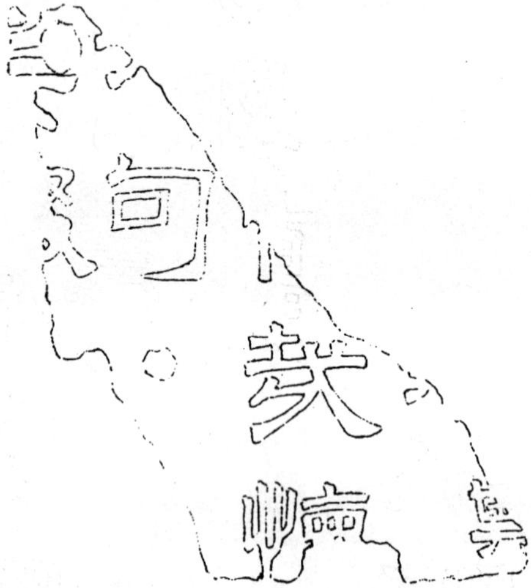

二十二

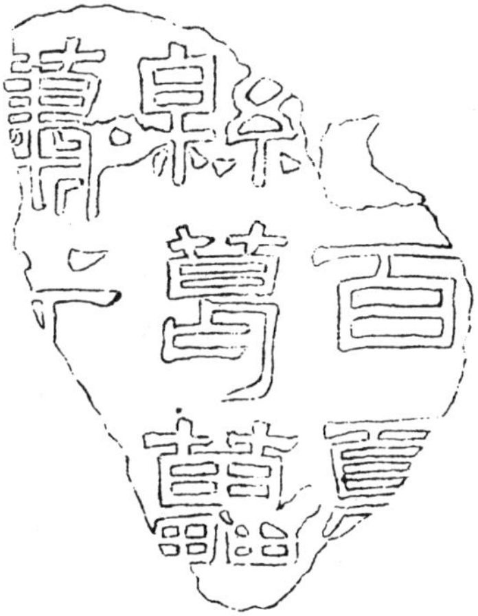

三十

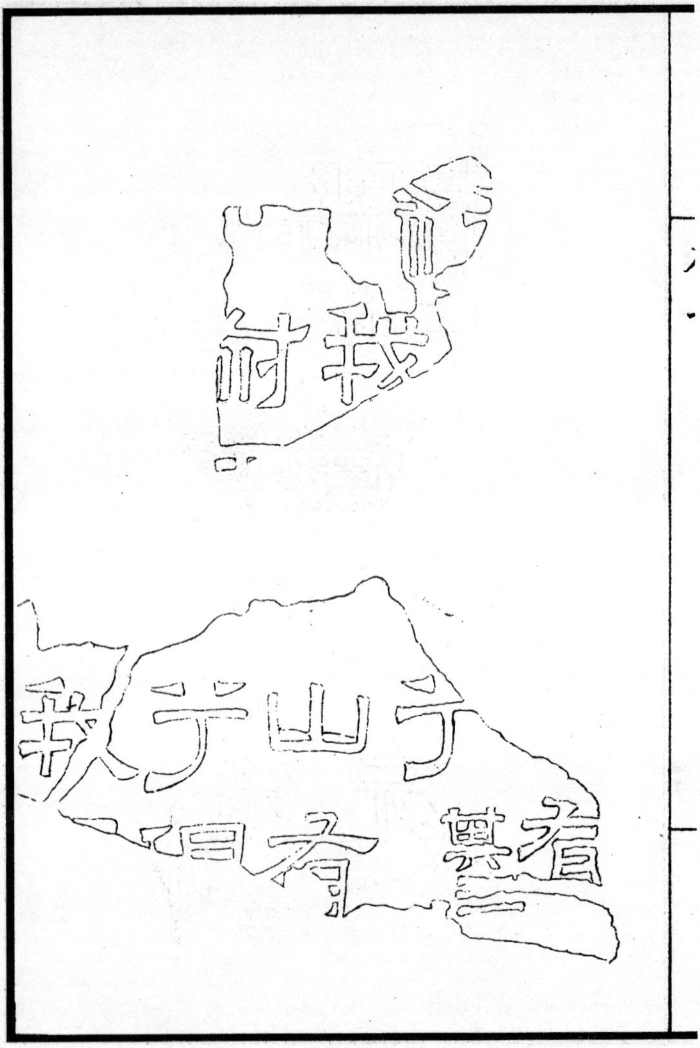

三十一

廿
與
合

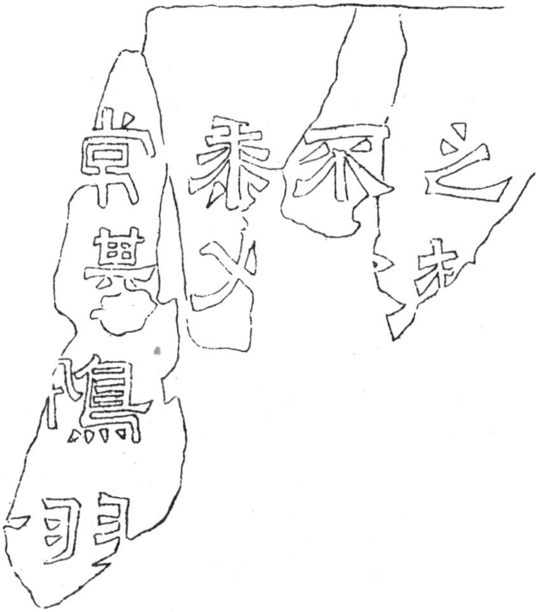

三十二

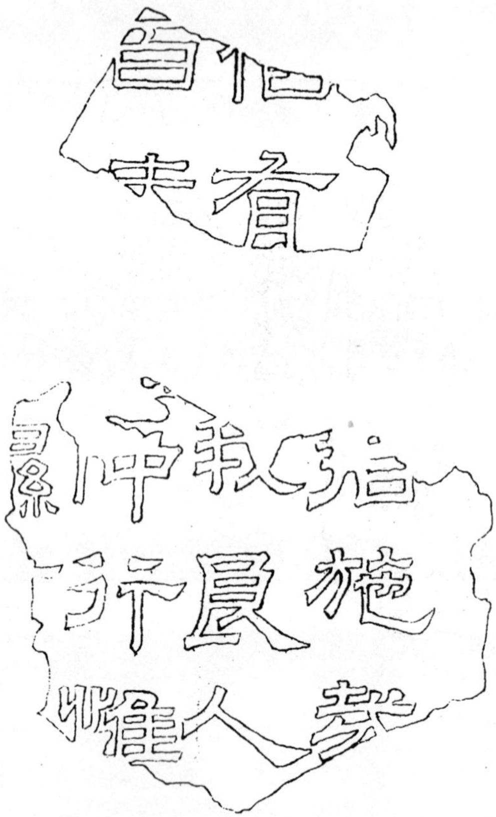

三十三

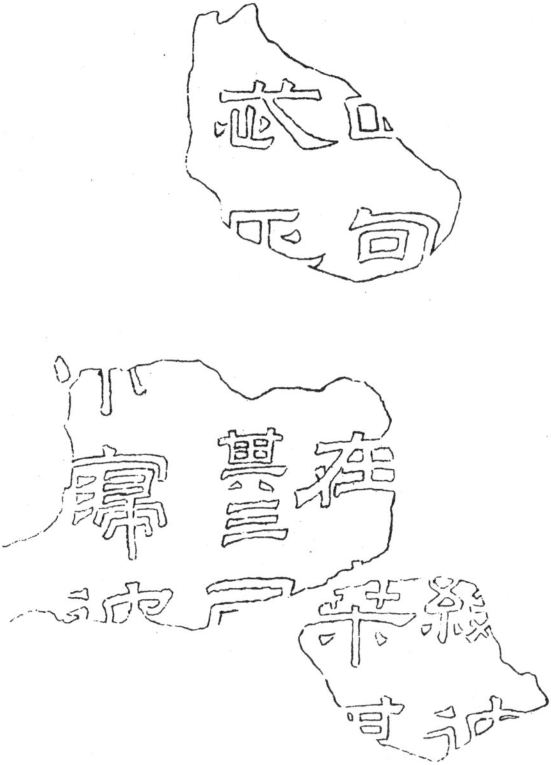

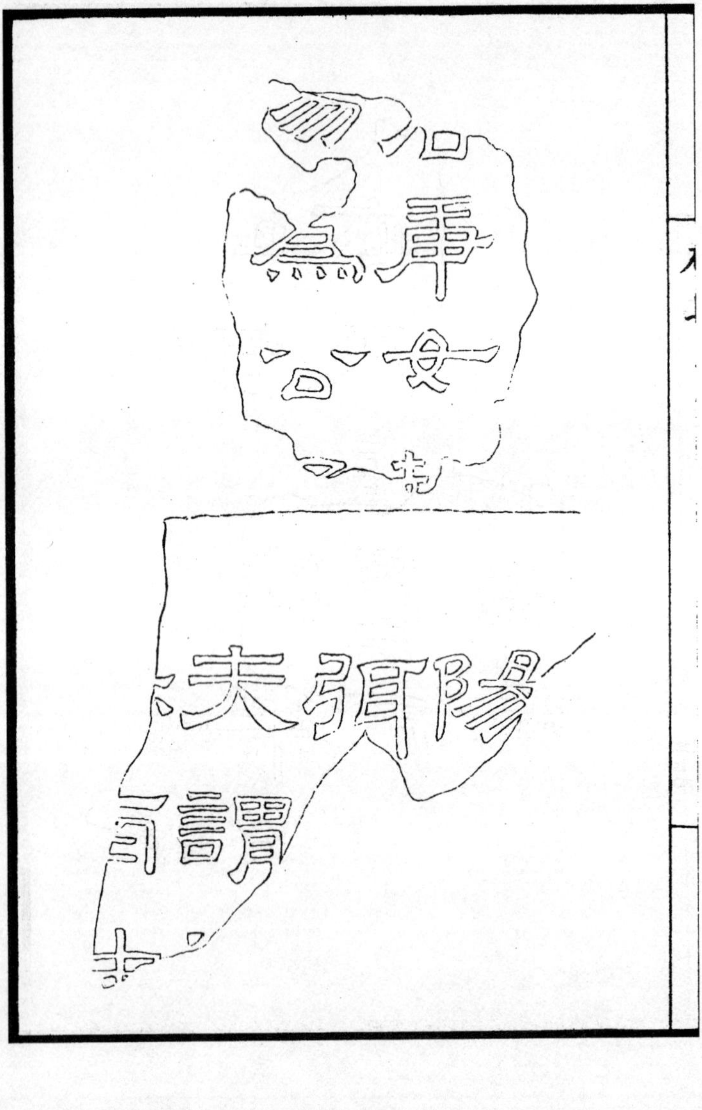

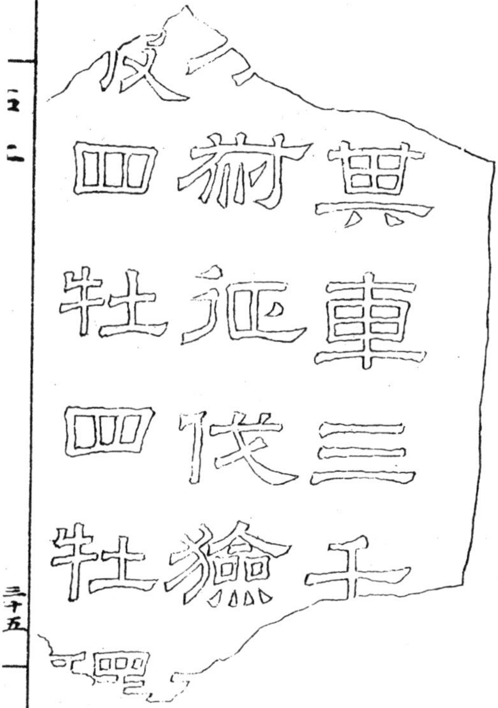
其車三千
術延伐獫
四牡四牡
三十五

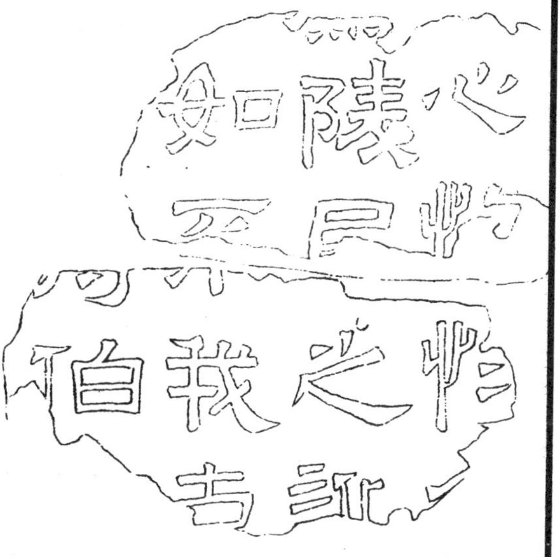

三十六

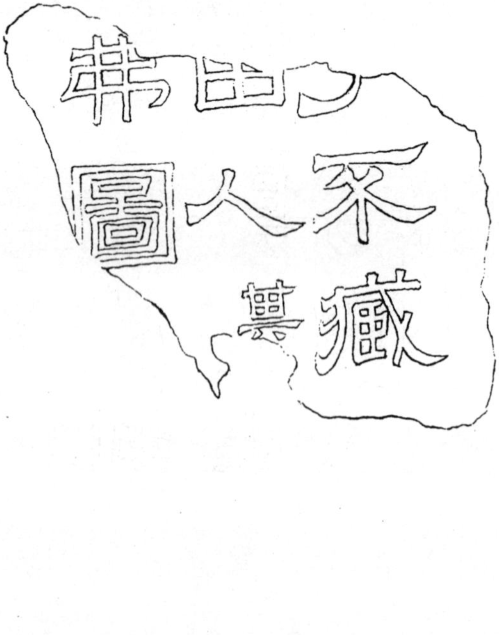

五二

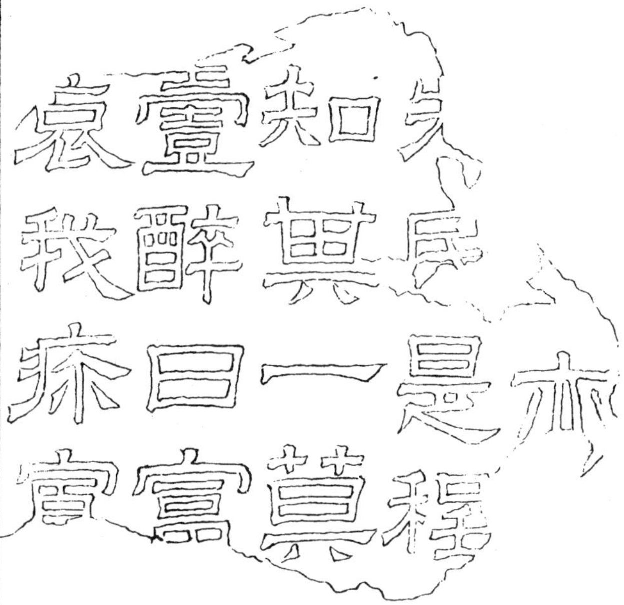

三十七

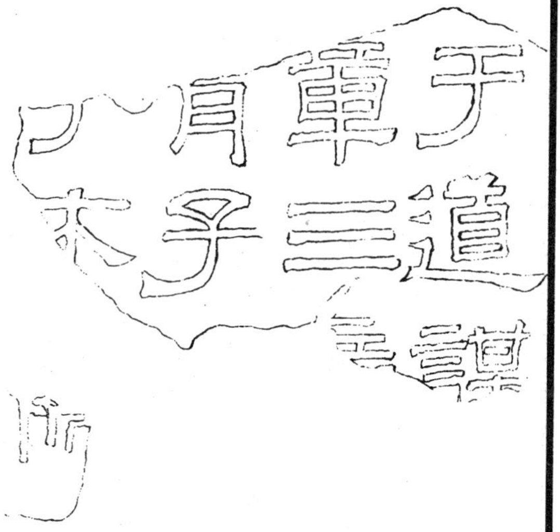

三十八

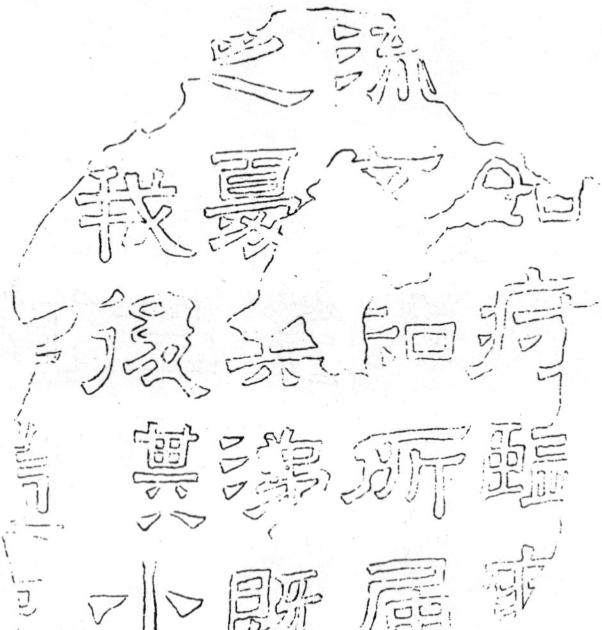

卷二

四十

詩二

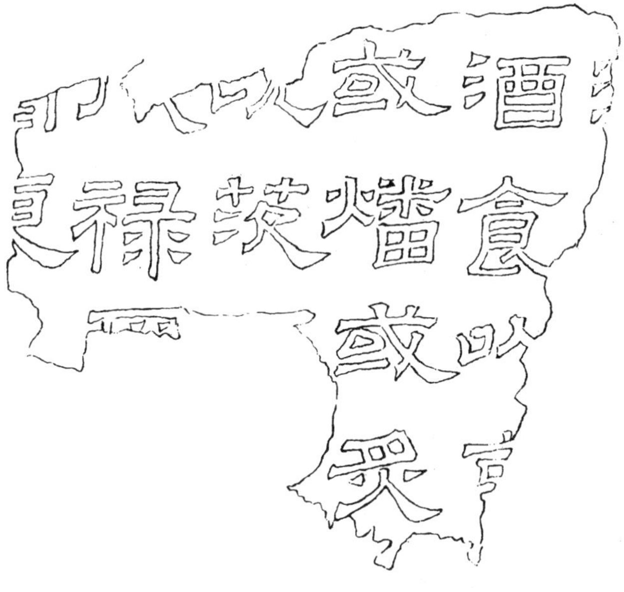

四十一

之上

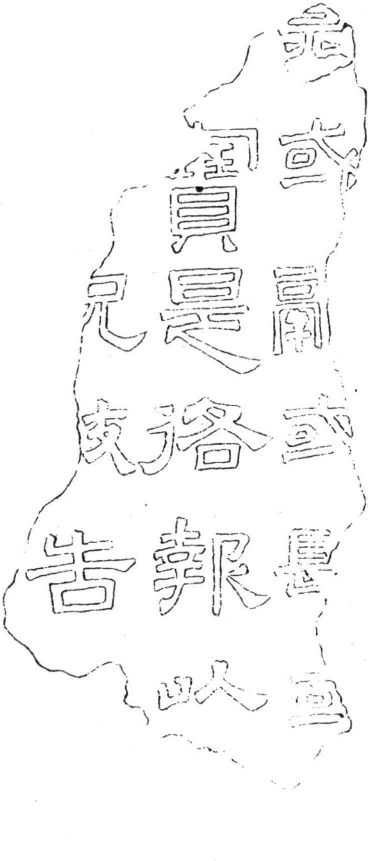

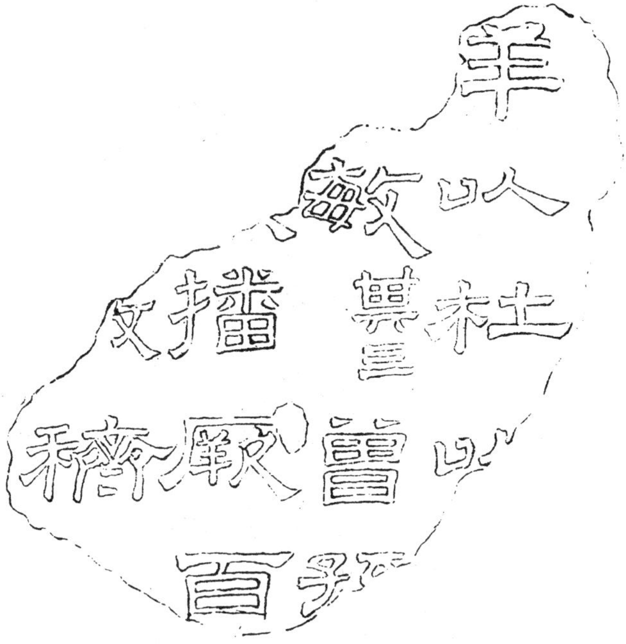
年
以文
杜播文
以曾厥稽
百

石
其
之

文二

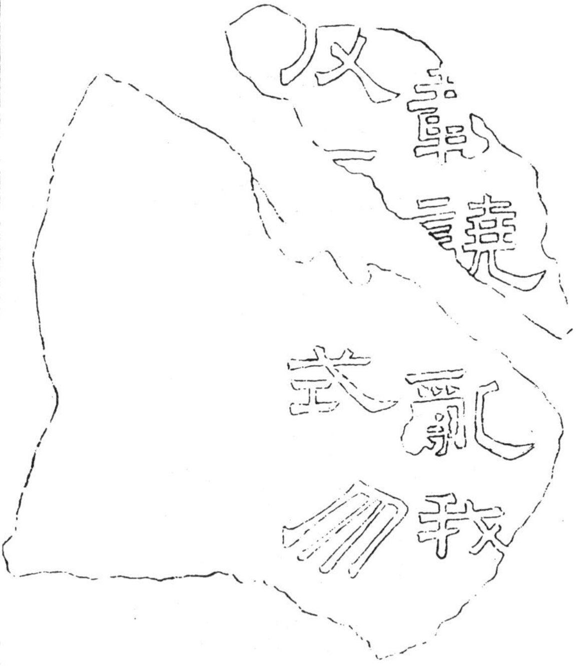

四十五

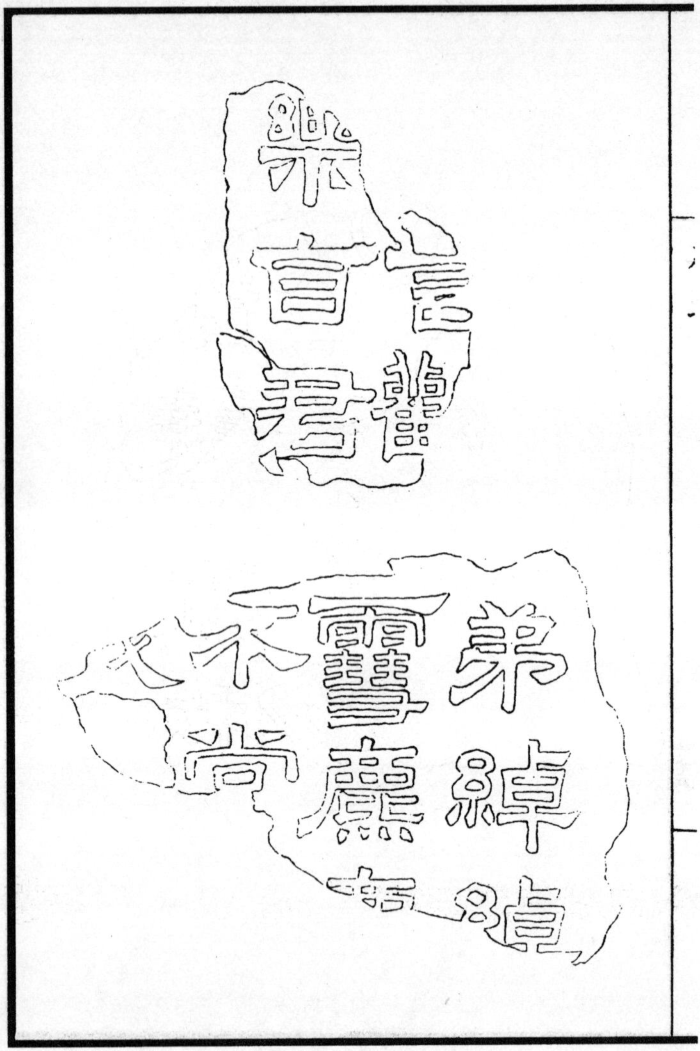

四十六

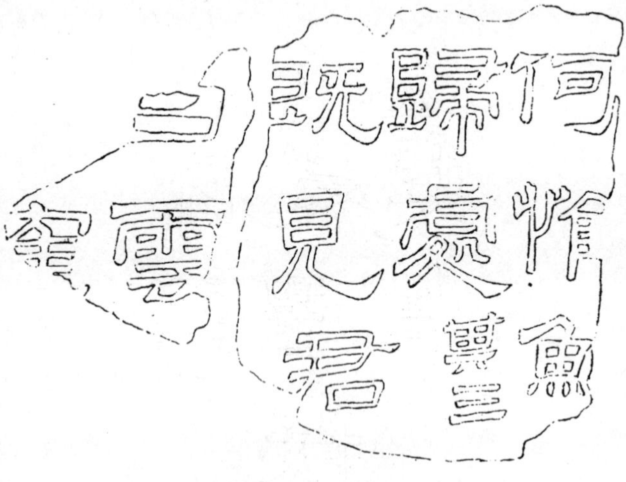
何怍魚
歸惠冀三
既見君
之雲

二

四十八

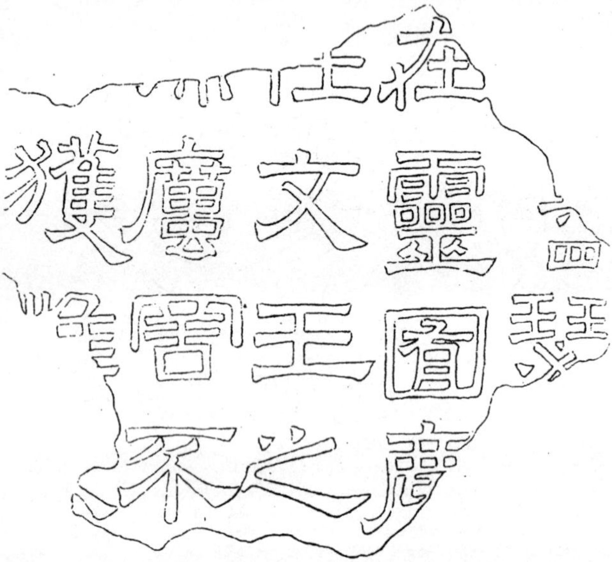
在靈圖廣
文王之
廣宮不
獲

四十九

石上

五十

板

五二

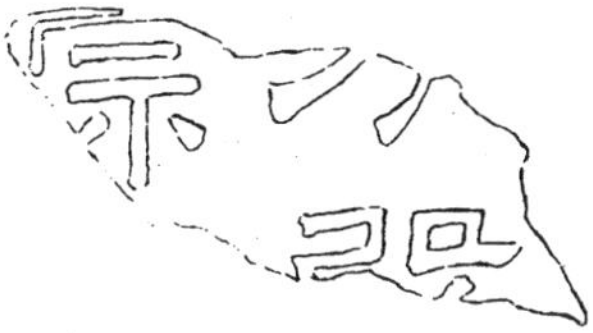

五十一

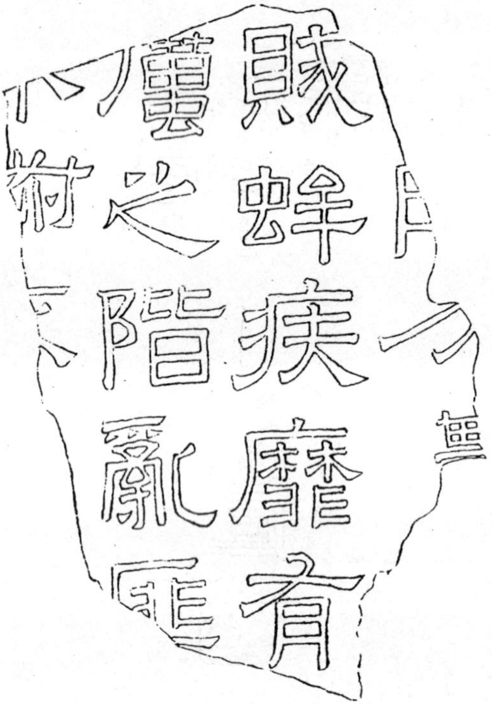
賊蜂疾靡有
之階亂

一二

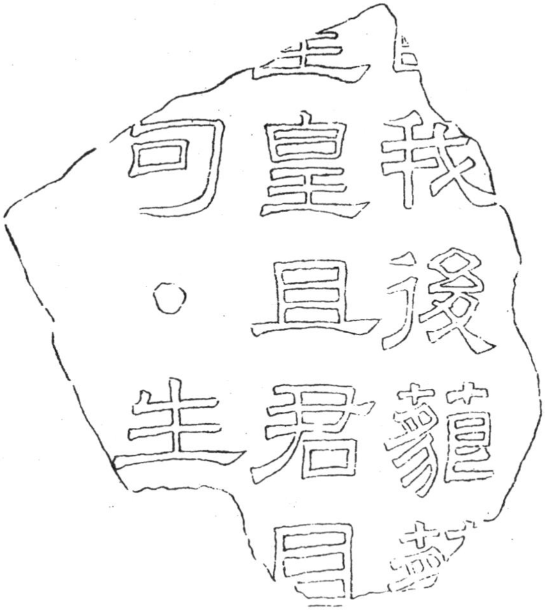

五十二

二

五十三

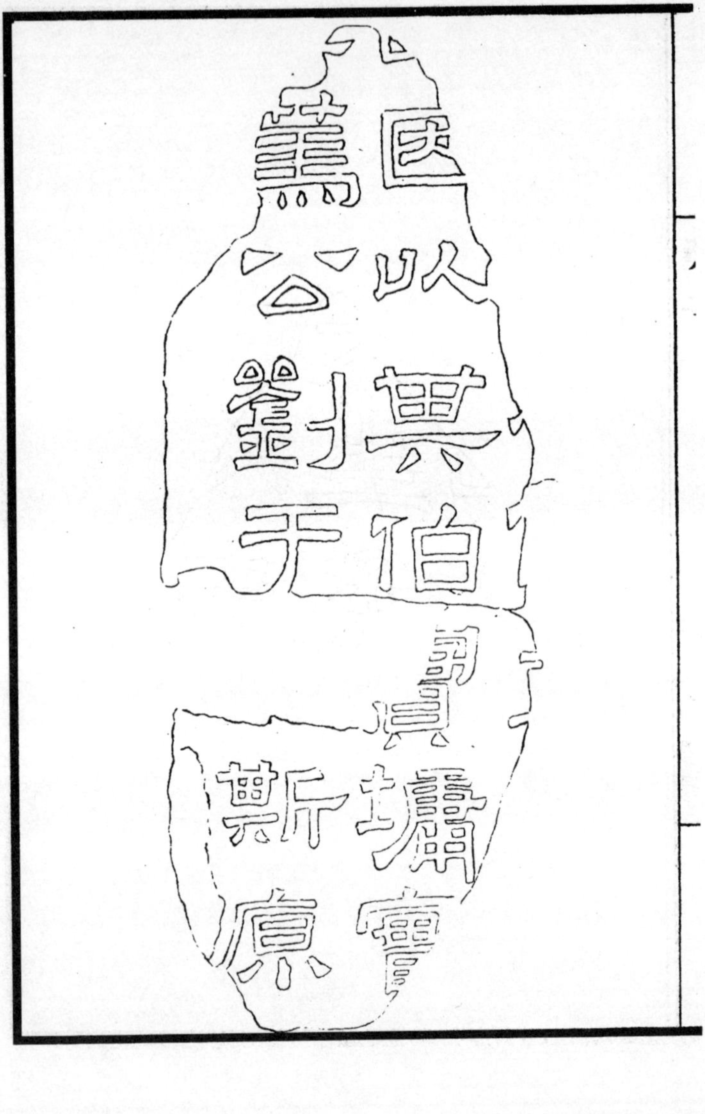

五十四

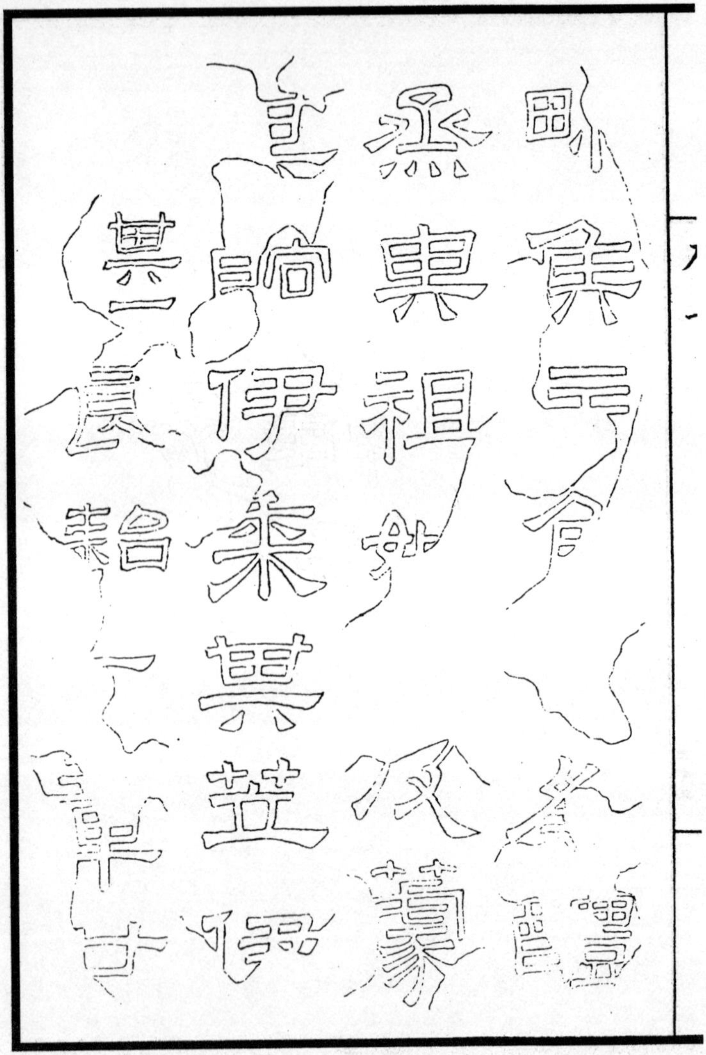

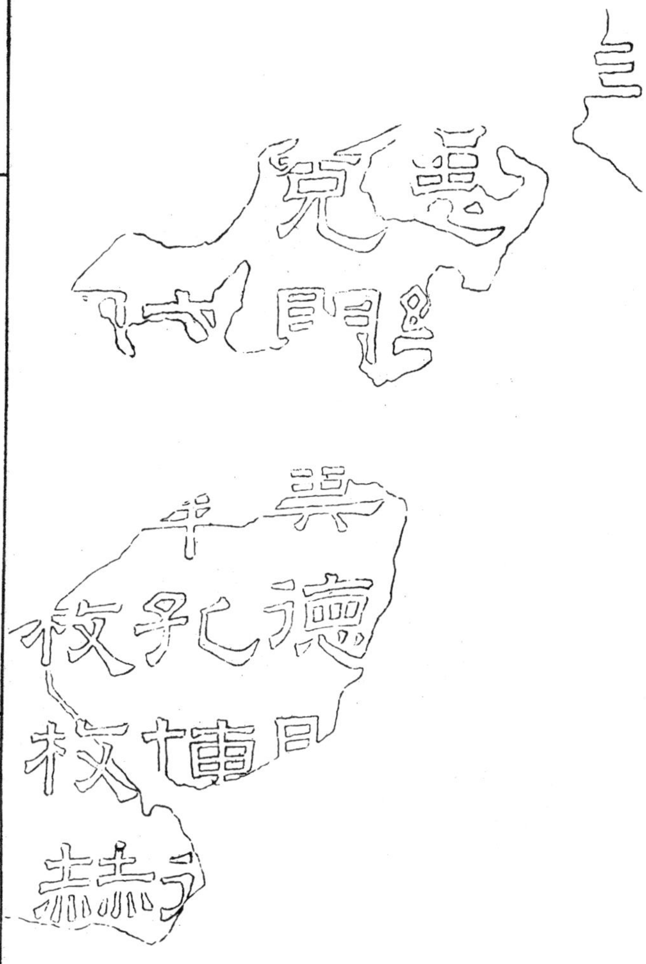

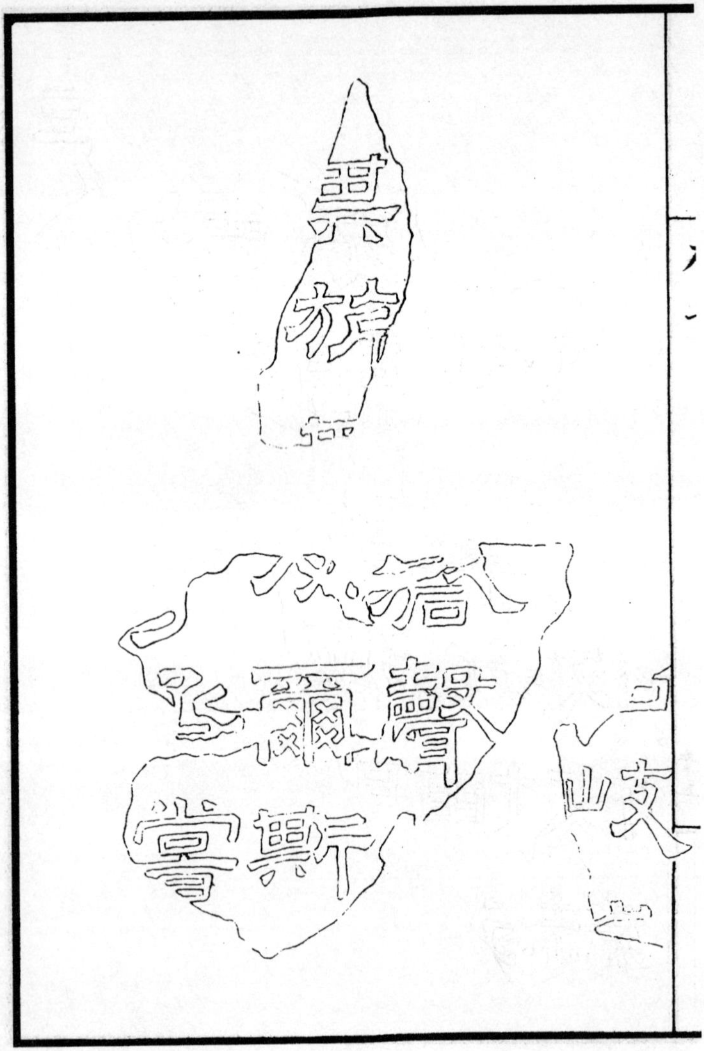

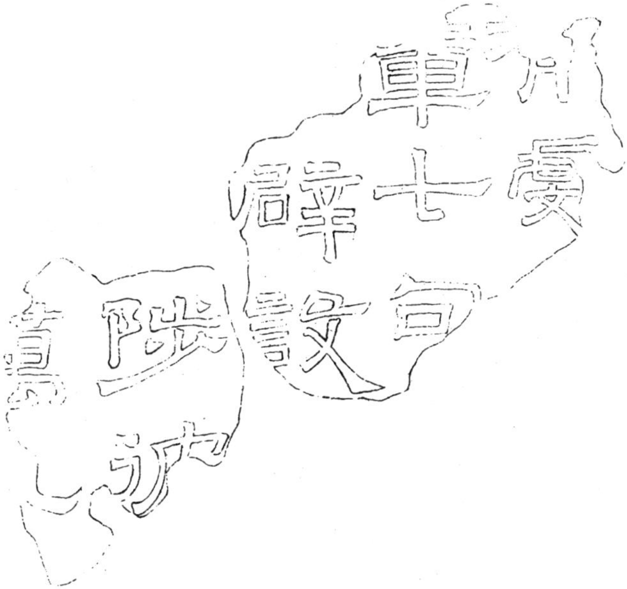

五十六

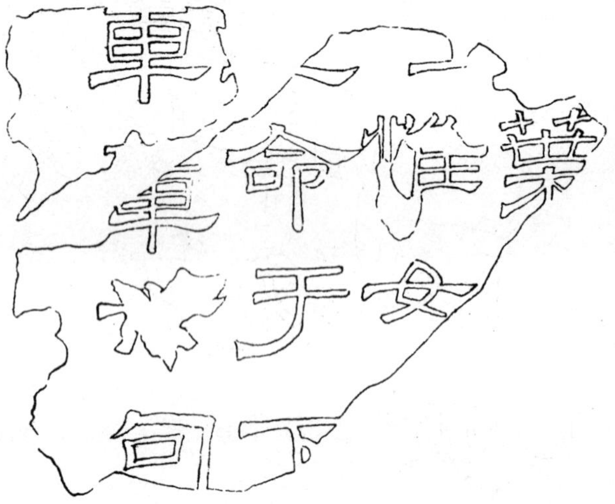

五十七

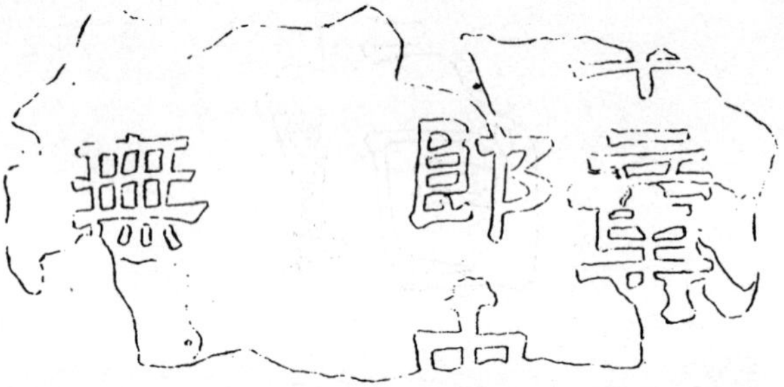

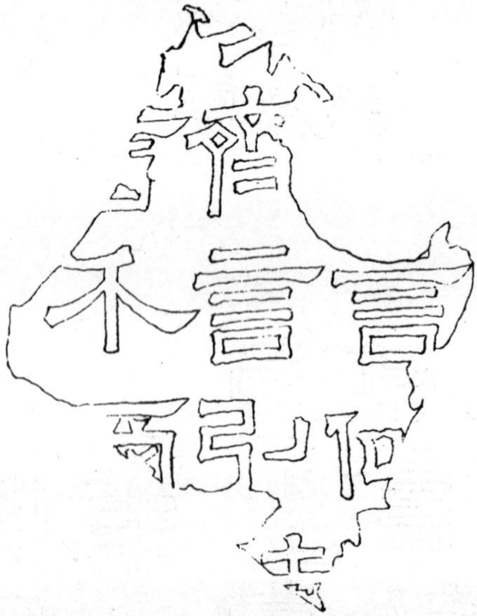

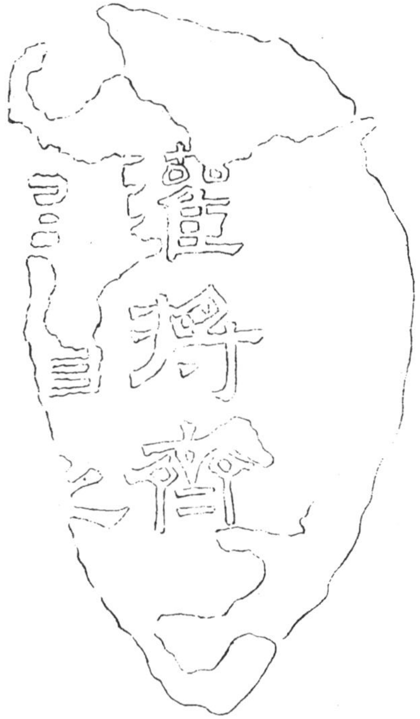

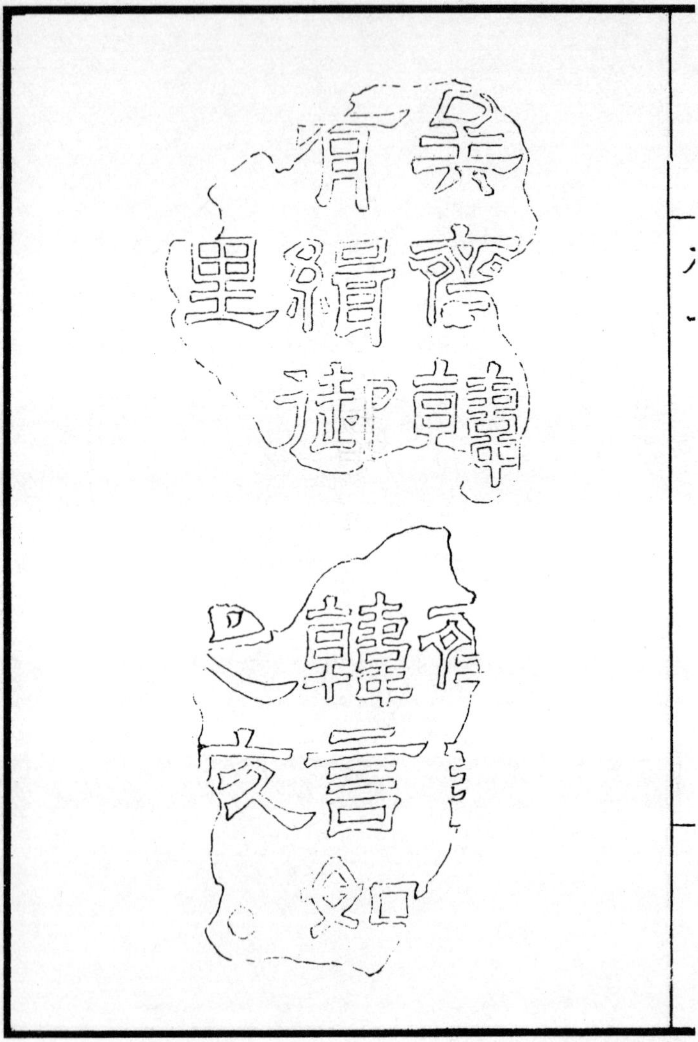

書
商　言　禄
于
兄　徐　南　涓
帝　圉　海

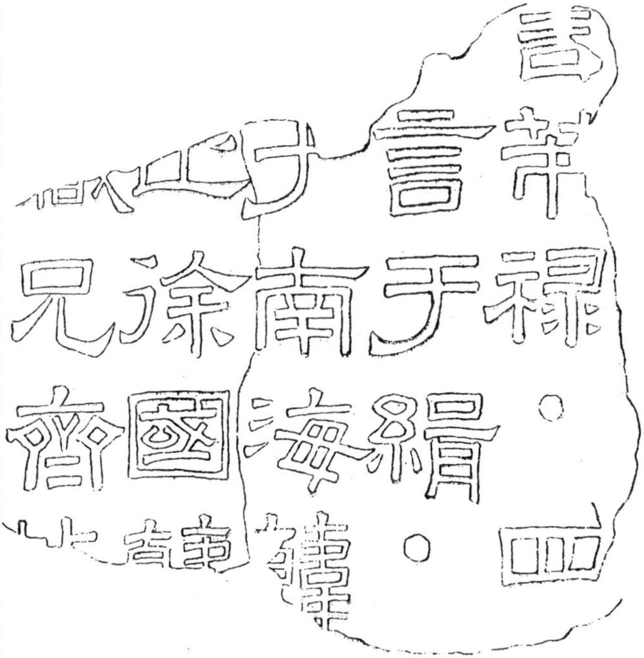

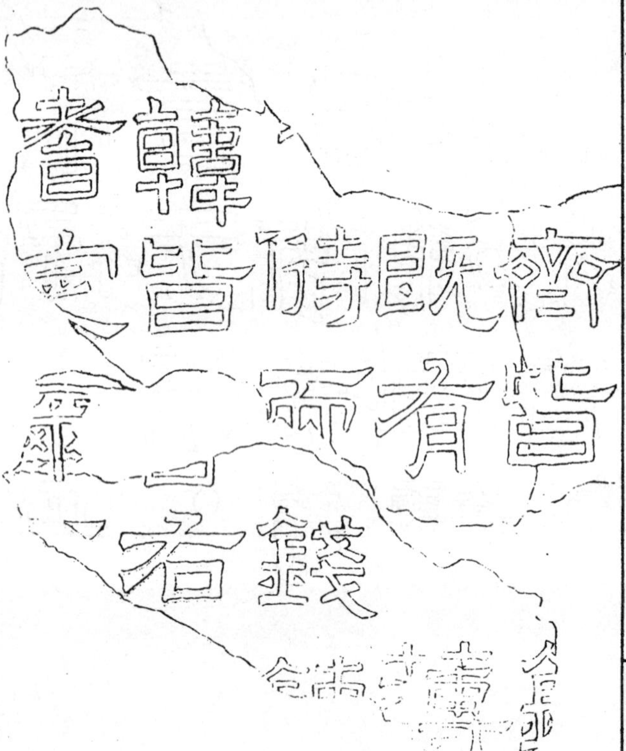

六十一

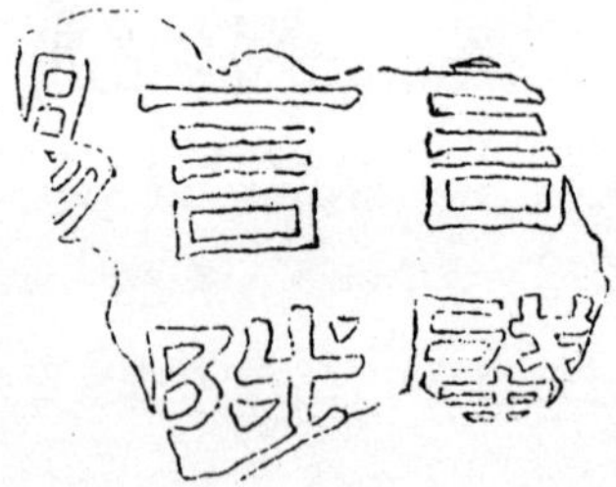

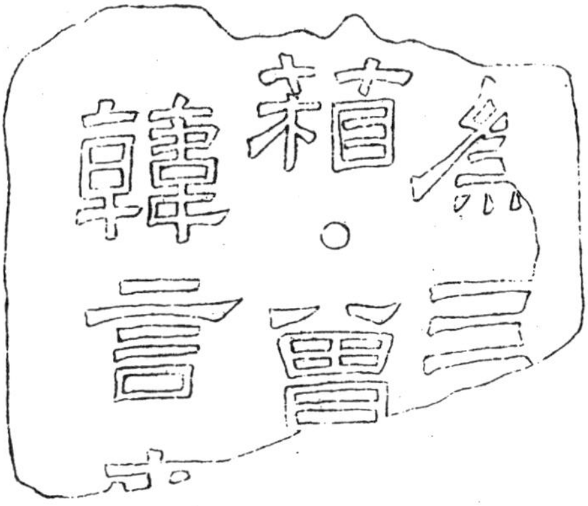

六十二

民皆
言

不
甚

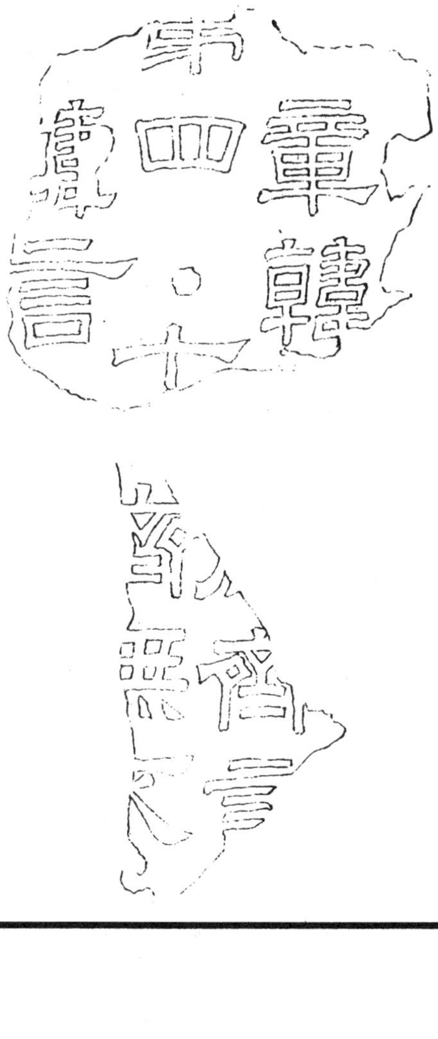

六十四

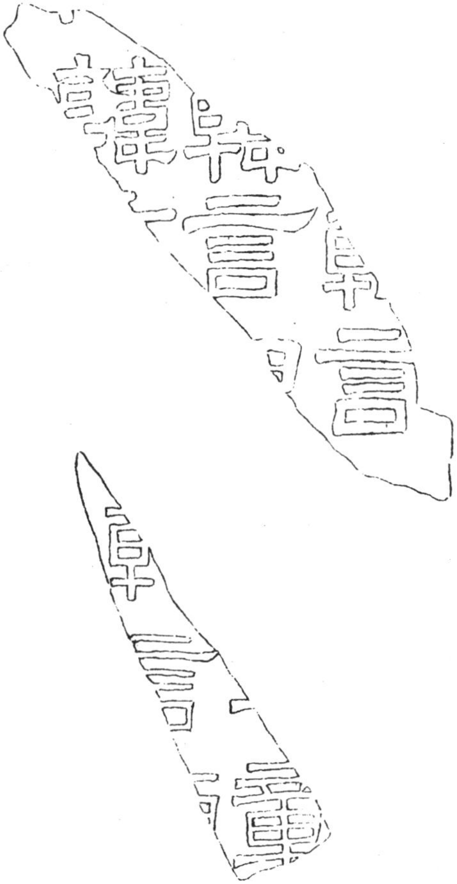

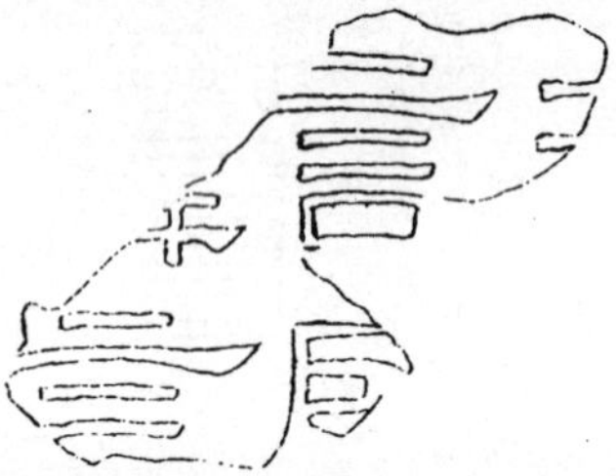

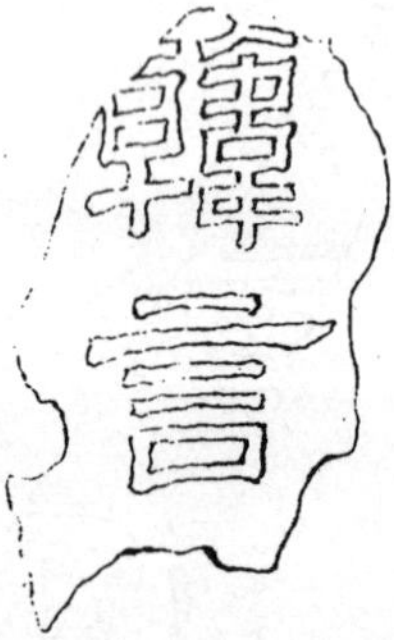

主人荅拜乃請賓
禮辭許主□南
南北以堂深西東
當東榮先入賓
揖不入門左不揖

揖衆賓　于階前
辭賓對主人坐取
爵興坐奠爵遂
拜降盥賓降主人
辭　賓升席自

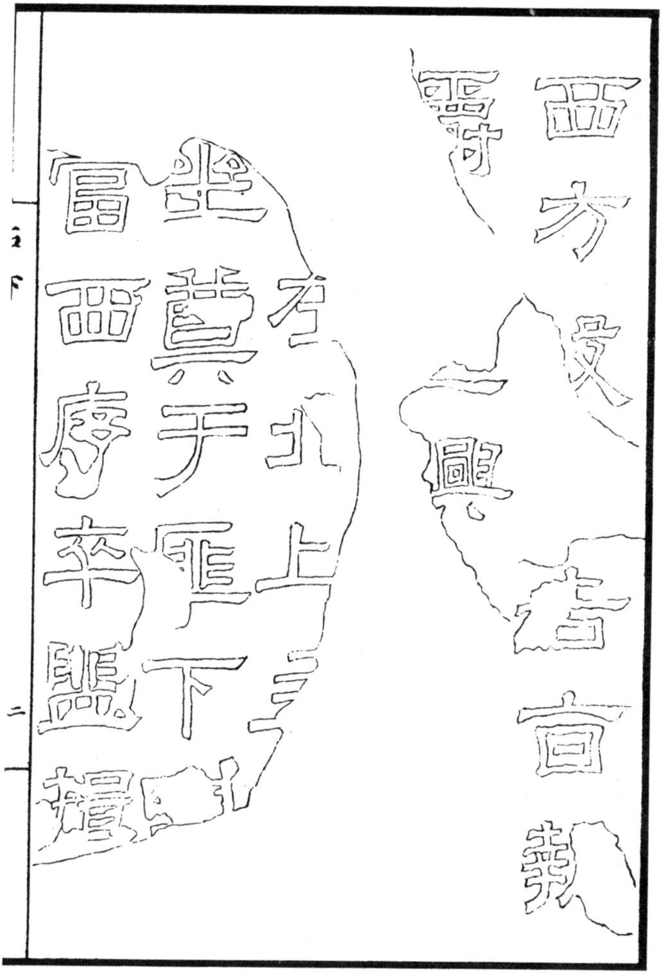

立實坐左執
面坐卒爵
洗揖
禮不
西

三

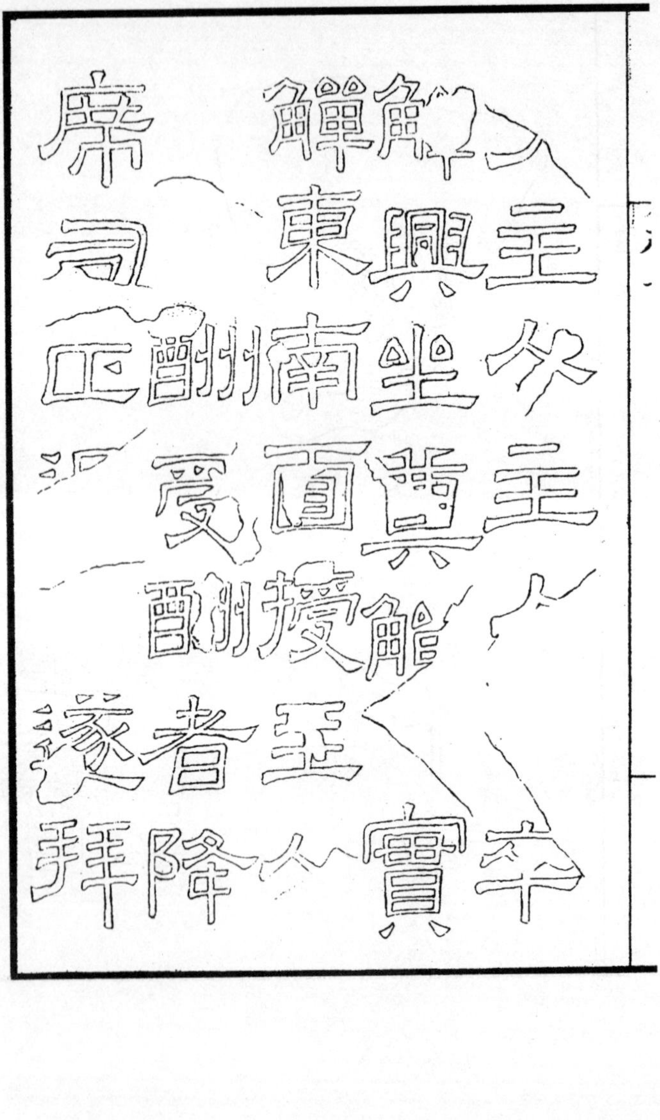
主主卒
興坐賓實
觶東南面授至人
酬受酬者降
席司正遂拜

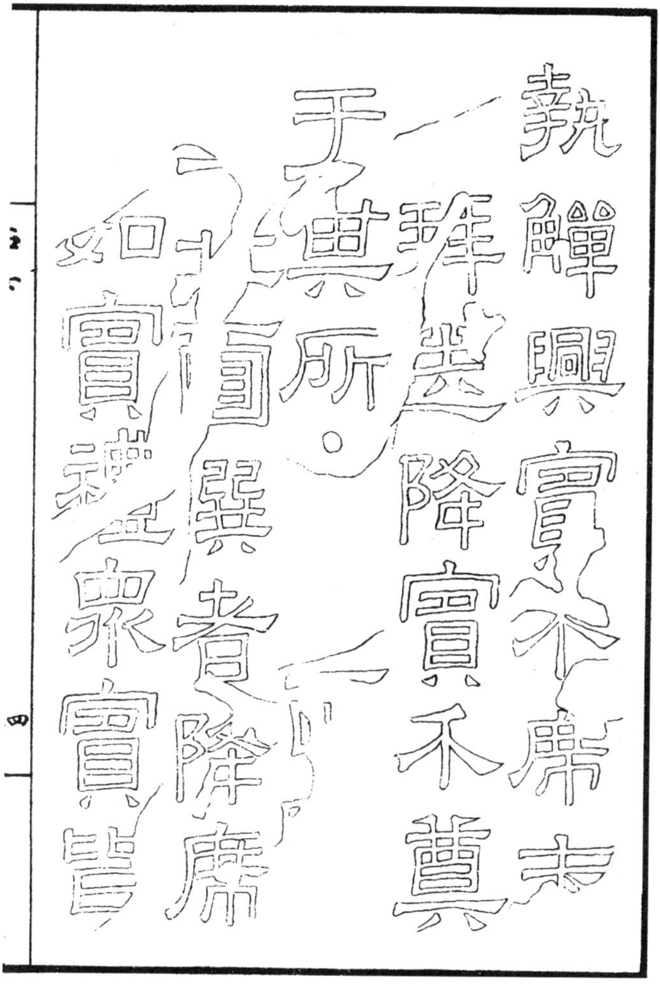
執觶興實不席未
降實不奠
于興所
興者降席
實衆實皆

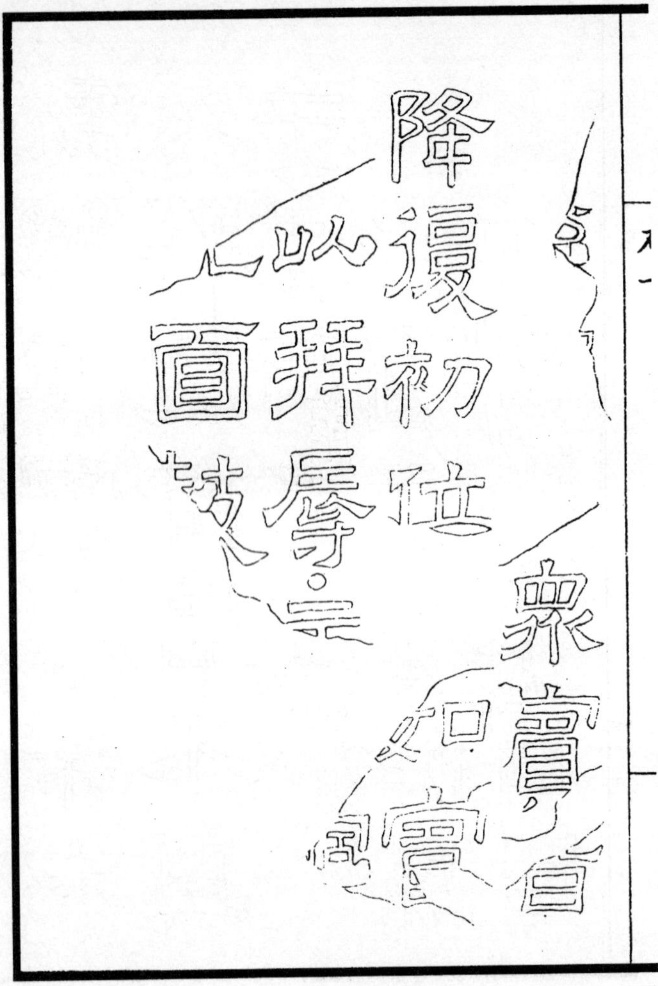
降復初位
以拜辱
衆實
如實

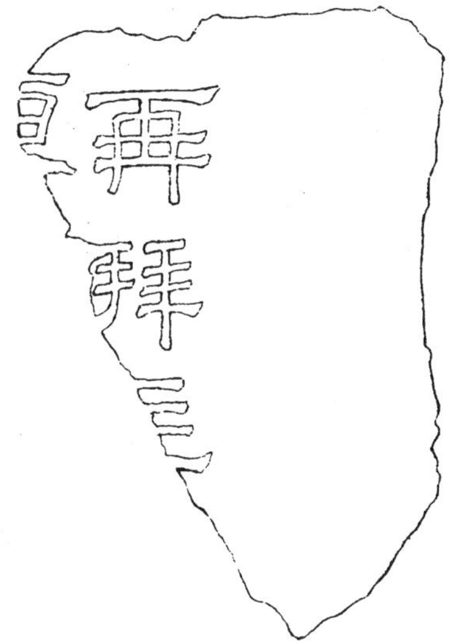

五

六六

六

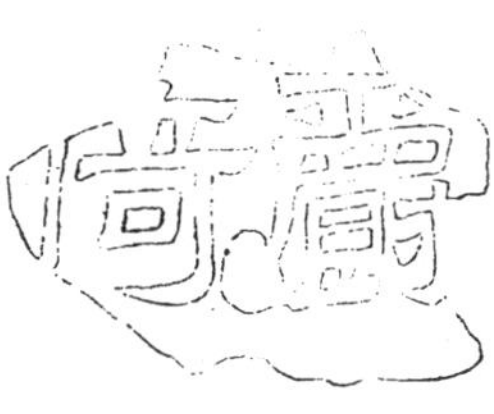

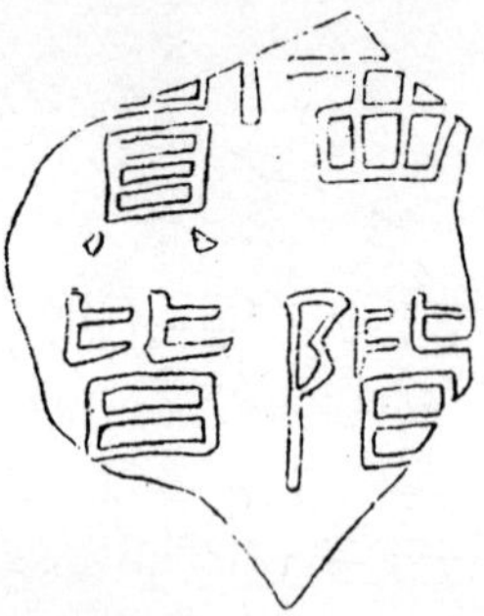

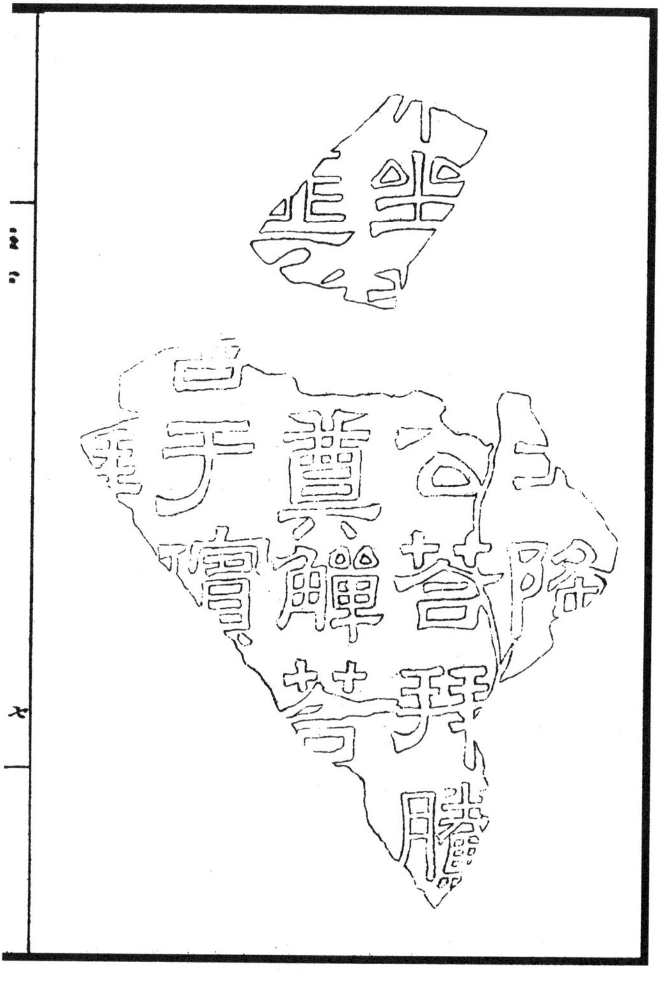

八

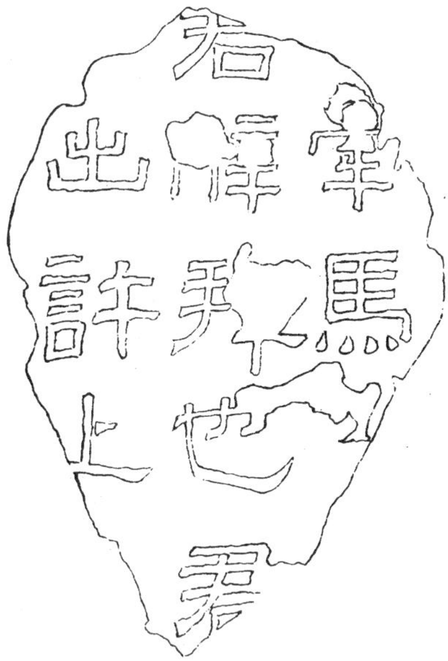

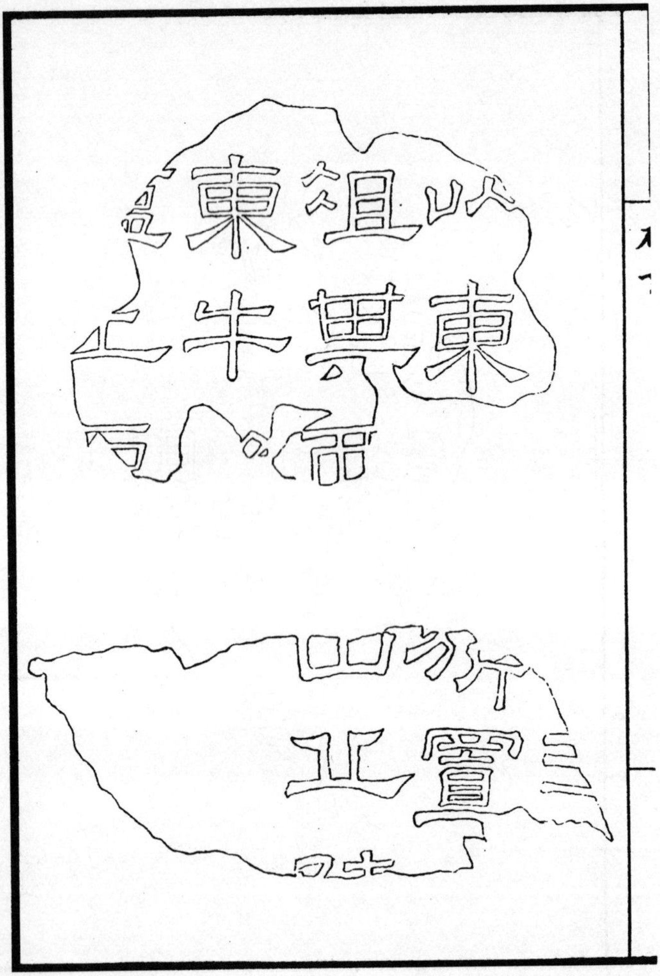

下　九

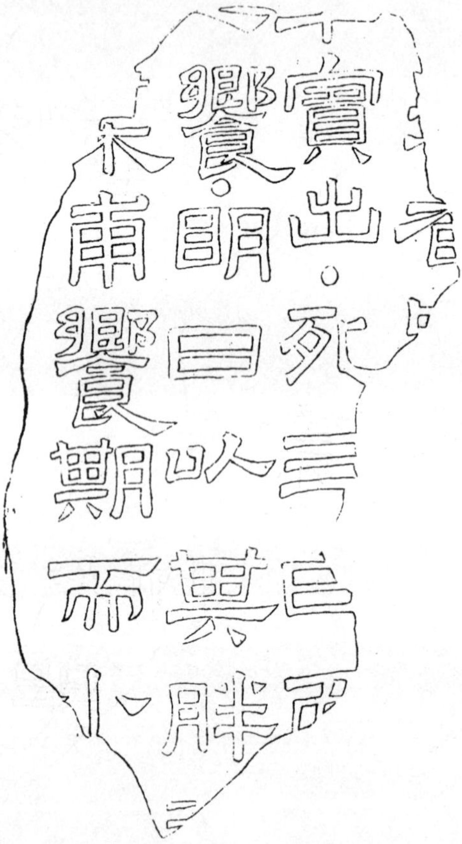
實出。死
饗。明日以其胖
南饗期而

十一

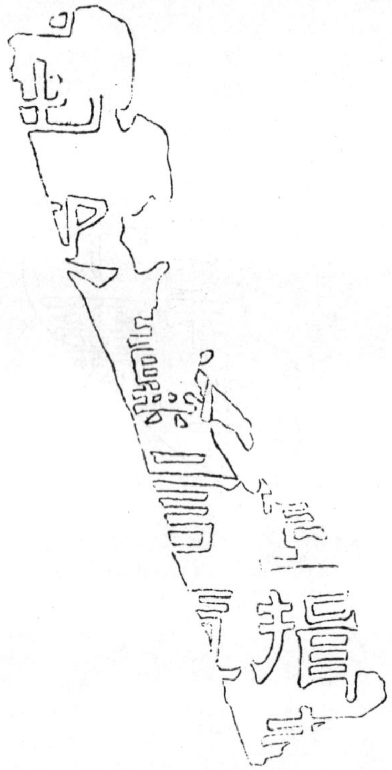

十二

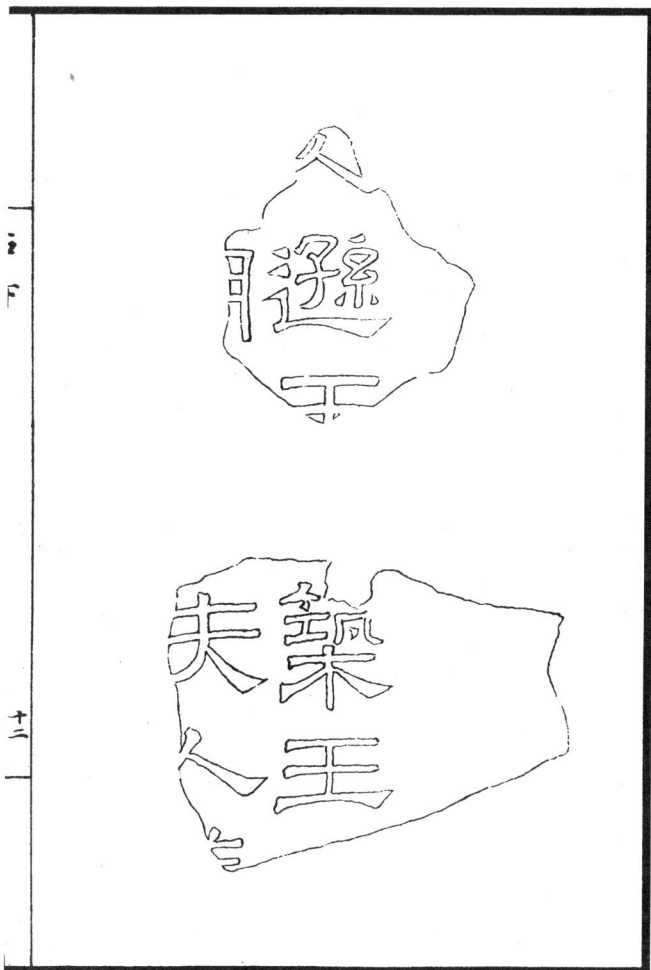

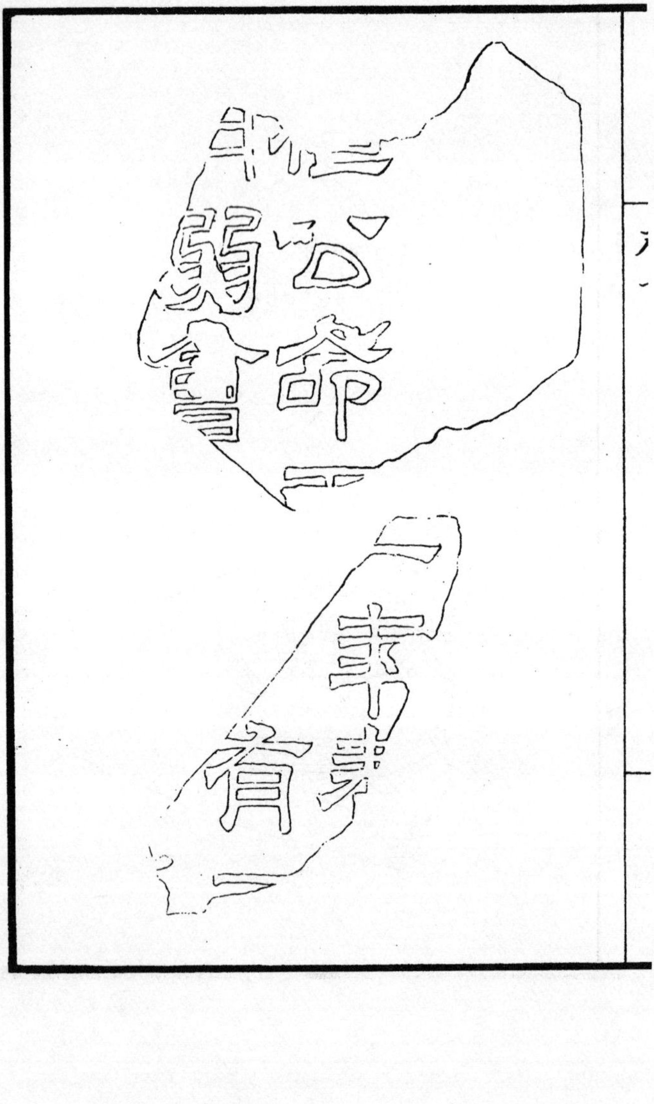

石下

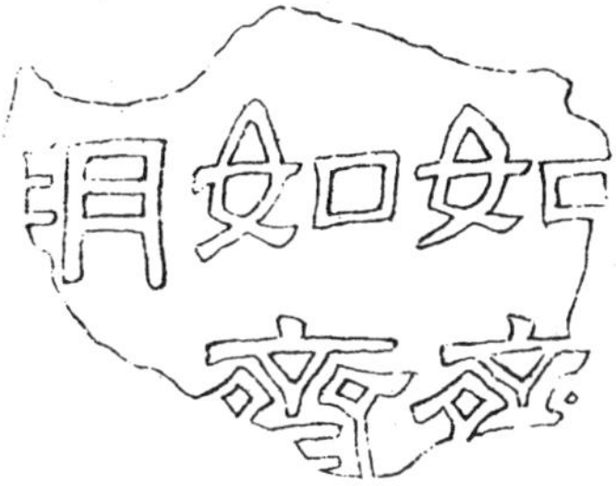

十三

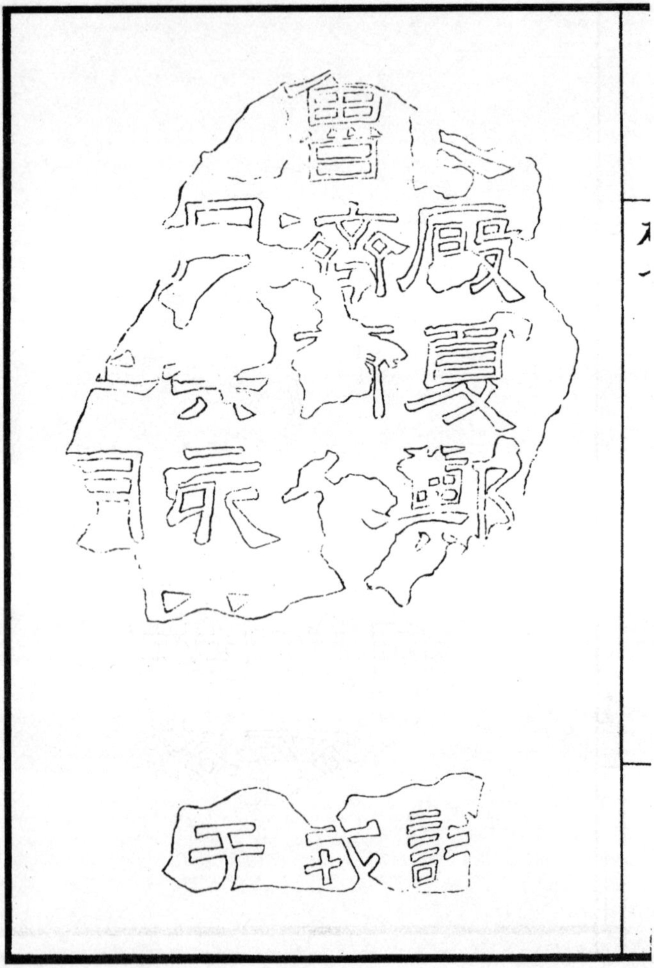

之上

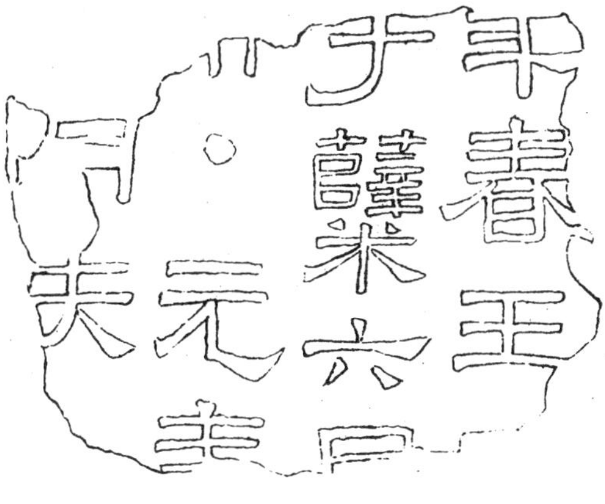

十四

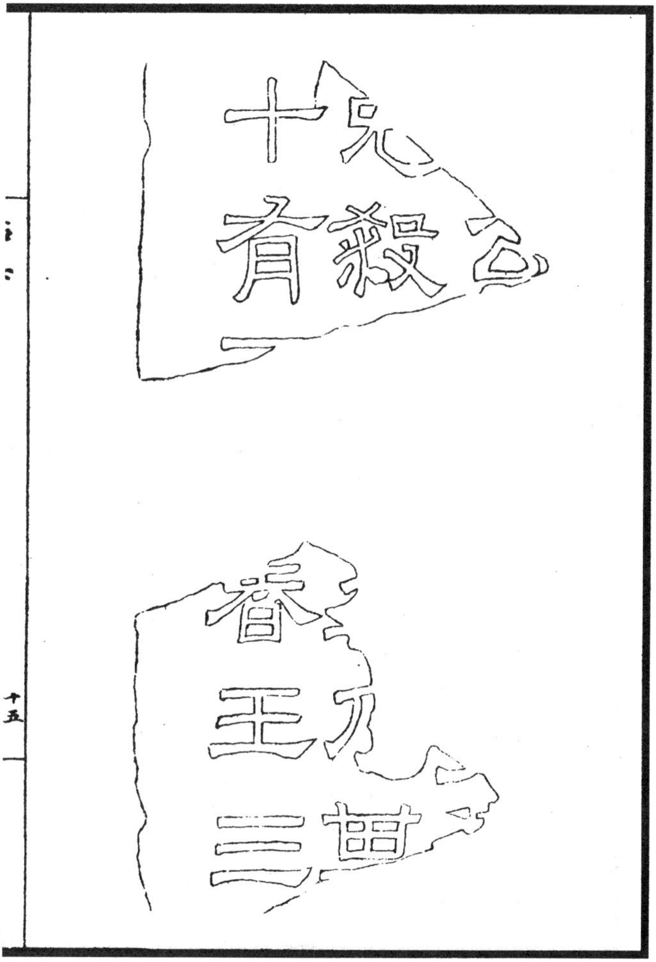
十五

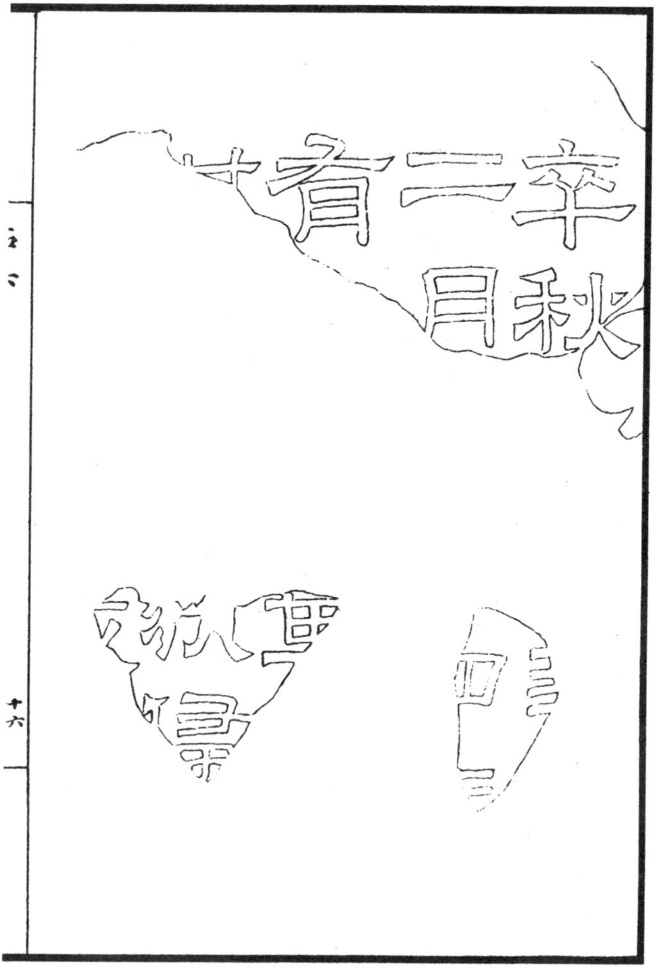
辛秋
二月
有
十六

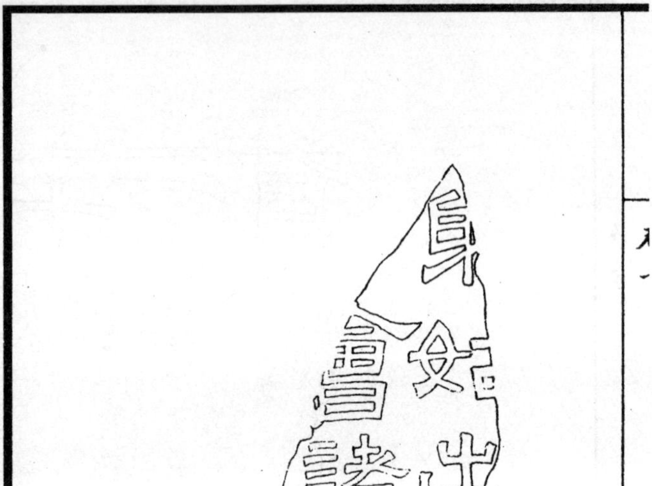

之六

十七

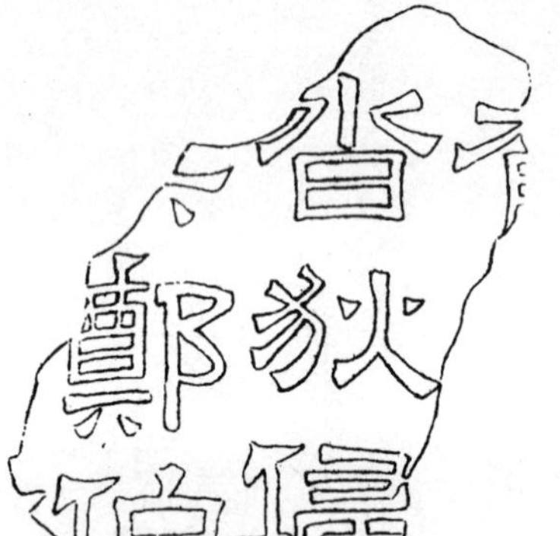

十八

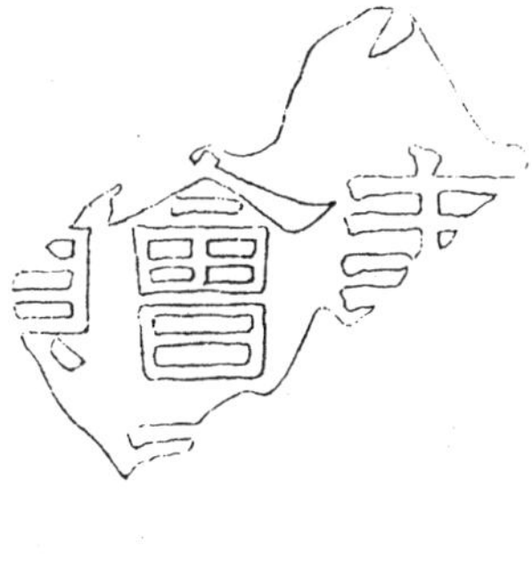

下

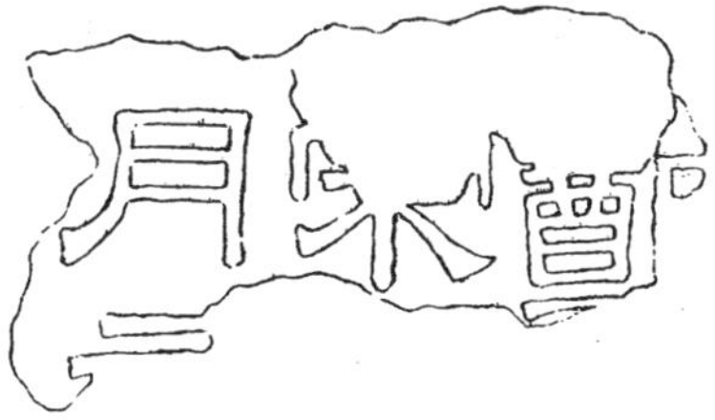

十九

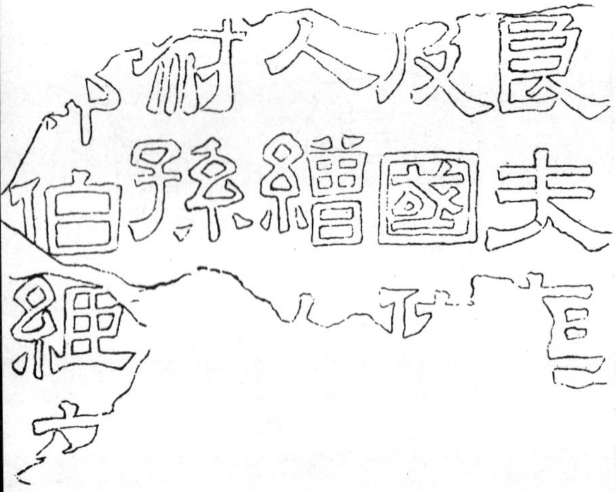

五下

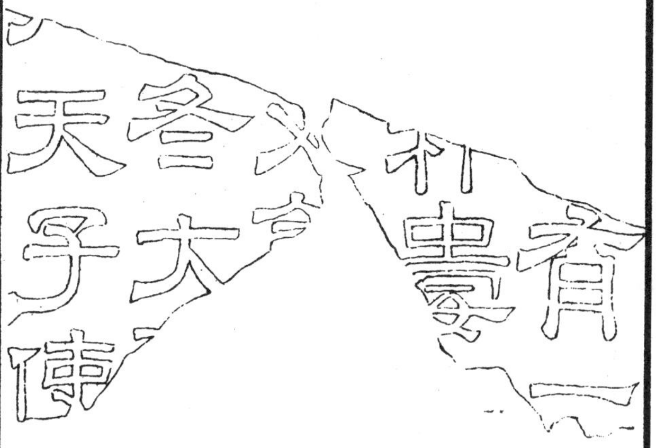

二十

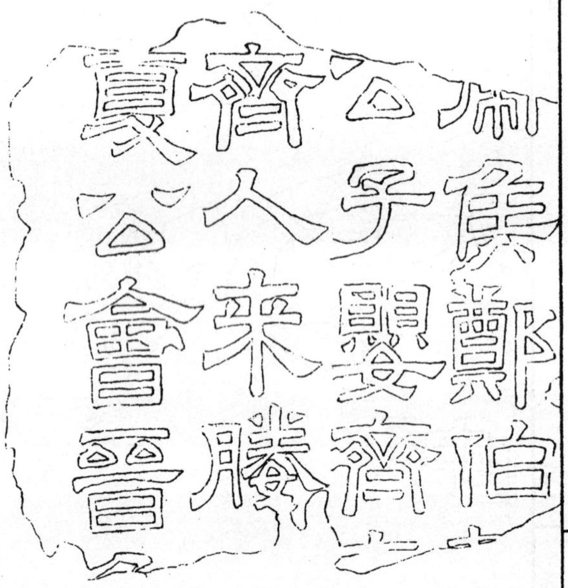
侯鄭伯
公子嬰齊
齊人來媵
夏公會晉

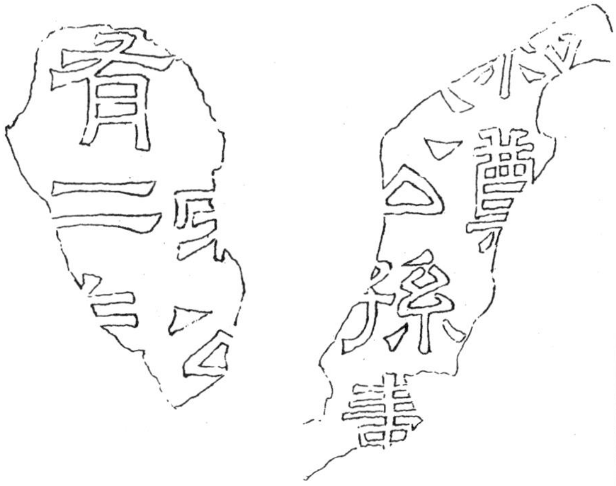

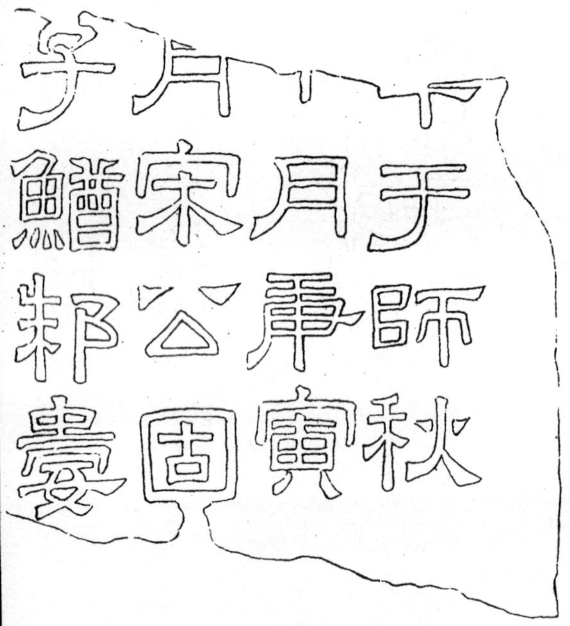

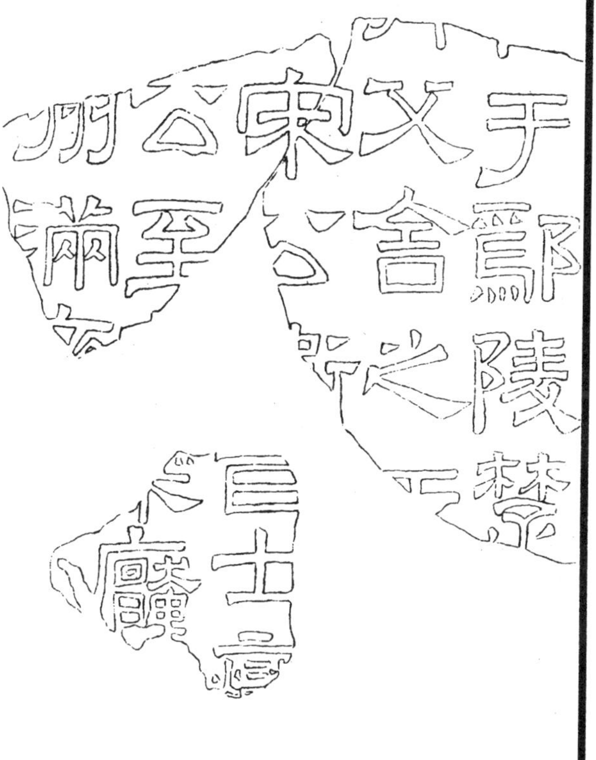

二十二

六二

二十三

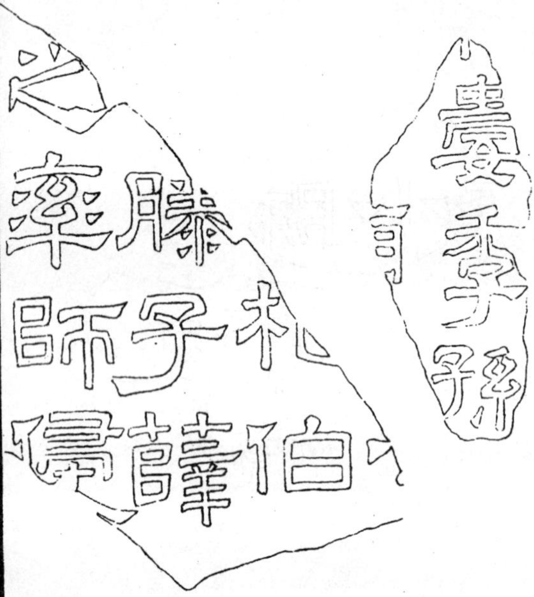

字光菖

己

人

豪小

来

鄭

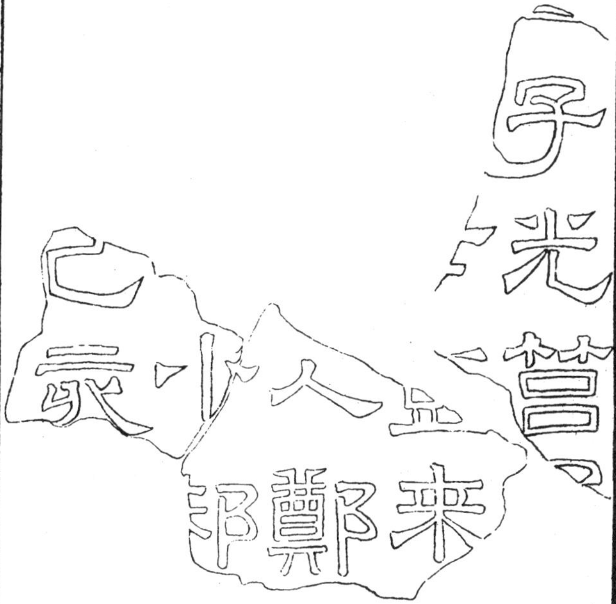

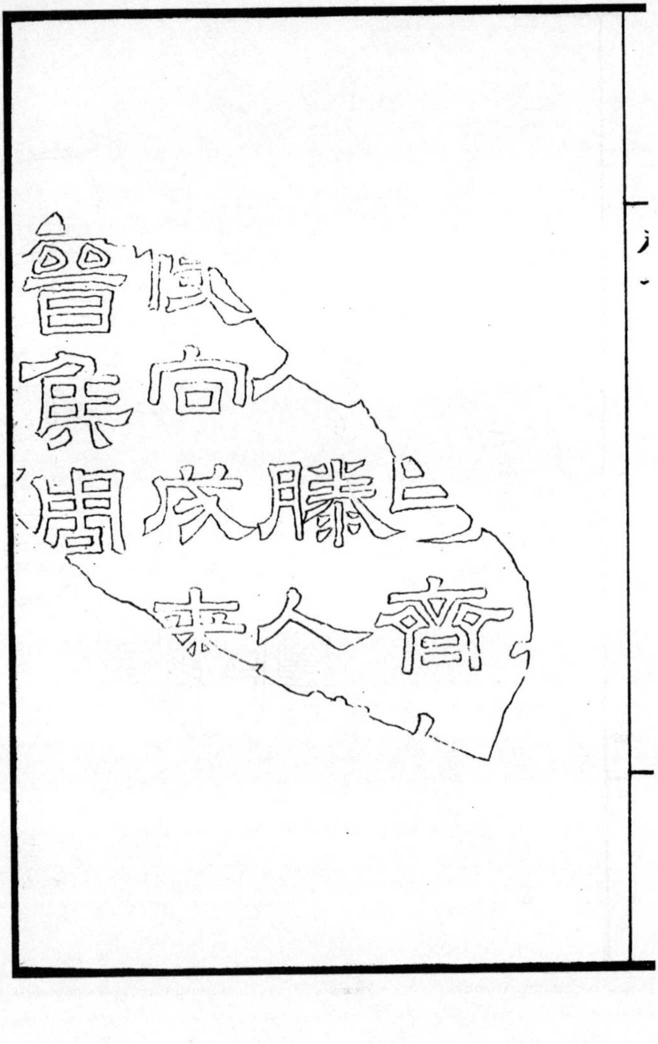

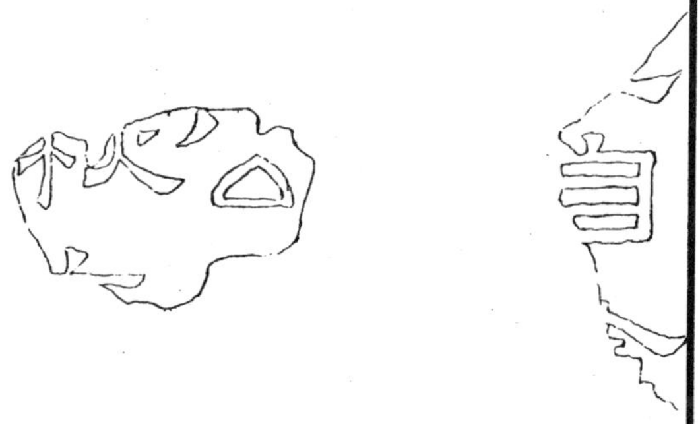

二十五

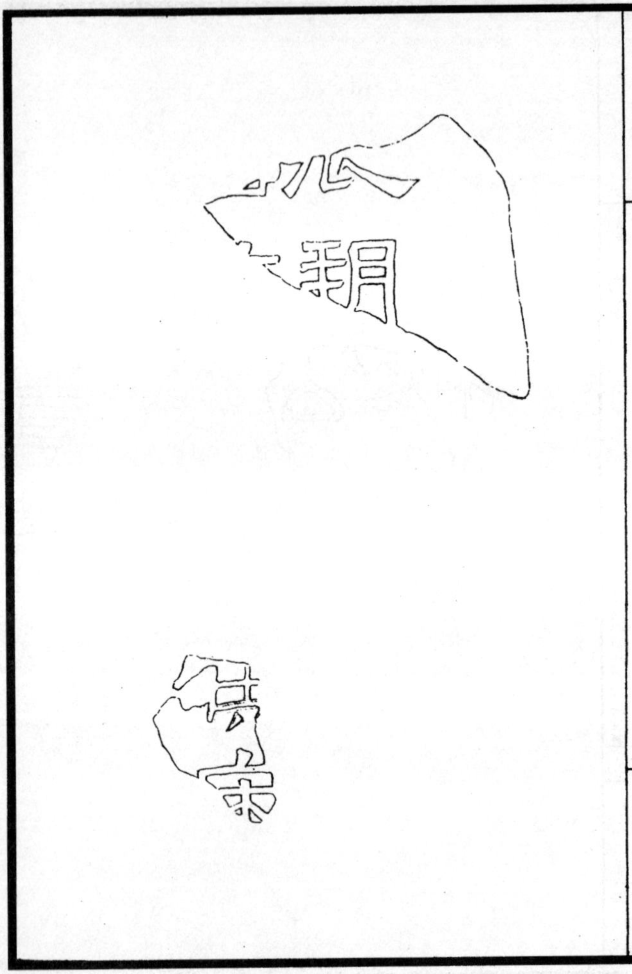

二十六

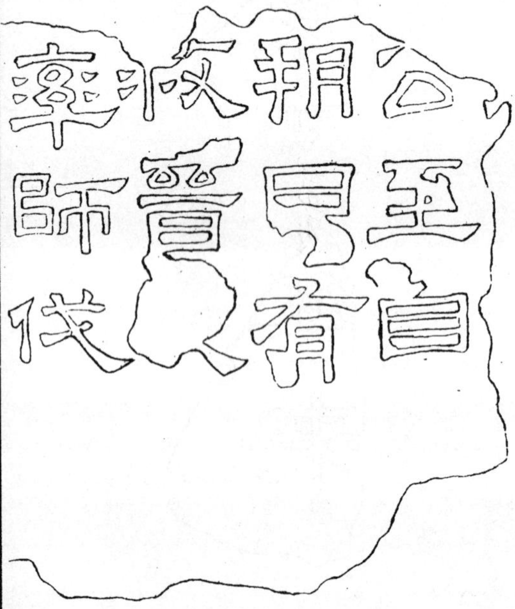

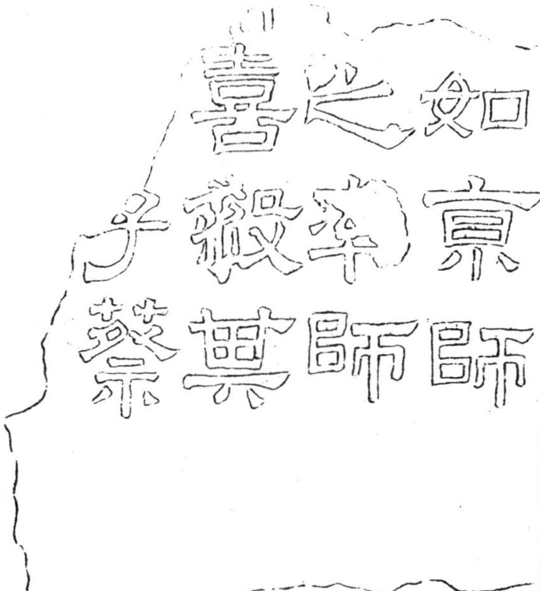

二十七

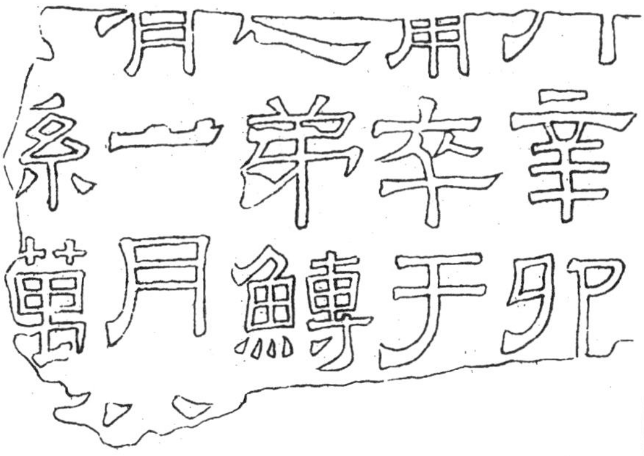

二十八

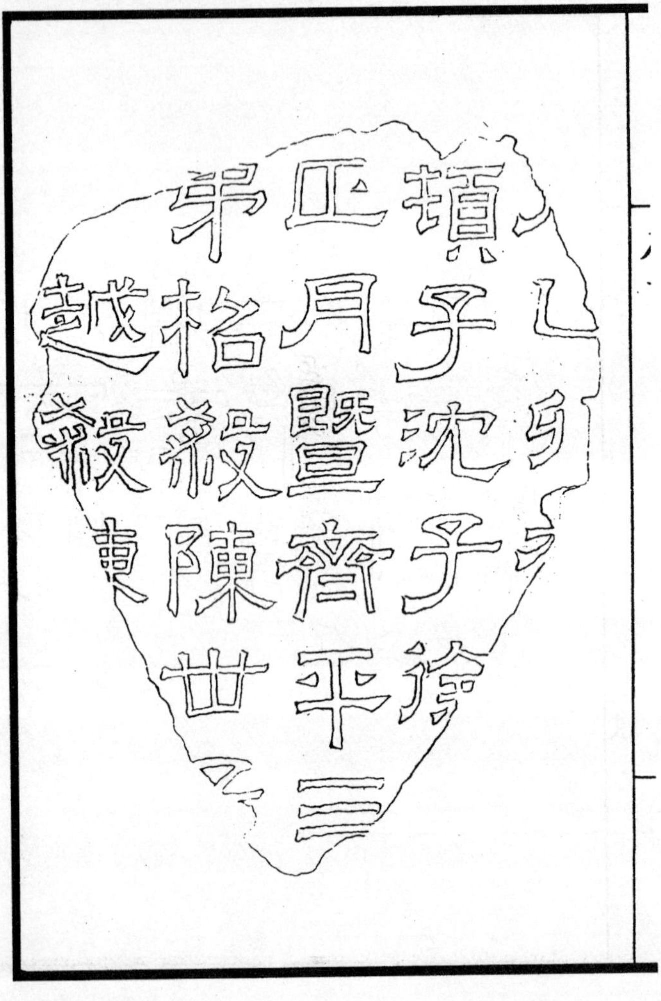
子沈子徐
正月暨齊平三
弟格殺陳世
越殺東

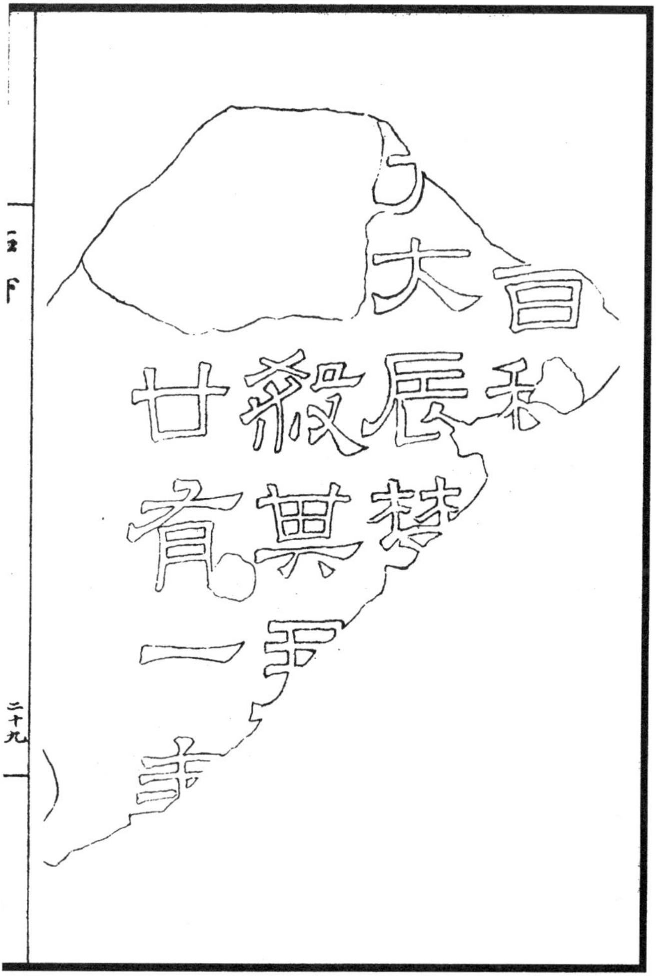

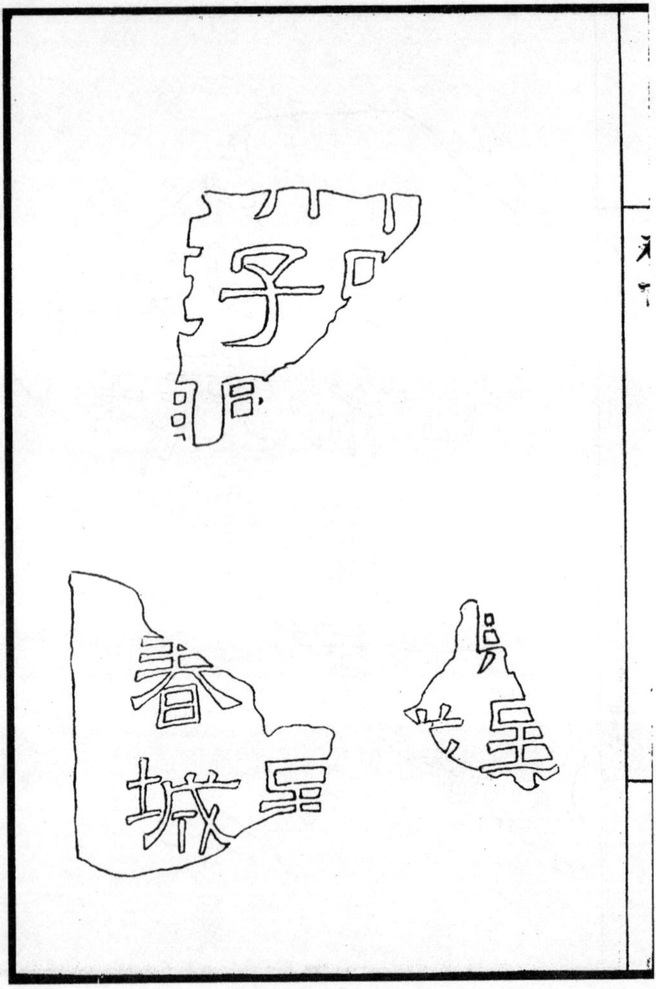
子
春
城

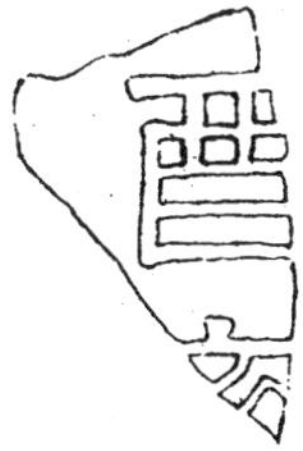

三十

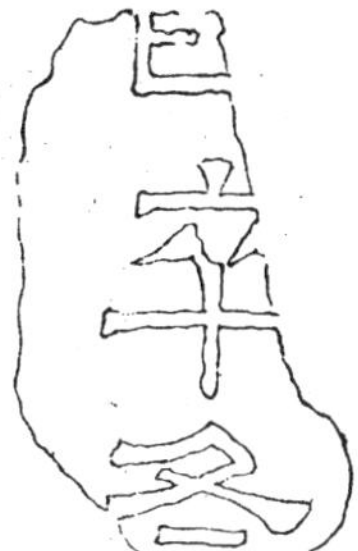

廢長　而其言　謂

而　立息可　矛文

止　　　　　將

立　　　　　寶人

甚欲立

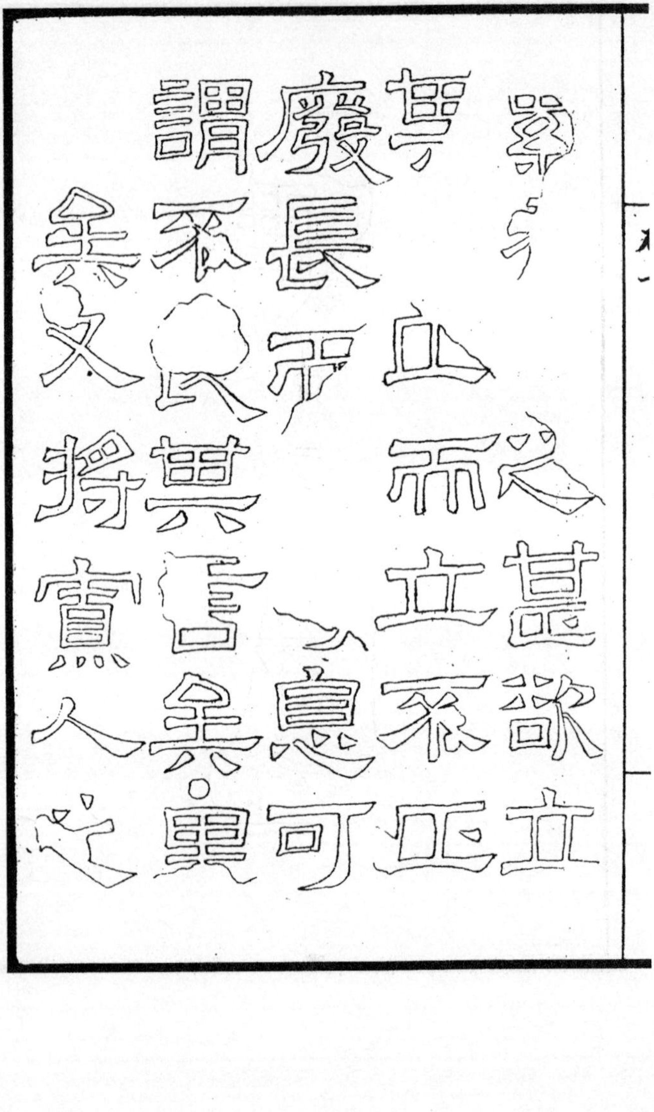

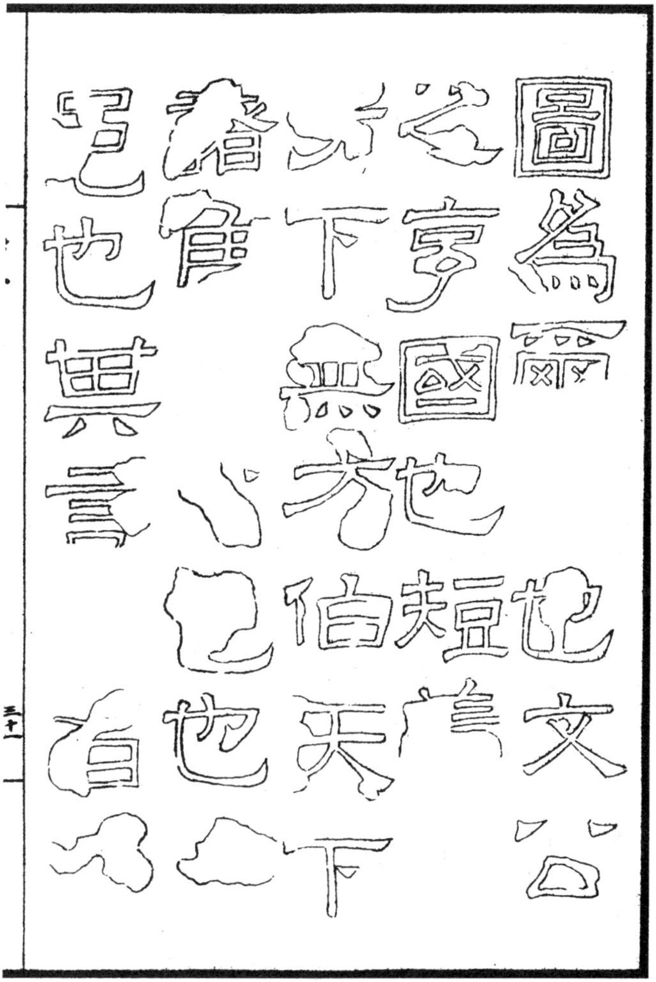
圖爲爾
也文公
之享國也短
下無伯天下
角
也
也其言

甘

為谷世孚氏之

言石寶石已

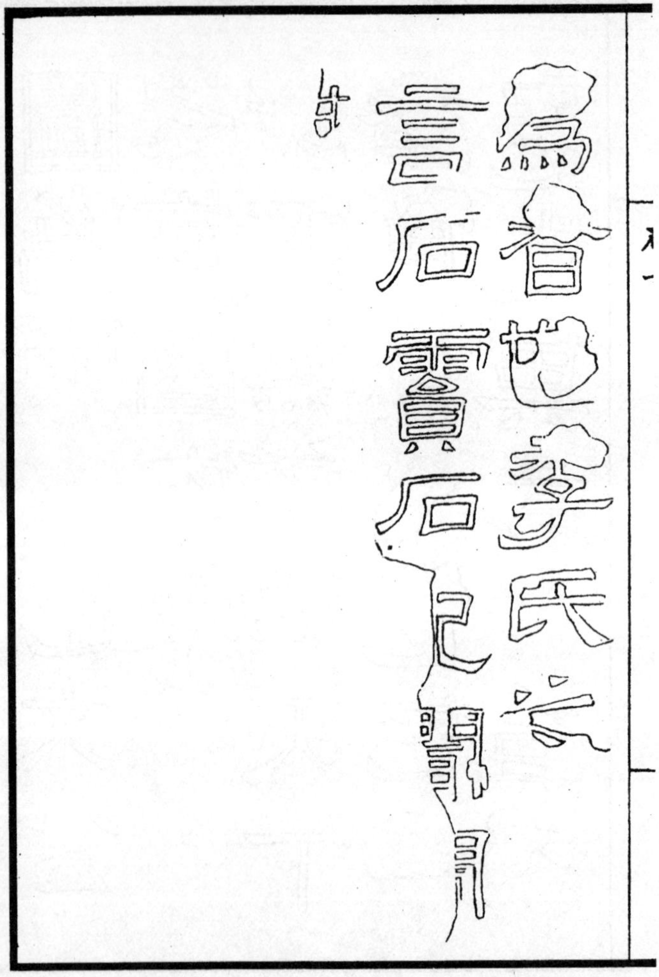

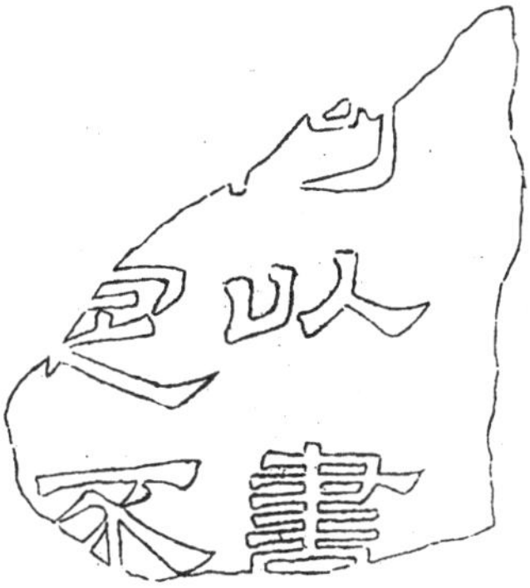

三十二

三十三

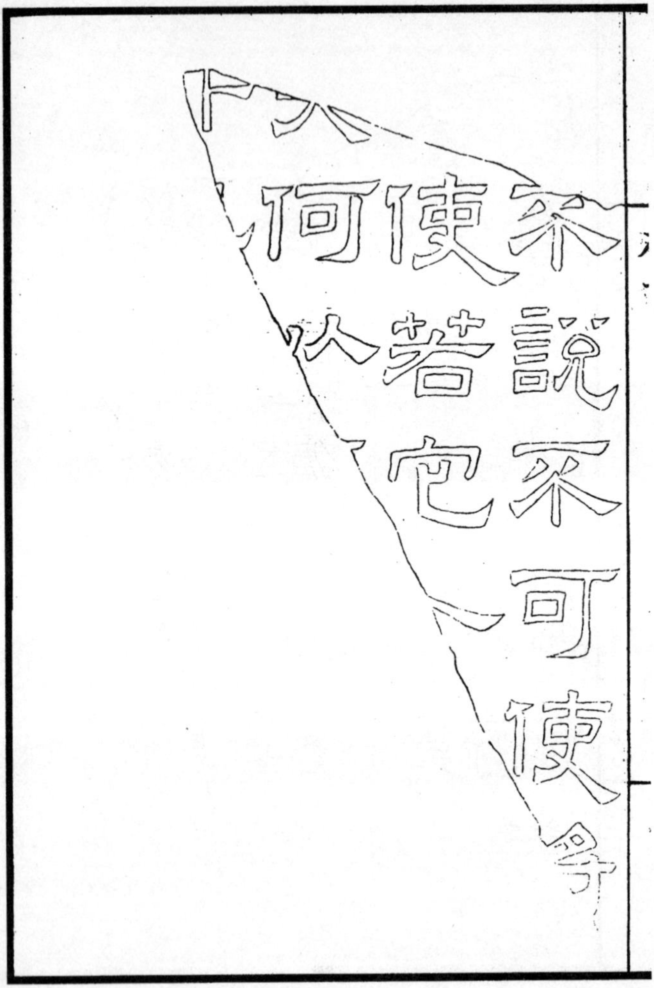
不說不可使
使若它
何以

三十四

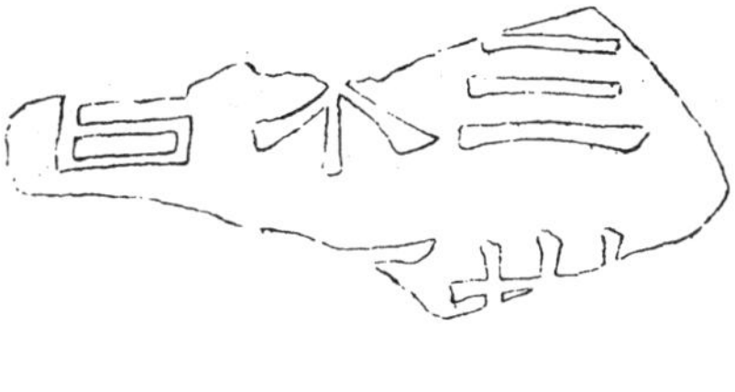

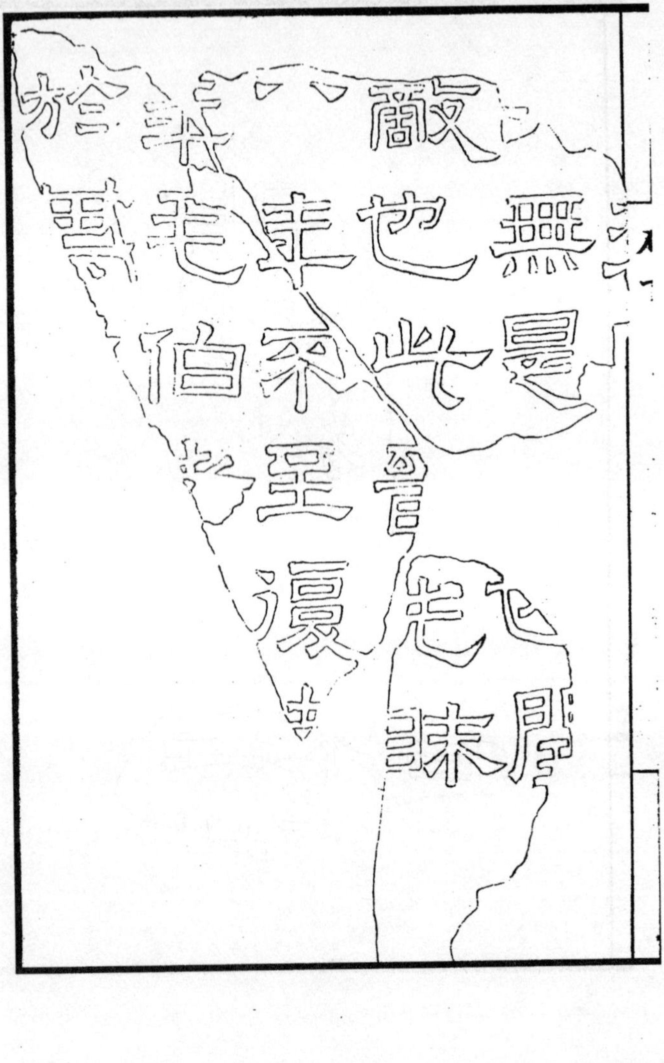
無是
敵也此音
至復
毛伯
毛昧

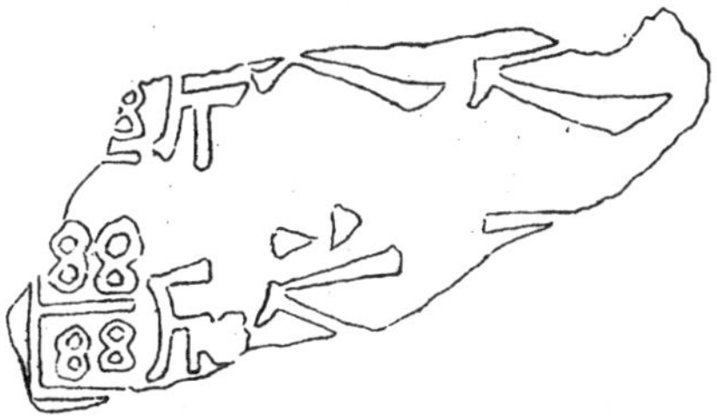

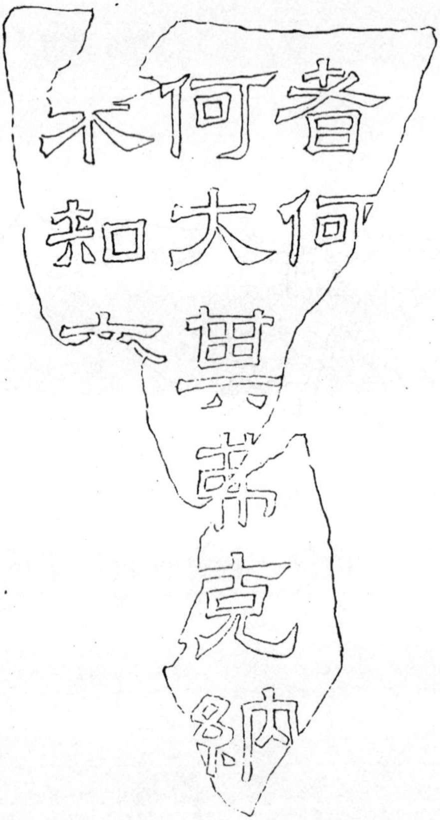
者何
何大無帝克納
不知

自
外

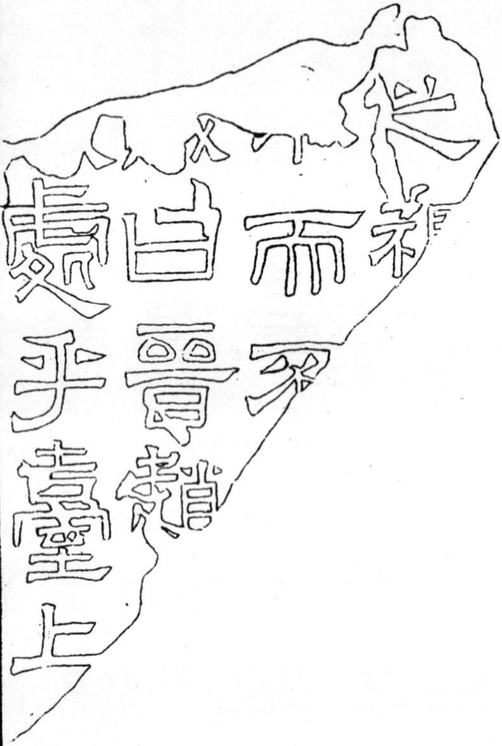

三十八

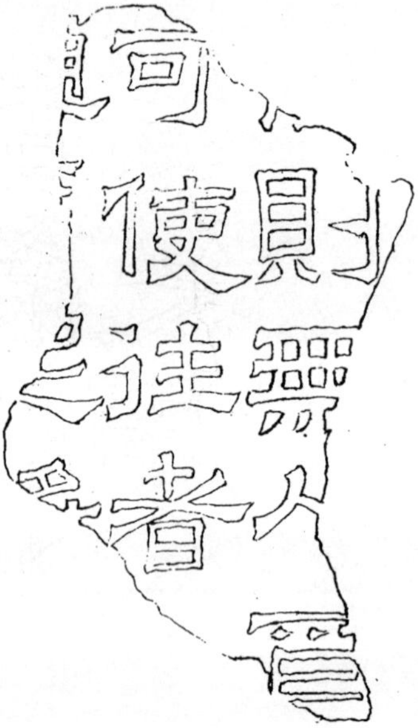
可使往者

三十九

仁
有人
使我盡
義

四十

四十一

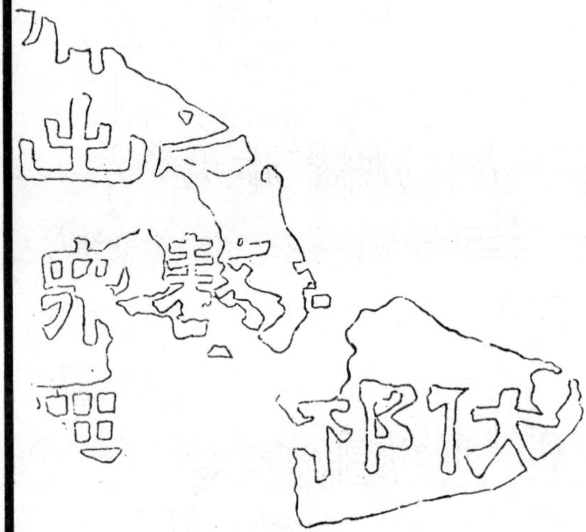

四十二

曰人俊我歸之宰
之單于何元丰
春王正月也
書錄伯姬也
天子之三公也王十

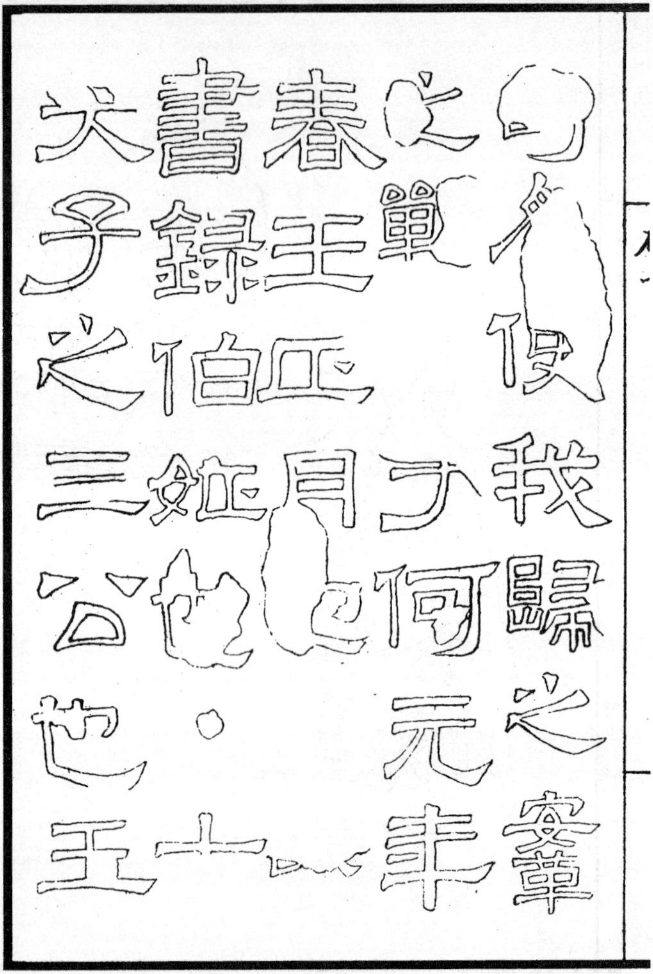

四十三

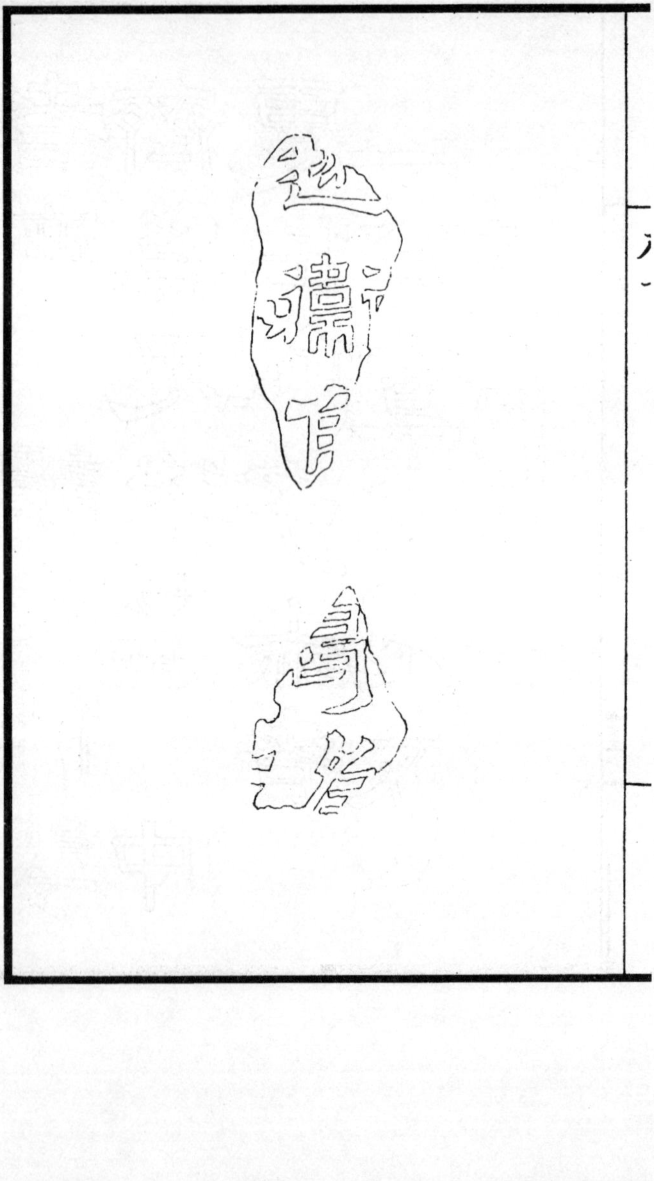

四十四

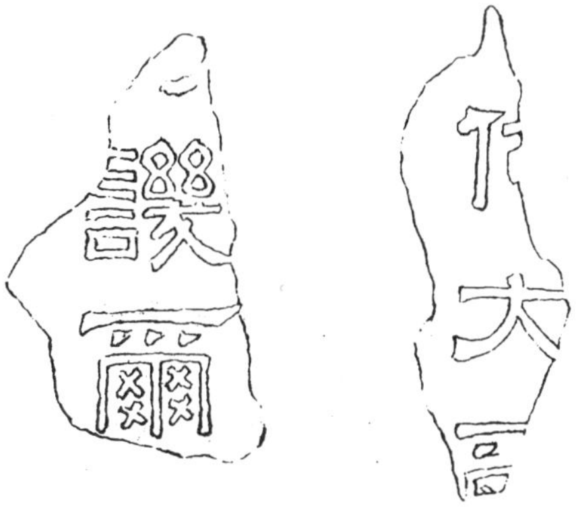

內

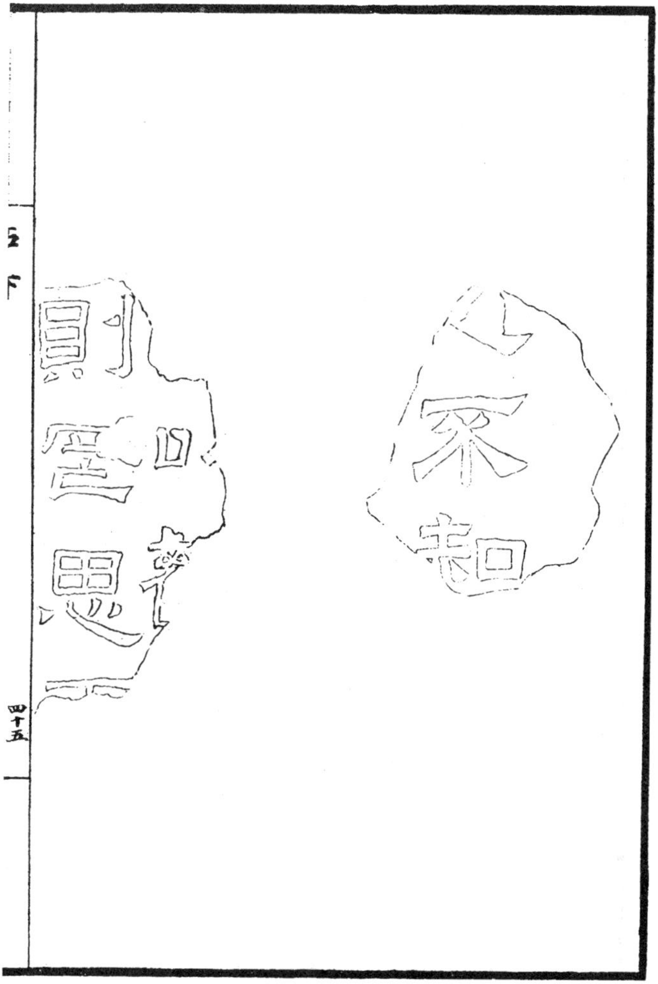
四十五

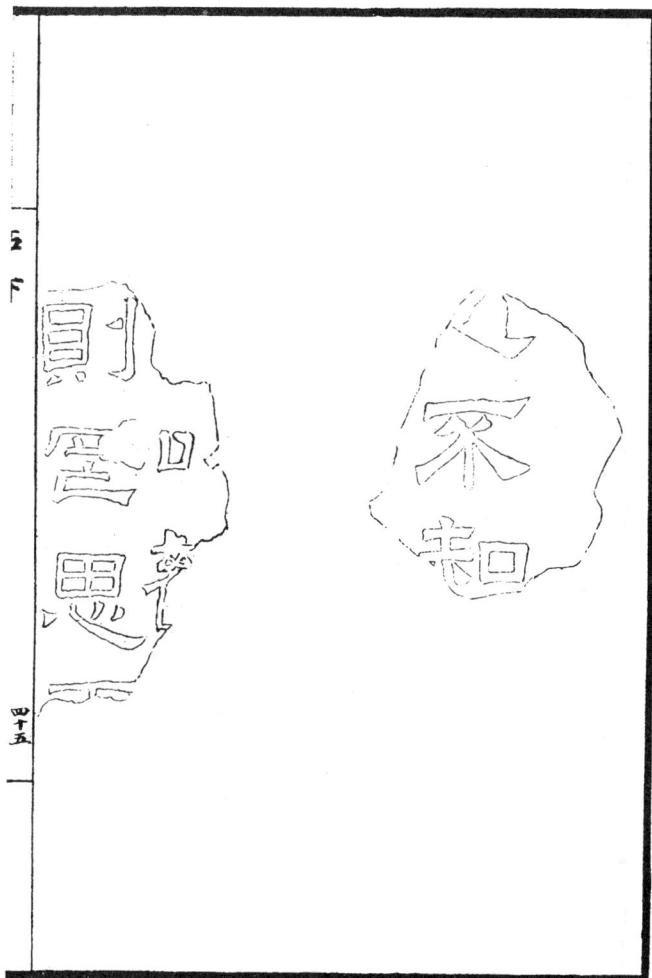

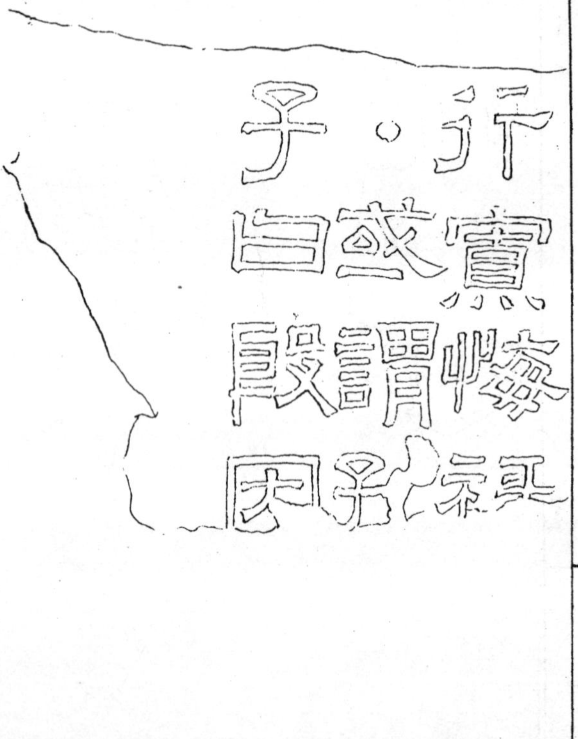

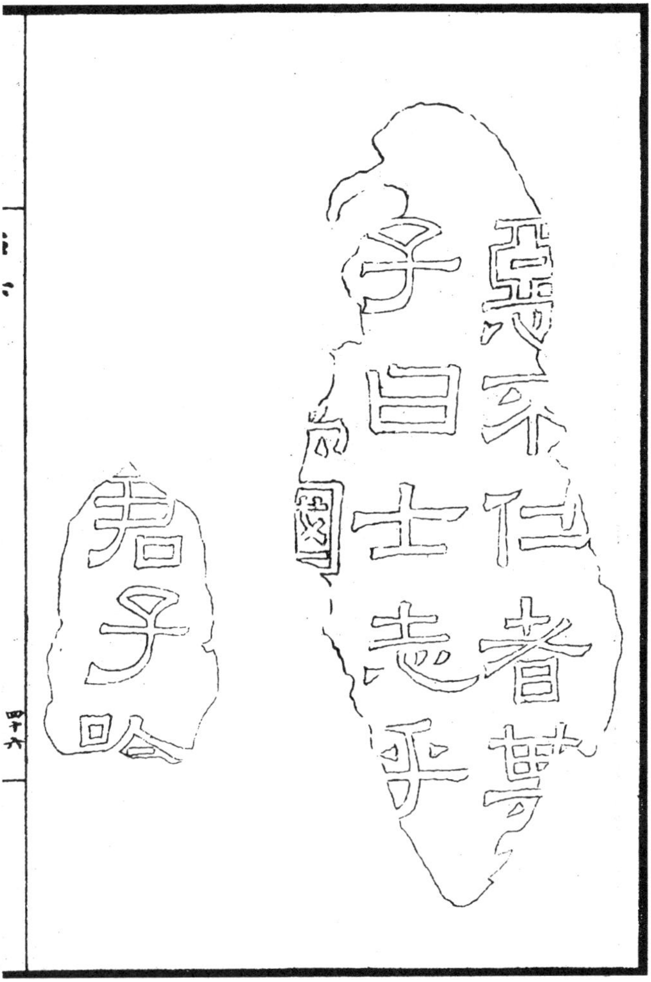
四十六
惡不仁者
子曰士志
君子

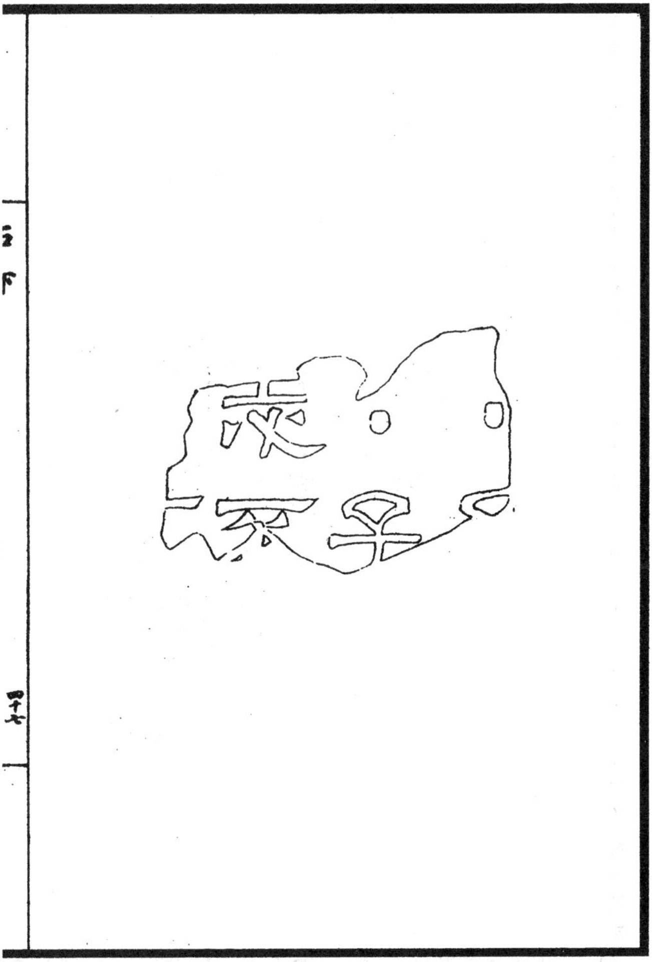
二下
四十七

四十八

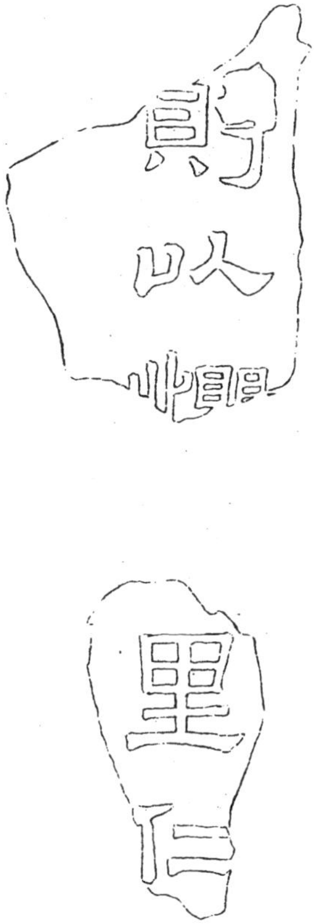

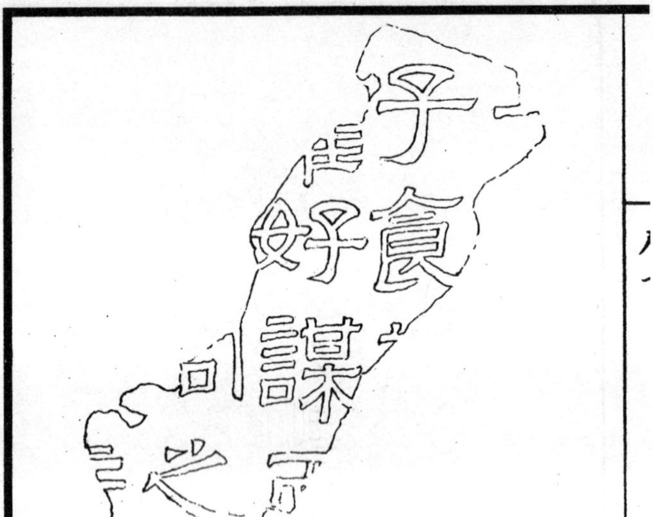

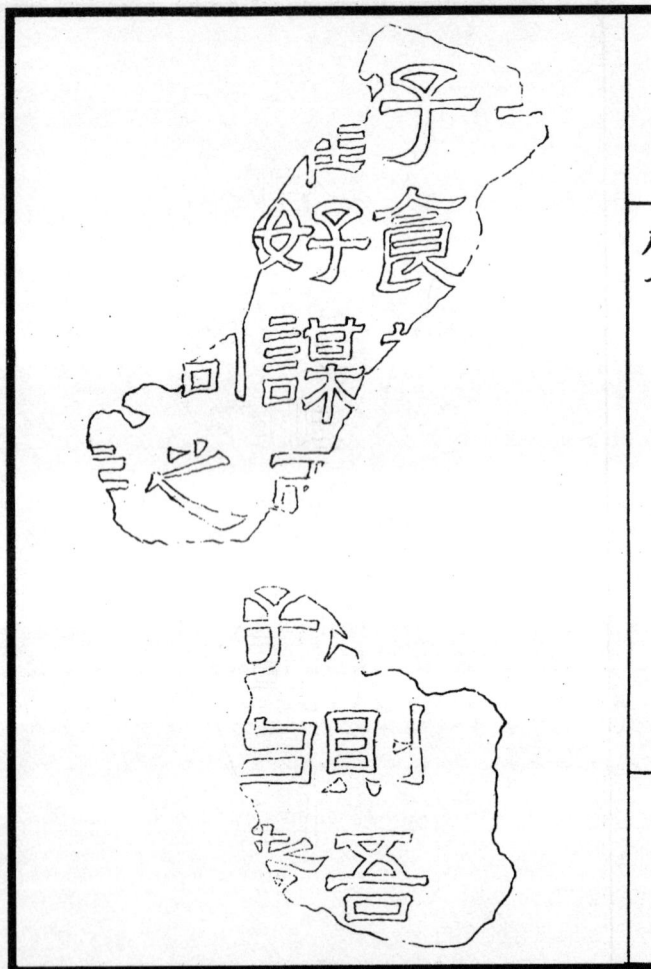

[illegible]下

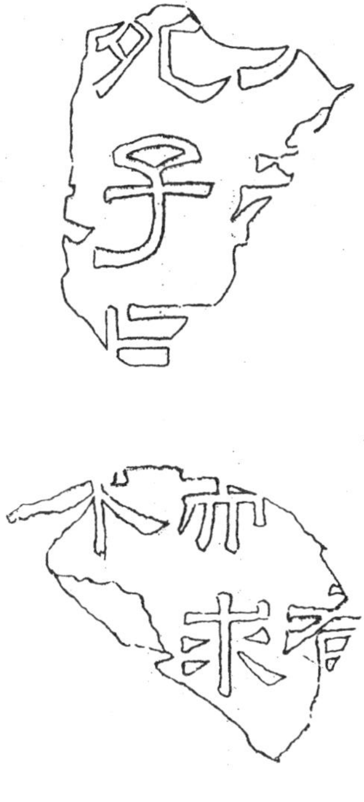

四十九

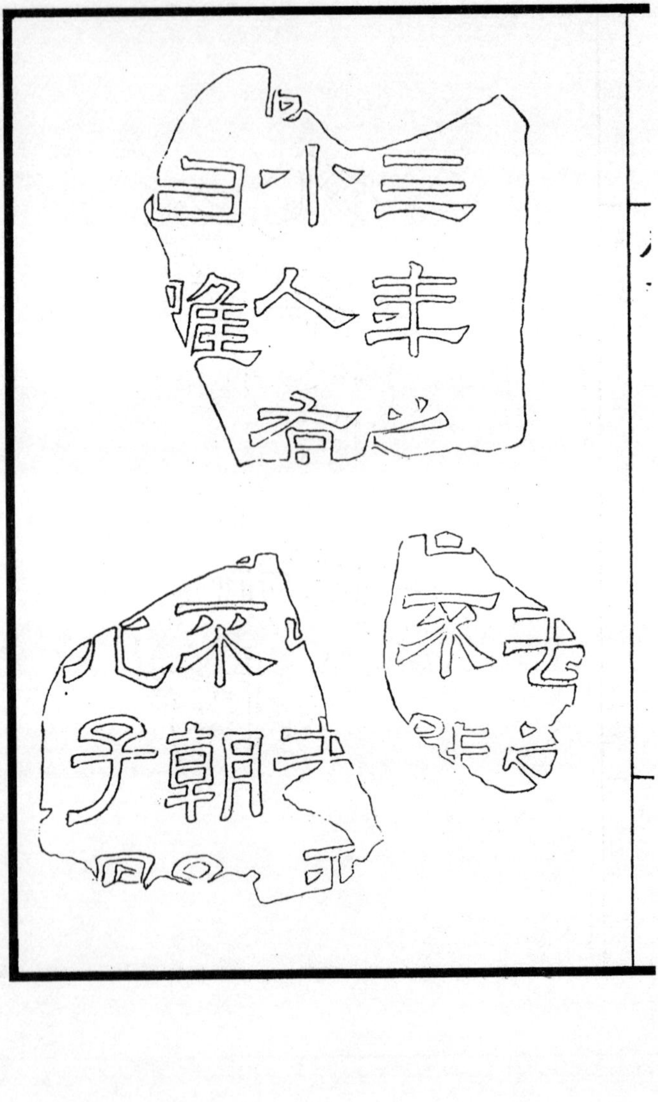

下

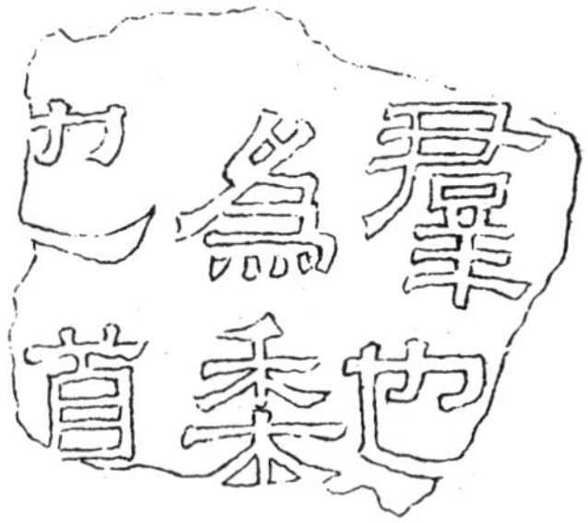

五十

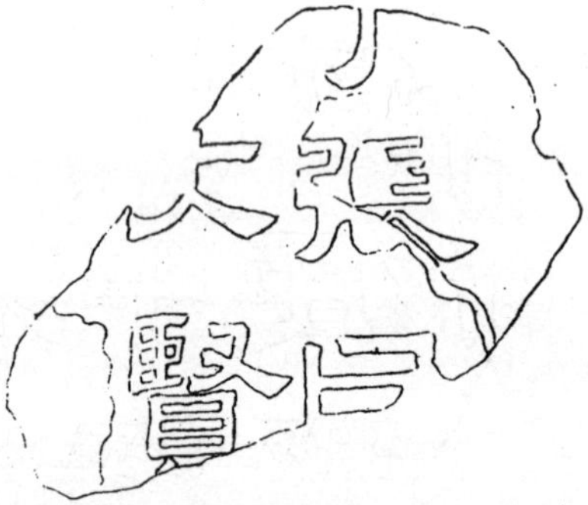

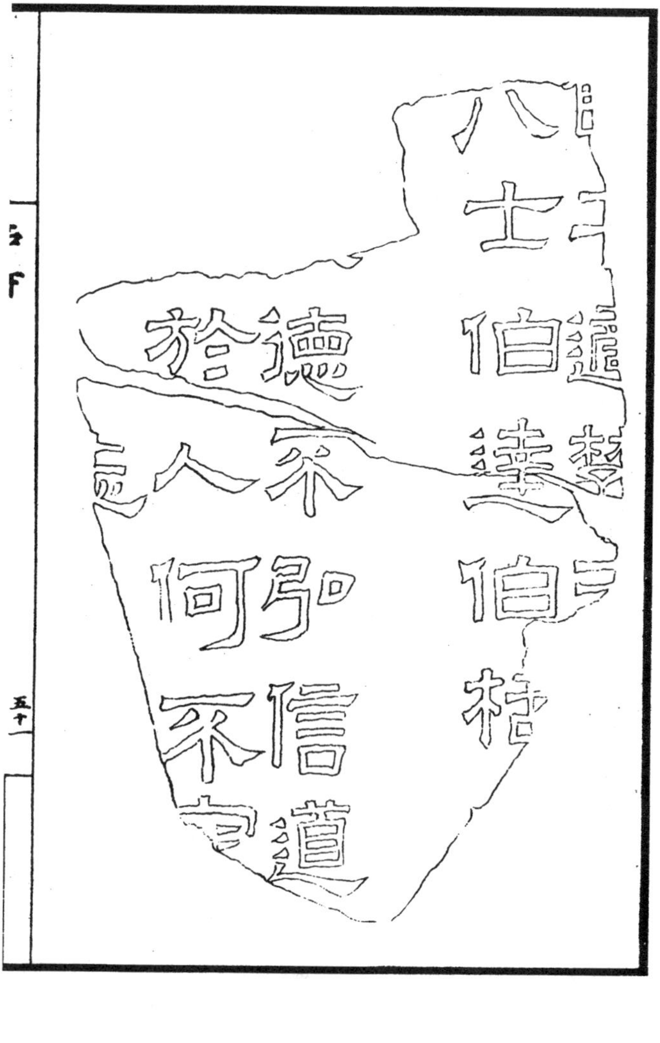

五十二

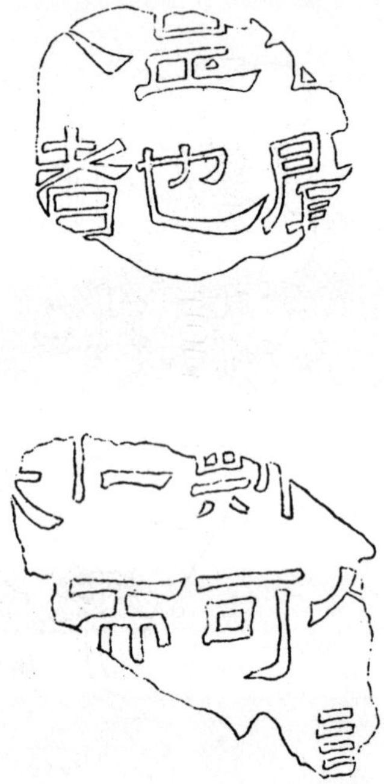

百十三

五十四

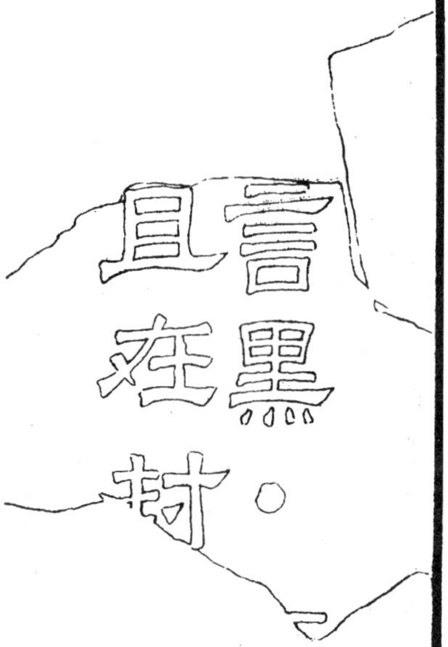

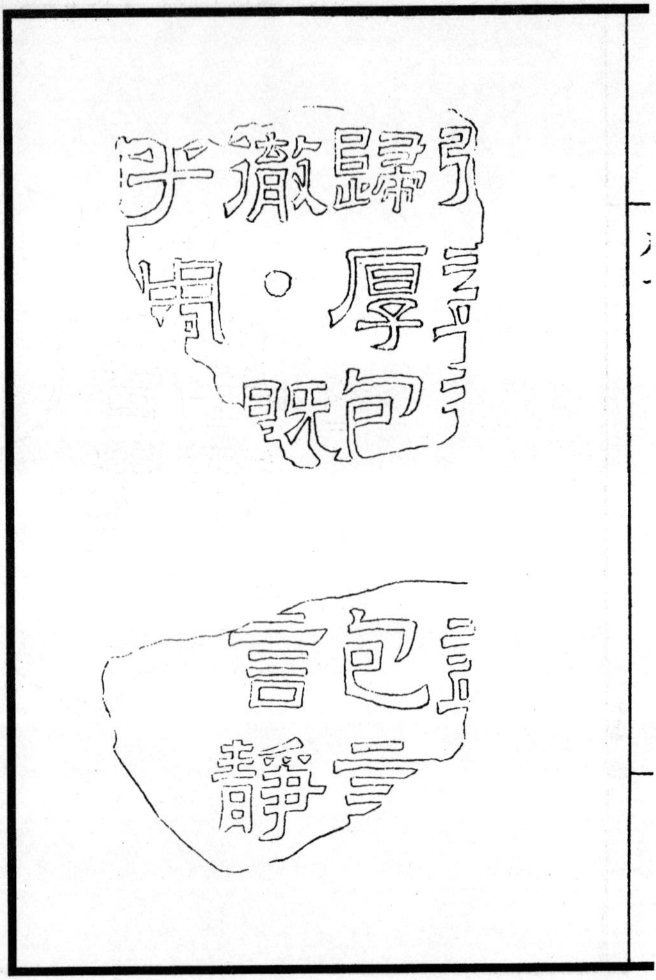

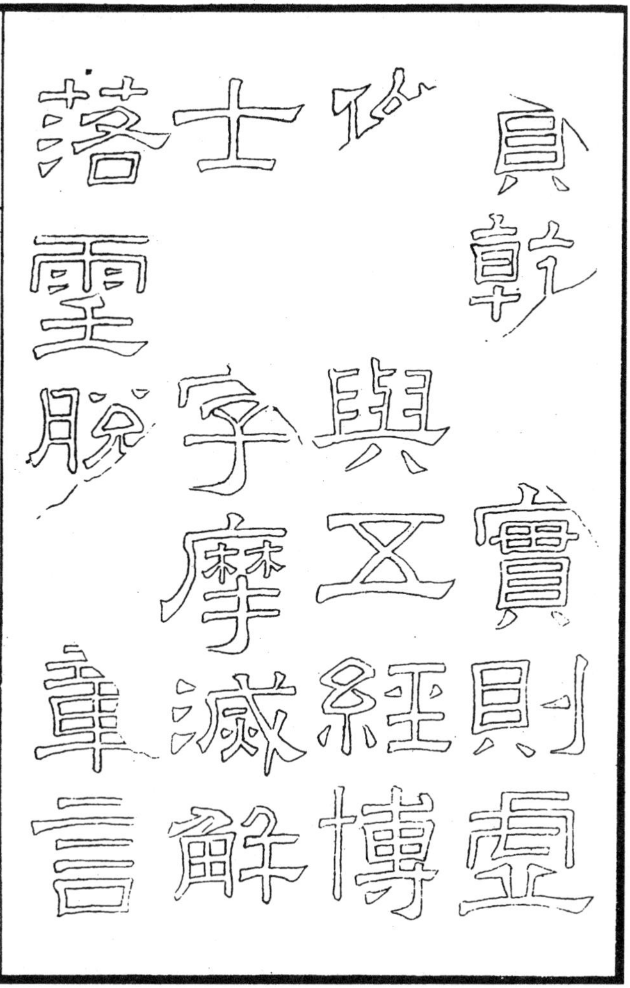

五十五

孝覆紛紛家殊
人學猾吏以
人事相陰陽或
競固閒留心

稽古汲汲祓觀

挍序交　后雜

與光祿勳劉寬

五官中郎將[illegible]

負無相壽

論顯下大夫

以經本各一通

付大常誤　字
應毀所不知書
第解難固[illegible][illegible]
及傳記論語郎

韶所挍定以為
可列置講堂
以參當試臺勞
而久逸暫費而

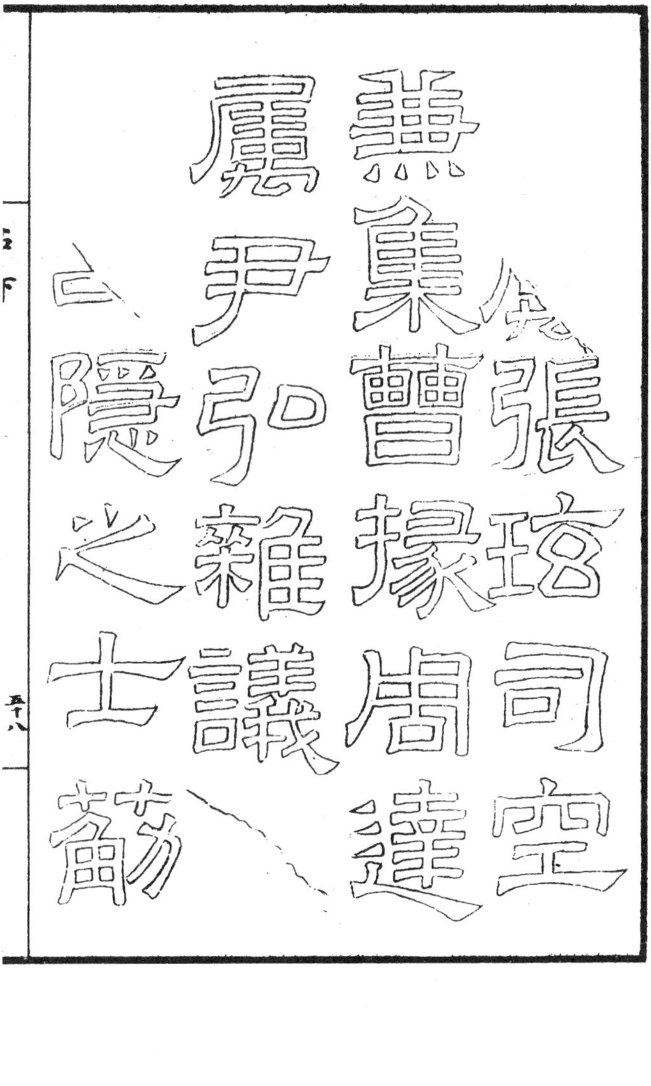
張玹司空
無集曹掾周達
屬尹弘雜議
隱之士筋
五十八

椽聖術說難傳
義文指條暢以
之悟也迺詔
鑿石正書經字

立於大學絕試
又隆暑炎赫
非倉卒所成可
須秋涼收

五十九

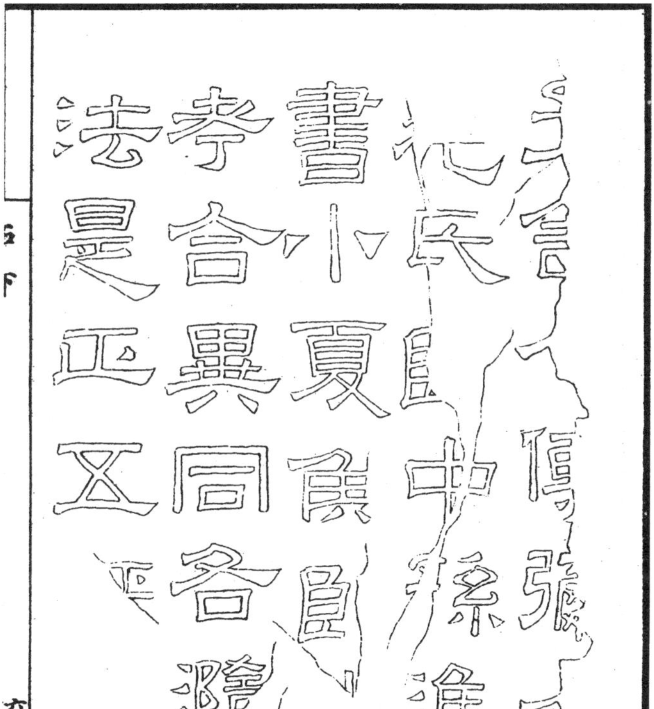
石下
六十
祀民
臣中孫進旹
書卜夏與臣
孝合異同各
家
法是正文

患苦賴蒙
藝孜孜匪懃令問
不已廣化苟□□
緣生姦無以防絕
毒徵　學官選守

職畏事百言　稽
古以大學久廢
年六月三府　土
率皆也　首
盖郁之　夫

子刪詩書定禮樂
故今由舊章平
議餘所施行有益
時要也

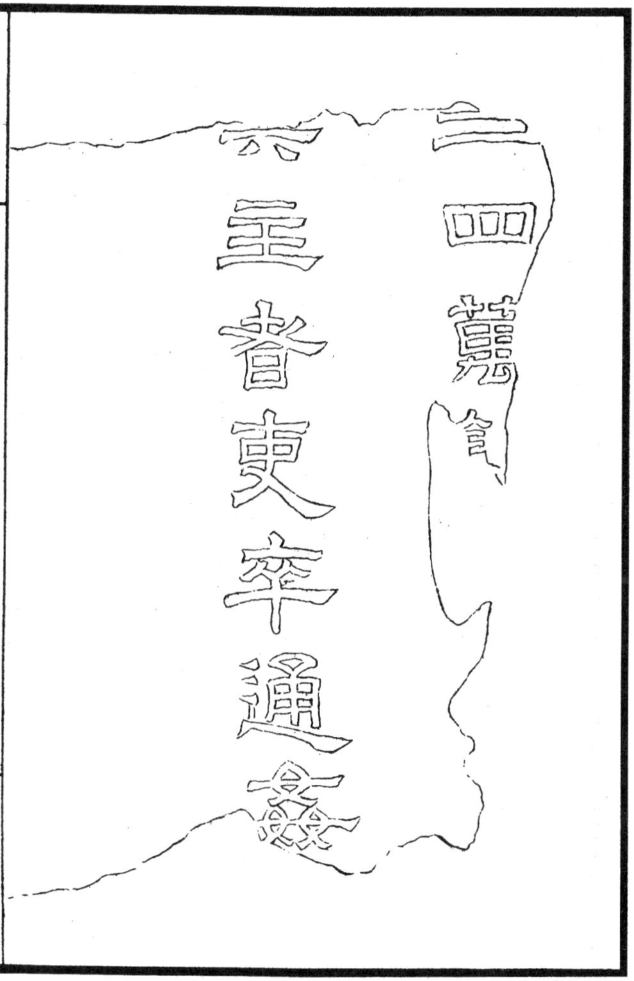

六十二

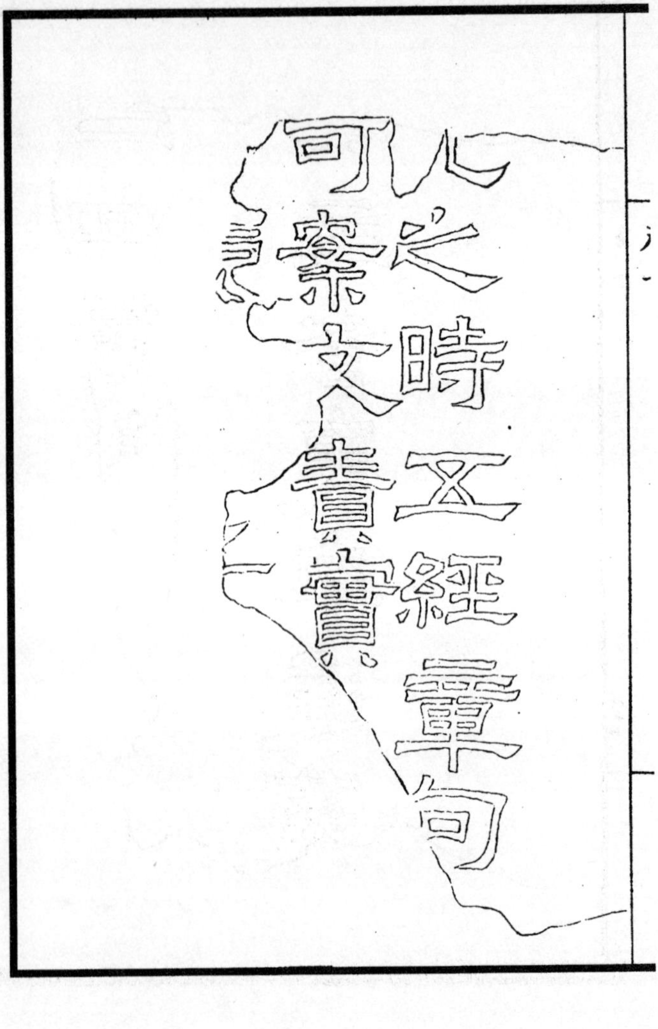
之時五經章句
可案文書實

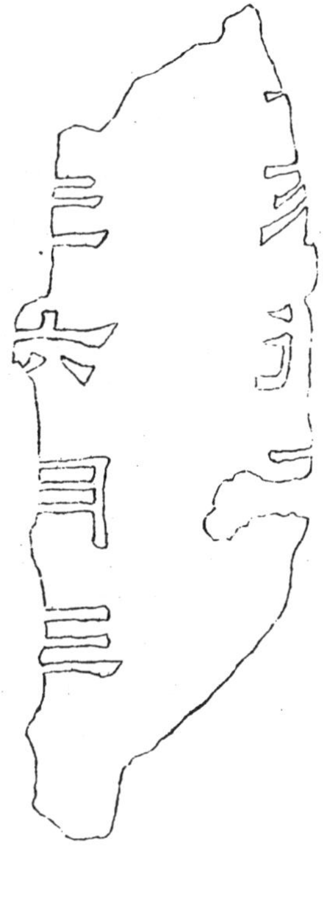

六十三

至下

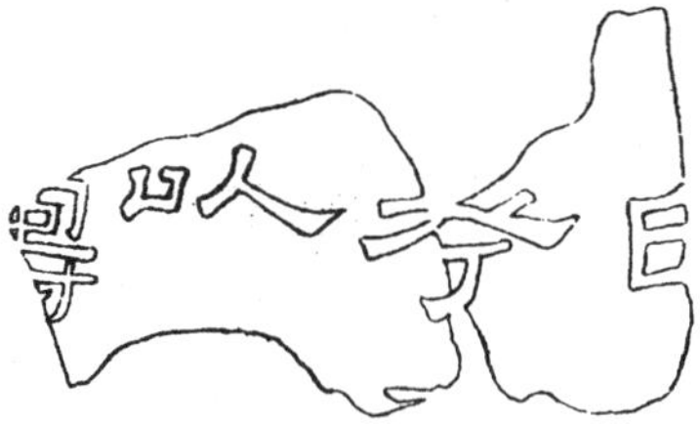

六十四

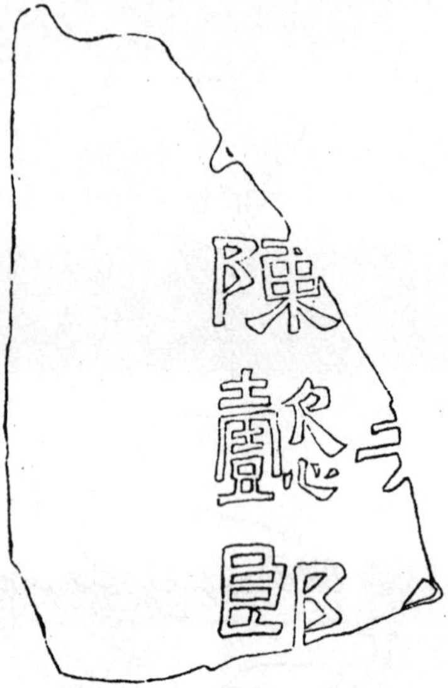
之
陳
郎

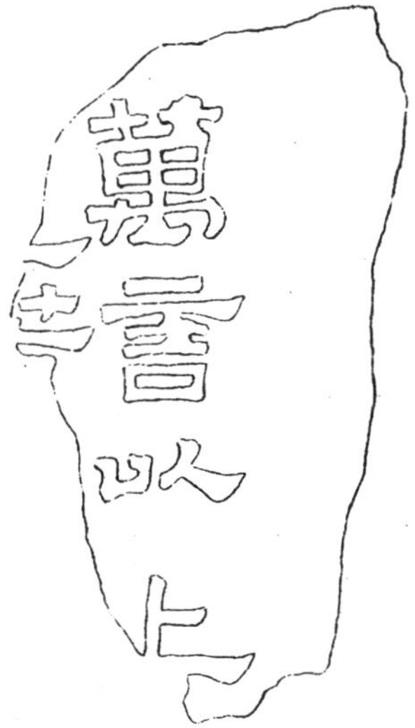

六十五

州
君

漢熹平石經殘字集録補遺

庚午閏月，予既寫定《漢石經殘字集録》合《經校序記》，總得文字三千七百八十有五，意謂漢太學故址所蘊藏，雖未必遽盡於此，而續編之作，或尚須歲月。乃是年冬，中州友人爲予得殘石二十，其中得未箸録者四石。今年正月，大興孫君壯、閩江陳君承修先後爲言，關中于氏近得《周易》殘字四百餘言，且謂吴興徐君鴻寶已有影本矣。爰移書兩君搆求之，浹旬尚未得復音，次兒福葆適於東友松崎鶴雄許見之，因假歸橅寫，合以予所藏四石，於以前所見拓本中復得五石，乃寫定爲《補遺》一卷，並記其石數字數於左。至考證所得，則具載編中，不復贅及。辛未二月，上虞羅振玉記。

《周易》一石，表裏四百八十字。

《書序》一石，二十字。

《魯詩》三石，十四字。

《儀禮》二石，百字。

《公羊傳》二石，十二字。

《論語》一石，十八字。

總計六百四十四言，合以前所箸録，共得四千四百二十九言。

漢熹平石經殘字集録補遺

周易

□孚威如終吉䷥睽小事
□上九睽孤見豕負塗載
□五大蹇崩來上六往蹇
□解吉有孚于小人上六
□一人一人行則得其友
□六二或益之十朋之龜
□立心勿恒凶䷪夬揚于
□其行次且牽羊悔亡聞言
次且厲无大咎九四包无魚
无咎六二引吉无咎孚乃利

吉九二孚乃利瀹无咎九三
酒食朱紱方來利用亨祀征
悔征吉䷯井改邑不改井无
五井洌寒泉食上六井收勿幕
占有孚上六君子豹辯小人革
折足覆公餗其刑剭凶六五鼎
日得六三震蘇蘇震行无眚九
无咎利永貞六二艮其腓不拯其
鳿漸于般飲食衎衎吉九三鳿漸
无攸利初九歸昧以娣⿰女皮能履征
刲羊无血无攸利䷶豐亨王假之
□其夷主吉六五來章有慶譽吉
□□□□于處得其齊斧我
□□□□□□顛巽吝六四
□□□□□□□□疾有憙九五孚

□□□□□□□□□无咎上九
□□□□□□□□□涉大川利
□□□□□□□□□過亨

右下經《家人》至《小過》廿六卦，凡廿八行。前廿行與《集録》所載之《家人》至《歸妹》相銜接，此爲彼石之下截也。今以宋刊朱子《本義》本校其異同，《萃卦》「孚乃利用瀹」，刊本「瀹」作「禴」。《漢書·郊祀志》引《既濟》「不如西鄰之瀹祭」亦作「瀹」，與石經同。《鼎卦》「其刑剭」，刊本作「其形渥」，《釋文》：渥，沾也。鄭作「剭」，音「屋」。吕氏祖謙《音訓》引晁氏曰：形，九家、京、荀悦、虞作「刑」，一行、陸希聲亦作「刑」；渥，九家、京、虞於角反，作「剭」，重刑也。京謂刑在頄，爲剭；一行、陸希聲同，與石經合。《震卦》「震行無省」，刊本「省」作「眚」，省、眚古通。《書·盤庚》「惟干戈省厥躬」，《釋文》：省本作「眚」。《洪範》「王省惟歲」，《史記·宋徽子世家》引作「王眚惟歲」。《艮卦》「不抍其隨」，刊本「抍」作「拯」。《説文》：抍，上舉也。《易》曰「抍馬壯吉」。《明夷》《釋文》及《涣》《釋文》並引子夏《傳》作「抍」，《漢孔彪碑》「抍馬蠲害」，《音訓》一行作「抍」，均與石經同。《漸卦》「鳿漸于般」，刊本「鳿」作「鴻」，「般」作「磐」，《説文》：琟，鳥肥大，琟琟然。从隹工聲，或从鳥作「鳿」。段氏注：《詩》傳「大曰鴻，小曰雁」，當作此「琟」字，謂雁之肥大者也。鴻訓「鵠」，則「鳿」本字，

「鴻」假字也。「磐」，《音訓》：晁氏曰，《漢・郊祀志》作「般」，與石經正同。「飲食衍衍」，刊本「衍」作「衎」，衍、衎古音同部通用。《穀梁》襄廿六年經「衛侯衎復歸于衛」，《釋文》：衎，本作「衍」。《歸妹卦》「歸昧以娣」，刊本「昧」作「妹」，古昧、妹通。《易略例》：「明徽故見昧」，《釋文》：昧作「妹」。「𡯁能履」，刊本「𡯁」作「跛」，上經《履卦》《釋文》：跛，波我反，足跛也，依字作「𡯁」。今本《釋文》「𡯁」譌作「破」，盧校作「波」，今依《音訓》引。案，《説文・尢部》：尢，𡯁也；𡯁，蹇也。其文从「尢」，即「尢」字而曲一足，象人足不良形，易爲楷體當作「𡯁」，今石經正作「𡯁」，與《釋文》説同。今作「跛」者，俗作也。《豐卦》之「豐」，石經作「豊」。《釋文》：豐，依字作「豊」，若曲下作者，禮字耳，非也，世人亂之久矣。唐李少温詆中郎以「豊」爲「豐」，殆曾見石經矣。《旅卦》「得其齊斧」，「齊」刊本作「資」，《釋文》：資如字，子夏《傳》及衆家並作「齊斧」。張軌云：「齊斧」，蓋黄鉞斧也。張晏云：整齊也。應劭云：齊利也。虞喜、《字林》云：齊當作「齋」，齋戒入廟而受斧。均不作「資」，與石經同。《巽卦》「顛巽」，刊本「顛」作「頻」，義殆謂九三之爻過剛不中，居下之上，必致顛蹶，非能巽也。作「頻」則義不可曉。而《釋文》以下並不載作「顛」之本，則此字之譌久矣。《兑卦》「介疾有憙」，刊本「憙」作「喜」。《説文》：喜，樂也；憙，説也。二字義近，後人多用喜字而憙遂廢矣。此石今歸關中于氏，其上截歸萍鄉文氏。

□□□□□□□□□□以情言

□□□□□□□□中心疑者其

此處原空二行，爲《繫辭下傳》，末行及《文言傳》篇題。

□□□□故曰乾元亨利貞初九

□□何謂也子曰龍德而正中者

□業忠信所以進德也脩辭立其

□曰上下无常非爲耶也進退无恒

萬物睹本乎天者親上本乎地者

乾行事也或躍在淵自試也飛龍

□乃位乎天德亢龍有悔與時

乘六龍以御天也雲行雨施天

□人君德也九三重剛而不中

□與日月合其明與四時合其

□知進退存亡而不失其正者

□試其父非一朝一夕之故也

□所行也陰雖有美舍之而以

□而暘於四支發於事業美

此處原空二行，爲《文言傳》，末行及《説卦傳》篇題。

□於命昔者聖人之作易也將

□□定位山澤通氣雷風相薄

□□見乎離致役乎𠬝説言

□□治蓋取諸此也　𠬝

□欿艮東北之卦也萬

右《繫辭下傳》及《文言傳》、《説卦傳》。在前石之陰，凡二十五行，中間空四行，自第八行「曰上下无常」以下與文氏藏石相銜接。今以刊本考其同異，《文言》「聖人作而萬物睹」，刊本「睹」作「覩」。《説文》：睹，見也，古文从見作「覩」。刊本用古文也。「非一朝一夕之故也」，刊本無「也」字；「而以□□□」，缺處爲「從王事」三字。刊本無「而」字；「而暘於四支」，刊本「暘」作「暢」。《説文》：暘，不生也，从田昜聲。段氏注：今之暢，葢即此字之隸變。石經乃正字也。又案，石經所分章節，亦與刊本不合。刊本「昔者聖人之作《易》也，將以順性命之理」别爲一章，而石經則與上章末「窮理盡性，以至於命」相銜接。「坤也者，地也」，今本與上「蓋取諸此也」相連，石經則自「坤也者」別爲一章，皆與今本不同。

書序

□□

□廣度　　光宅天下

□遂與　　遂與桀戰于鳴條之野

□堪飢　　作西伯戡黎

□以其子　　以其子歸作洪範

□使召公　　使召公先相宅

周公作君　　周公作君奭

□甫荆　　作吕荆

□同異

右《書序》殘石七行，前一行存殘字一，不可辨，末行存「同異」二字，殆《校記》第一行，此《序》當在經文之末、《校記》之前。合今《書序》校讀，知行均七十字左右，乃廿九篇之《序》，其佚篇《序》則不載。勘其異同，《堯典序》「光宅」，此作「廣度」；《西伯戡黎序》「戡黎」，此作「堪飢」；《史記・殷本紀》「西伯伐飢國，滅之」，《爾雅・釋詁》：堪，勝也，郭注引《書》「西伯堪黎」，與此正合。《吕刑序》「吕」，此作「甫」。《孝經》引亦作「甫刑」，《史記・周本紀》：甫侯言於王，作修刑辟命，曰「甫刑」，《詩・大雅・崧高》箋「甫侯相穆王，訓夏贖刑」皆作「甫」，均與此合。石經有《書序》，亦前人之所未知，至可喜也。

魯詩

□贈之　　伊其相謔贈之以勺藥

十三章二　　鄭國廿一篇五十三章二百八十三句

右《鄭風・溱洧》。此石上截已見，殘字二行，首行七十一字。至「伊其相謔」謔字止，則第二行當自「贈」字起，下推七十一字，與「謔」並列者爲廿一篇、五十三章之「三」字。今此石「贈」字與「三」字並列，行首與之不合，疑《魯詩・緇衣篇》字有增損，與《毛詩》異也。

其三加　　揖我謂我臧兮還三章章四句

三句　　箸三章章三句

右《齊風・還》、《箸》。合《毛詩》校讀，首行七十二字，「其三」二字下一字但存「方」旁，當是「旋」字。「旋」、「還」古通用。《釋文》：還，音旋。《韓詩》作「嫙」。據此知《魯詩》作「旋」

也。《十畝之閒》《釋文》：還，本亦作「旋」。《禮記・玉藻》「周還中規」、《祭義》「周還出户」，《釋文》並云：「還」，本又作「旋」。《采薇》「薄言還歸」、《文選》阮嗣宗《詠懷王仲宣從軍詩》注引亦作「薄言旋歸」。《泉水》「還車言邁」，《文選》任彦昇《奏彈曹景文》注引作「旋車言邁」。《揚之水》「曷月予還歸哉」，《文選》謝元暉《晚登三山詩》注引作「曷月予旋歸哉」。

炎　赫赫炎炎云我無所

遯　昊天上帝寧俾我遯

靡　膳夫左右靡人不同

右《大雅・雲漢》。合《毛詩》校讀，行均七十字。

儀禮

鄉飲酒第十

鄉飲酒禮主人就先

在西設匪于禁南東

相迎于門外再拜

楣北面答拜主人坐

沃洗者西北面卒洗主人

少退賓進受爵以復位主人

興加于俎坐帨手遂祭酒興席

□□□爵洗南北面主人阼階

□□□□阼階上拜賓

□□□□□□□端阼階

右《鄉飲酒》，首行爲篇題。此篇《小戴》及《別録》皆第四，此作第十，知石經篇次用大戴也。篇首「鄉飲酒禮」，今本「禮」上有「之」字。七行「坐帨手」，今本「帨」作「捝」，注：古文「捝」作「説」。《釋文》：坐捝，始鋭反，拭也。注：帨同。今注中乃無「帨」字。胡氏承珙曰：賈疏云，《内則》事佩之中有「帨」，則賓客自有帨巾以拭手也。據此，似經文「捝手」本作「帨」，蓋《禮經》今文作「坐帨手」，古文作「坐説手」，鄭從今文，故疊古文曰：古文「帨」作「説」。今殘字正作「帨」，可證胡説之精確矣。八行「洗，南北面」，今本「洗」上有「適」字。合今本校讀，前四行及八、九行，行均七十三字，五行、七行七十四字，六行七十五字。

禮辭　公升如賓禮辭一席

殺薦　無介不殺薦脯醢

右《鄉飲酒》。合今本校讀，行七十四字。

公羊傳

□□之　單伯之罪何道淫也

□至日　此其言伐何至之日也

實我動　其實我動焉爾

右文公十四、五年。合今本校讀，首行七十一字，次行七十二字。今本「至之日也」，此「日」上存「至」字末筆，殆石經「日」上無「之」字。

娶　喪娶者公也

奈何　此其爲正奈何

之道　古之道不即人心

也　天子之邑也

右宣公元年。合今本校讀，首行七十一字，次行七十二字，三行七十字。

論語

童子六七人　　冠者五六人童子六七人

□則非國與焉　　惟求則非邦也與安見方六七十如五六十

此間原空一行

□□仁一日克己　　克己復禮爲仁一日克己復禮

□□□□大祭所　　使民如承大祭己所不欲

右《先進》、《顔淵》。合今本校讀，首行七十四字，三行乃《顔淵》篇題，四行六十七字。今本「非國與」作「非邦也」，「與焉見」作「安見」，「所不欲」，「所」上有「己」字。

孚威如終吉䷥暌

小事一上九暌孤見

豕負塗載　五大

蹇朋來上六往蹇

解吉有孚于小人

上六一人一人
行則得其友六
二或益之十朋之龜
立心勿恆凶䷪夬
揚于其行次且

亨羊悔亡聞且

麗无大咎九四包无

咎六二引吉

无咎孚乃咎九

二孚乃利禴无咎九

一酒食朱紱方來
利用亨祀征　悔征
吉䷯井改邑不改井
无　五井洌寒泉食
上六井收勿　吉

有孚上六君子豹變
小人
折足覆公
餗其刑剭凶六五
日得六三震蘇蘇
震行无眚九
无咎

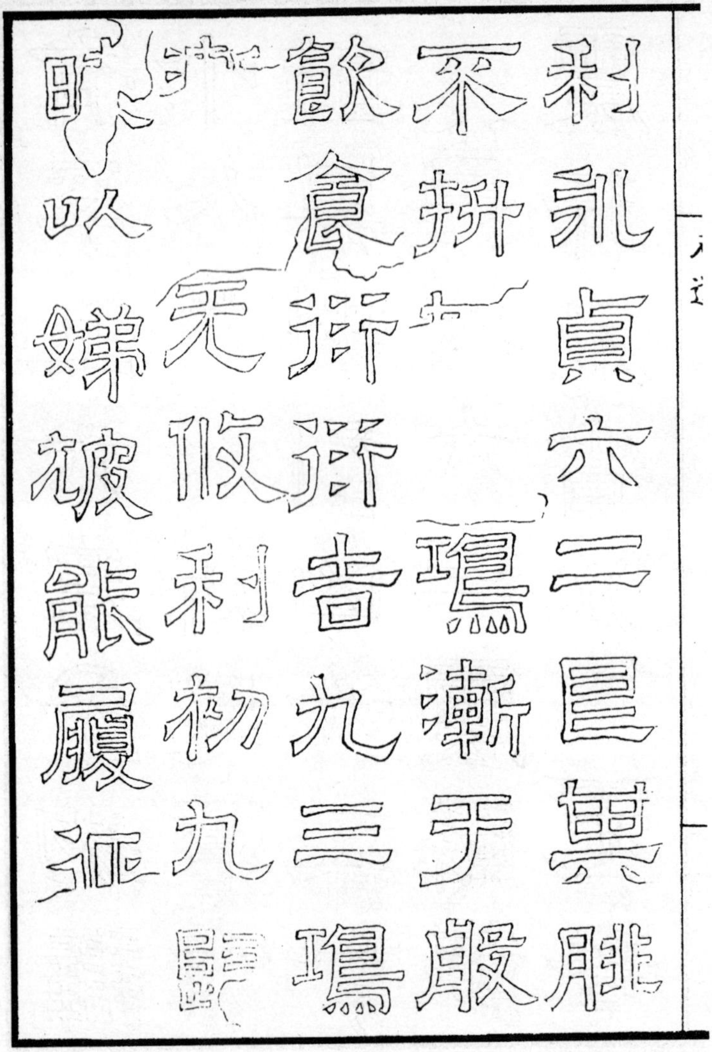
利永貞六二艮其腓
不拼
鳴漸于般
飲食衎衎吉九三鳴
无攸利初九
歸
以娣跛能履征

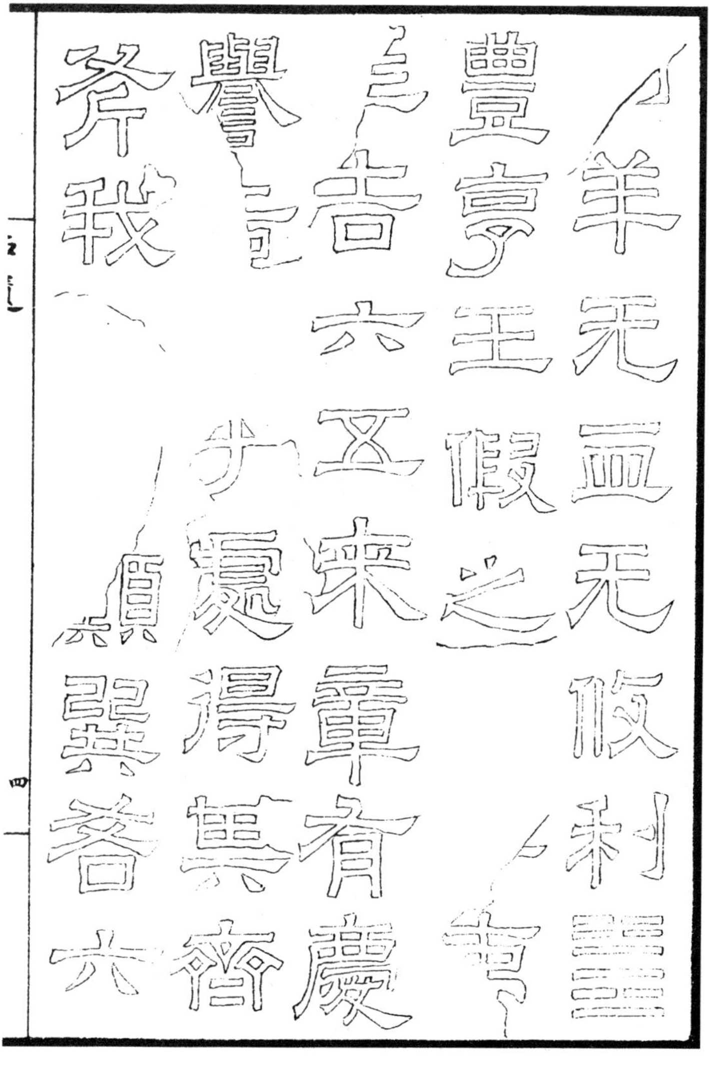
羊无血无攸利
豐亨王假之
吉六五來章有慶
譽于處得其齊
斧我巽

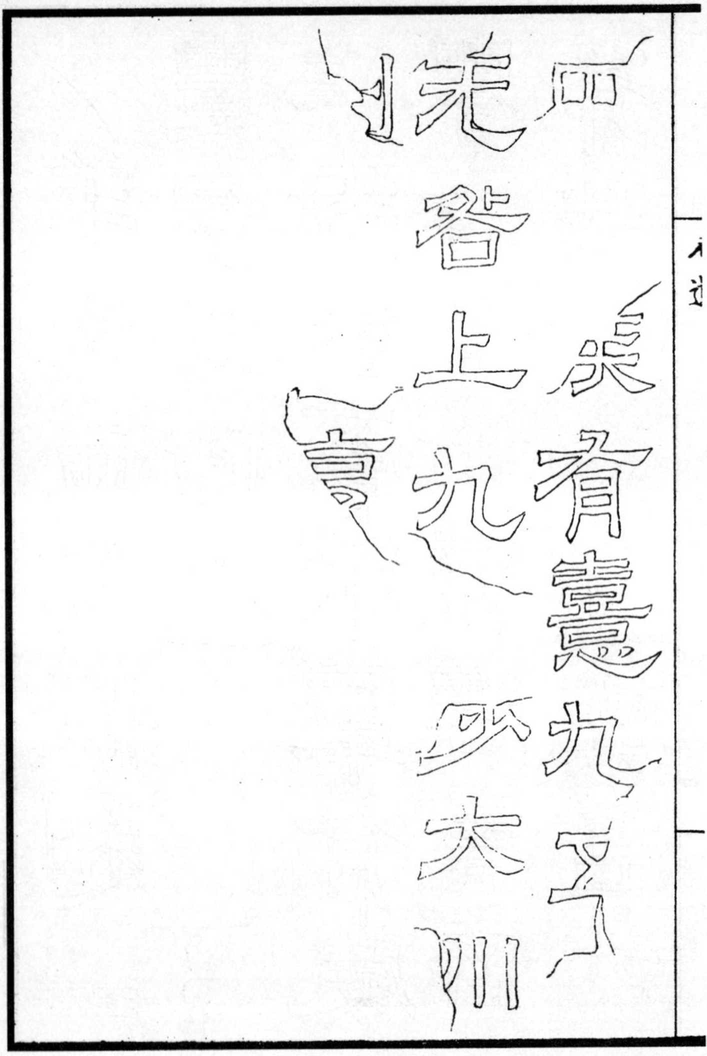

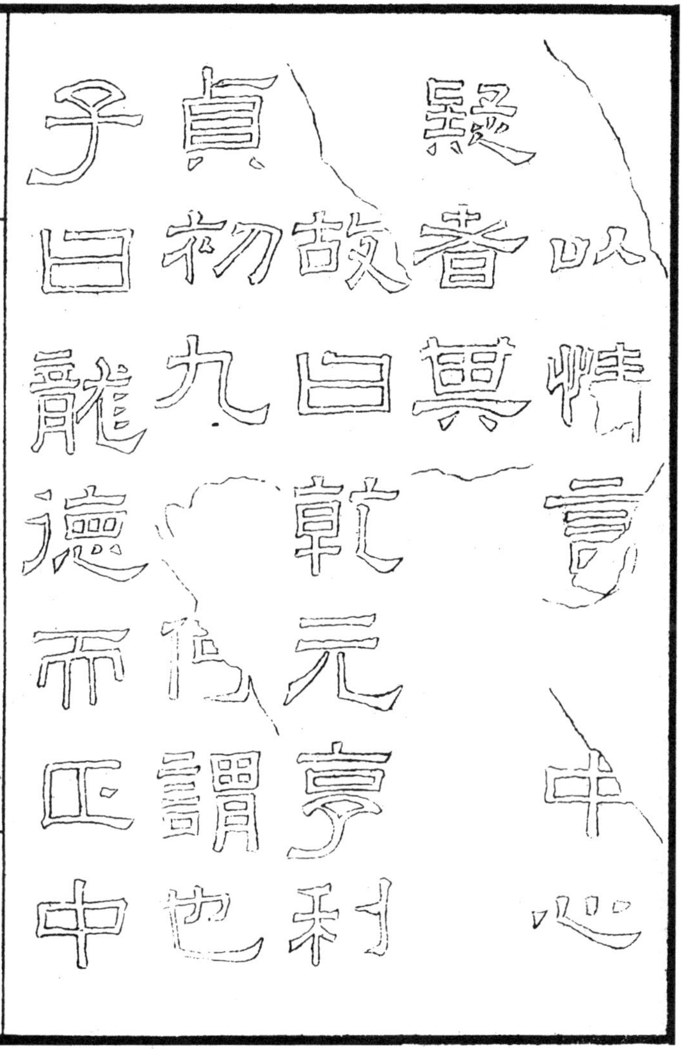

五

者業忠信所以
進德也脩辭立其
曰上下无常非
爲邪也進退无恆
物睹本乎天者

親上本乎地者
乾行事也或躍在
淵自試也飛龍
天乃位乎天德六
龍有悔與時
乘

六龍以御天也雲
行雨也天大人
君德也九三重剛
而不中與日月
合其明與四時合

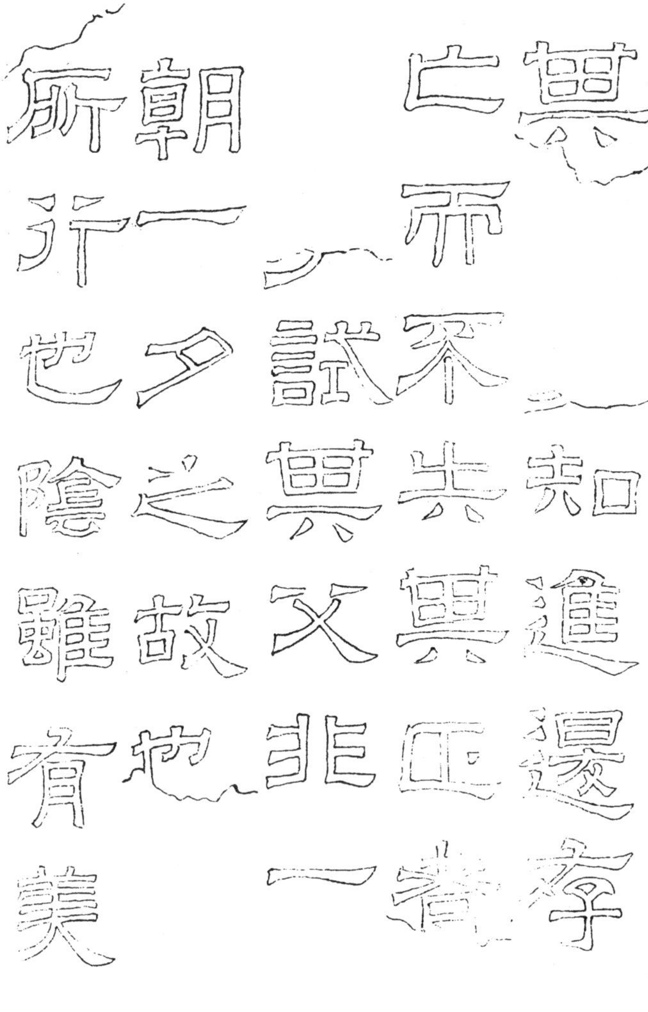

其　之一知進退存
亡而不失其正者
之試其文非一
朝一夕之故也
所行也陰雖有美

七

合之而略

而暢

於四支發於事業

美之

於命昔者聖人之

作易也將

也定

位山澤通氣雷風
相薄　相見乎離
致役乎以說言
而治蓋取諸此也
以　以艮東北

之卦也萬

堪逶磨

飤興

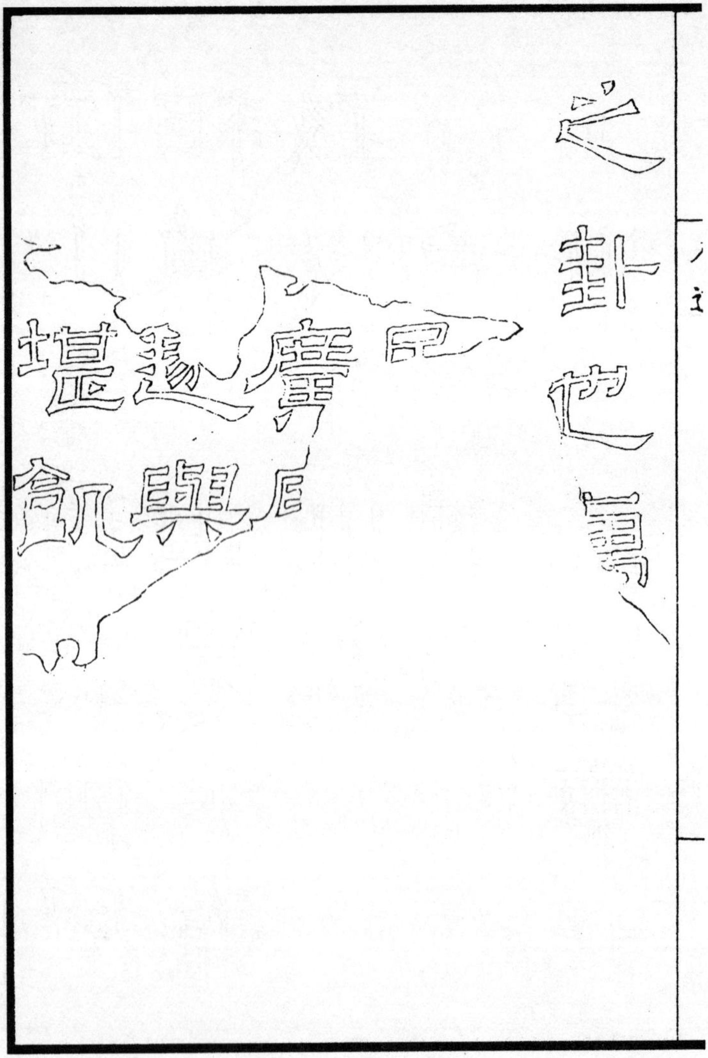

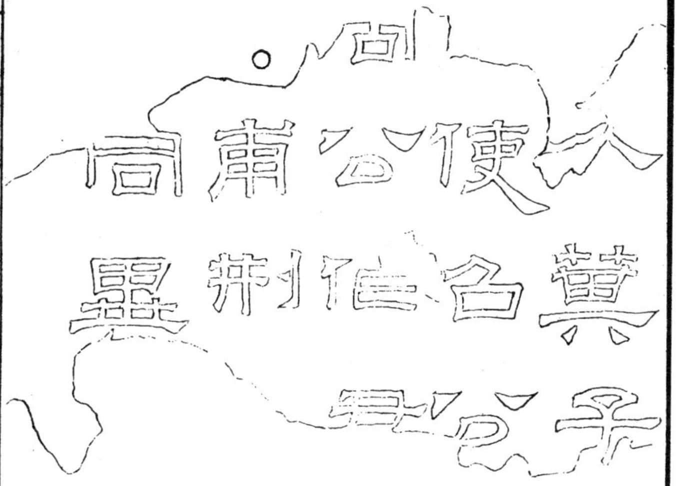

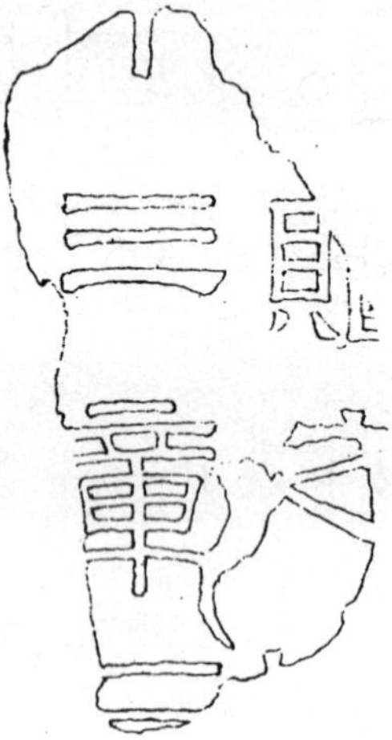

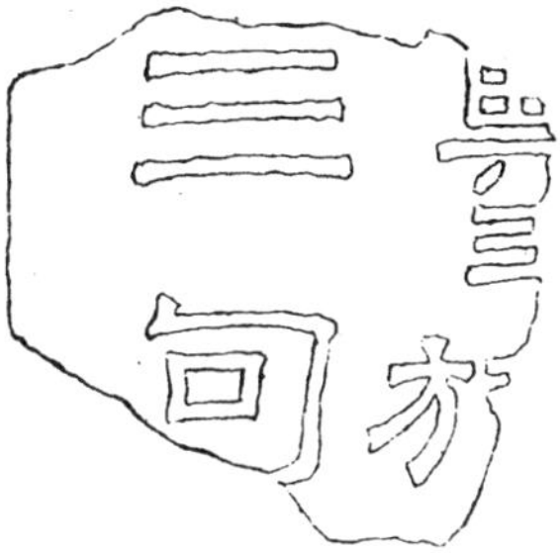
三
句

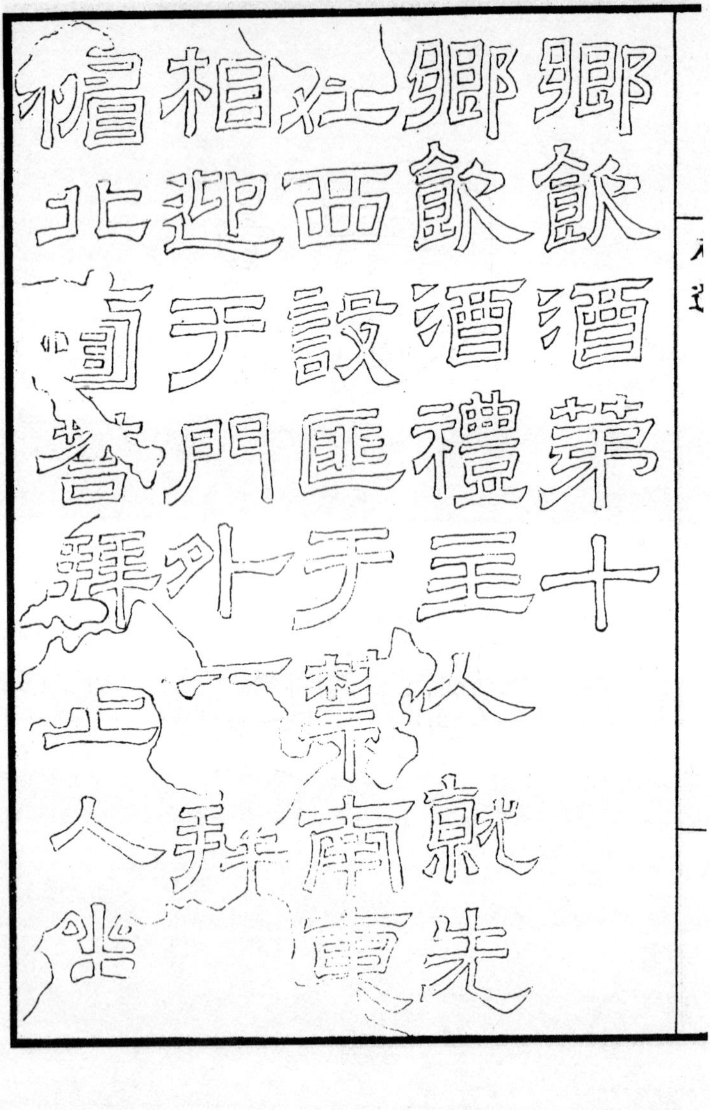
鄉飲酒第十
鄉飲酒禮主人就先
相迎于門外

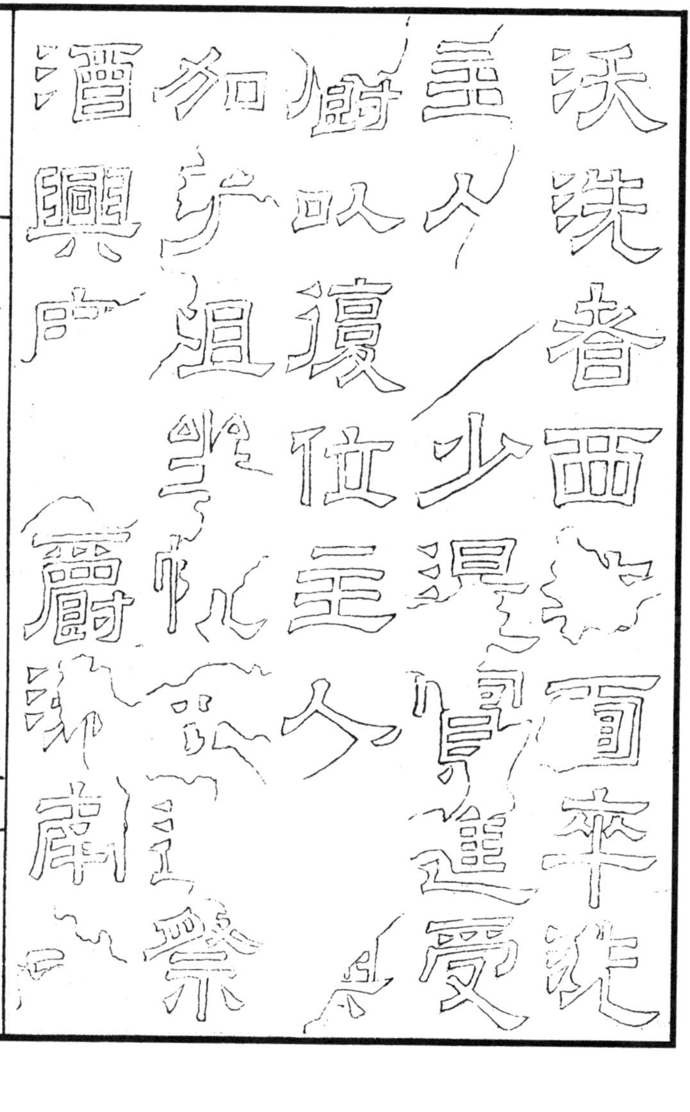

十一

上界守　圖王人階

受世　　　　階

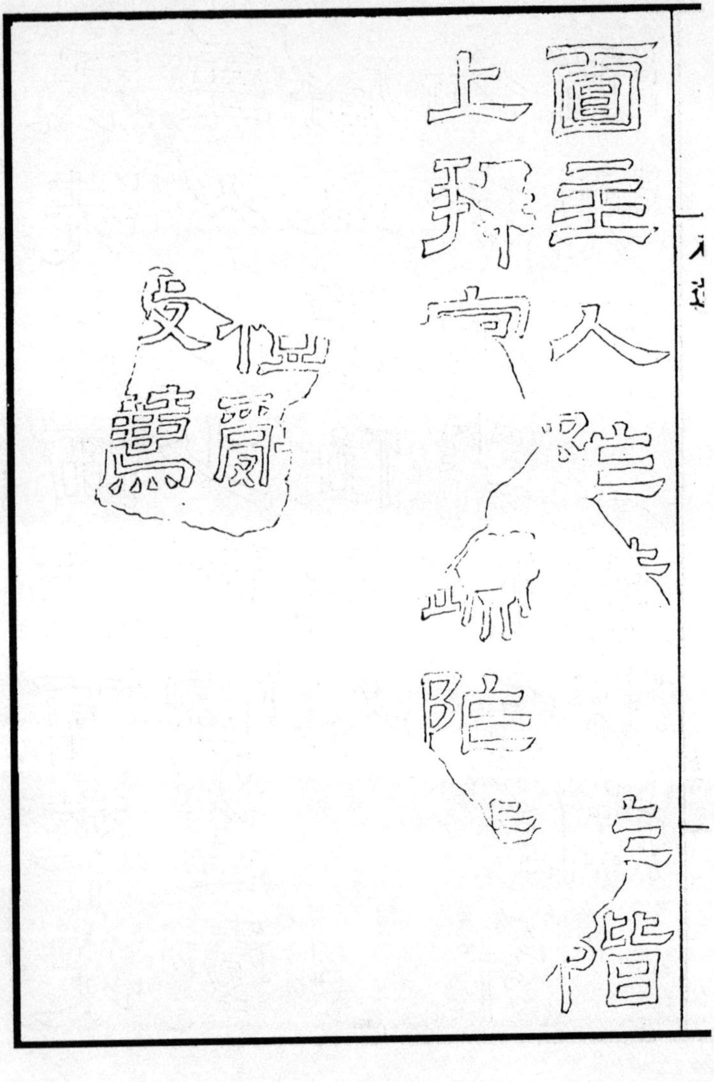

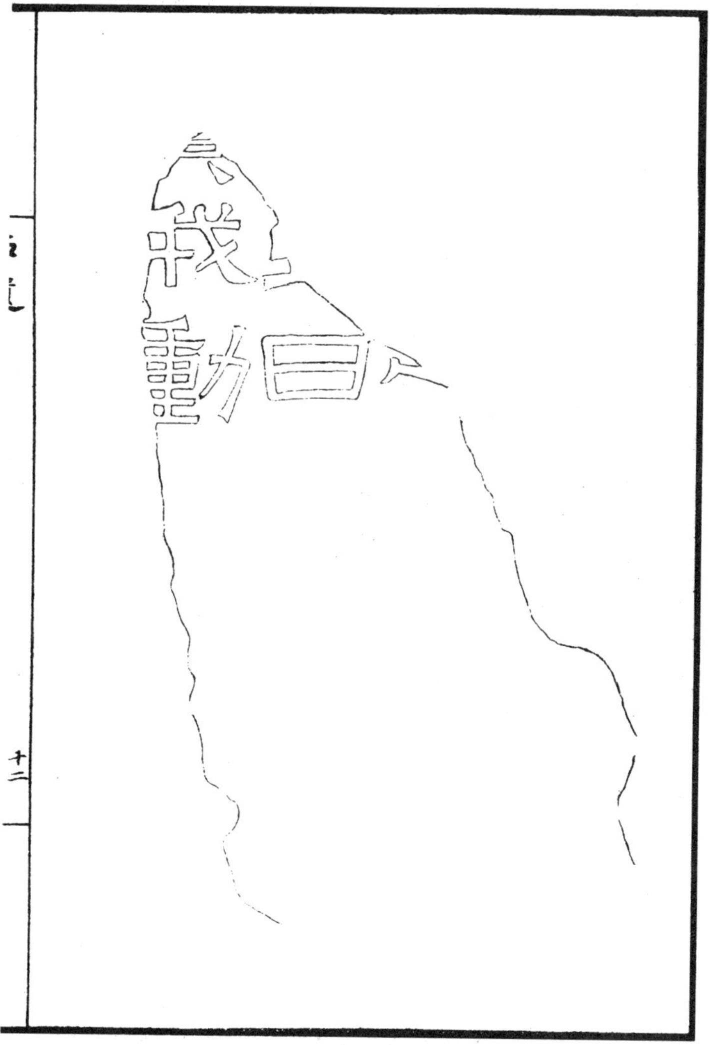

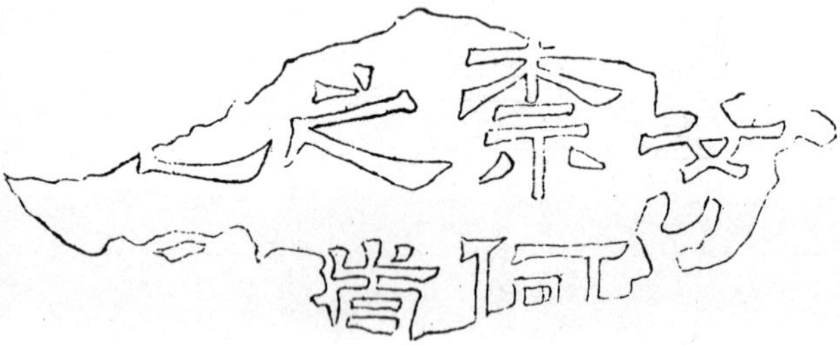

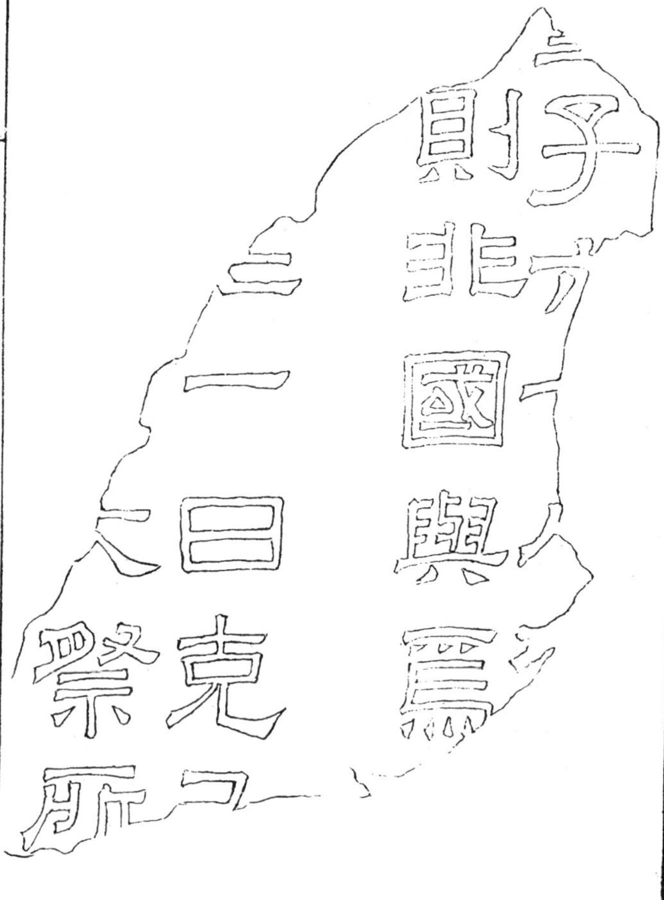

十三

漢熹平石經殘字集録補正

往歲撰《漢石經殘字集録》，印行以後復加校理，尚有譌誤及失考者五事，爲補正之如左。辛未仲春羅振玉記。

魯詩

濟盈□□□鳴濟盈不濡軌雉鳴求其□□□□□鳴鴈昫日

同□□□□怒采葑采菲無以□體德音莫違及爾同死其一

《集録》「昫」下無「日」字，「同死」下無「其一」字，近得殘石據補。

□□如疛監寐　　惄焉如擣假寐永歎

「監寐」，《毛》作「假寐」。案，《後漢書·劉陶傳》陶諫改鑄大錢，疏有「屏營徬徨，不能監寐」語，陶蓋本《魯詩》也。《傳》稱：陶明《尚書》、《春秋》，爲之訓詁。推《尚書》三家及古文，是正三百餘事，名曰《中文尚書》。不言陶治《魯詩》，據此可補《傳》之畧。

□言似
齊言引
言介爾

此《校記》。在《匏有苦葉》石陰。

儀禮

辱主人答拜乃請賓禮辭許主
□東南南北以堂深西東當東榮
□□先(人)(入)賓揖介入門左介揖衆賓
□□于階前辭賓對主人坐取爵興
□□坐奠爵遂拜降盥賓降主人辭
□□□醢賓升席自西方設
□□□告旨執爵
□□□匪興

首行「辱」字、六行「醢」字、「設」字、八行「匪興」二字，皆失録今本。「自西方乃設折俎」，石經

「方」下無「乃」字。

公羊傳

大之　　　　　　曷爲大之
死子曰　　　　　子路死子曰
□春　　　　　　莫近諸春秋

右哀公十四年。合今本校讀，行均七十字。往撰《集録》誤以此爲《論語・先進》殘字，然細數行字，頗不相當，兹乃知爲《公羊傳》，附正之於此。

予既爲《集録》作《補正》已付印矣，尋摩挲新得諸殘石，詳諦《小雅・楚茨》一石「以綏後禄」，「禄」下實是「我」字，前寫定時因拓本甚劣，誤認「禄」下殘畫爲「爾」字，今乃知《毛詩》之「爾殽既將」，《魯詩》作「我殽既將」也。又《集録補遺》箸録《周易》下經《(升)〔萃〕卦》「九二：孚乃利瀹，无咎」，今本「利」下有「用」字，前但舉「瀹」、「禴」異文，此未及舉，爰附記於此更補正之。清明節鐙下振玉又記。

干禄字書箋證

小學盛於漢，晦於六朝，漸明於唐。漢唐閒諸字書說文解字外，晉有呂忱字林，梁有顧野王玉篇，其書詳矣，備矣。然多存後世俗作，意在補說文所未備。其實所收之字多無意義，大抵皆增其所不必增，於六書殊無裨益，惟唐人干祿字書、五經文字實能祖述許書，折衷至當。五經文字猶偶有疏舛，干祿字書則有純無駁，其足以是正古籍之處極多。如喪字，說文作喪，注、从哭从亡。曩疑今篆上从吅，與哭篆不合，據此書則作𠷎，與許書注正合。此可正今本說文之誤者。漢書賈山傳、篩土築阿房之宮。師古注，篩以簁為之。是以篩、簁為二字，據此知篩即簁之俗體。後漢書劉玄傳、郡人逄安。注，逄字从夅。考漢人石刻，如逢盛、孔宙、景君諸碑，凡書人姓之逢字皆作逢，从夆、不从夅，據此知逄乃逢之別體。案，說文有簁無篩，有逢無逄，則篩、逄乃俗書，其說洵然。此可正兩漢書注之誤者。廣韻以襛、穠為二字，類篇以稷、稷為二字，據此知襛、稷亦襛、稷之俗體。釋玄應一切經音義卷二十二墉字注，又作牗、牗二形。據此知牗乃牗字，非墉之別體。此可正廣韻、類篇、一切經音義之誤者。其有資刊正如此。昔人云，隋唐古籍一字千金，其此書之謂矣。其中有如沖种、羈覊、貽詒、俳徘、屯乇、怗帖乃一字而以為二，筒箭、馮馮、虫蟲、兇凶、漸澌、茲玆、蚩蚩、堤隄、窓宛、燋焦、衙庌、萍蓱、商啇、涑湅、厝措乃二字而合為一，似屬外誤。然此書為程試而作，以上諸字乃從俗記錄，非考證之疏也。玉邇來究心小學，竊以此書當與蒼、疋並重，爰為之考校，於今本之誤者正之，間有發明，附注於下。既成，顏之曰干祿字書箋證，而弁語於簡首。

上虞羅振玉

干祿字書箋證

上虞　羅振玉　箋

平聲

聰聰聰　上、中通、下正。諸從悤者並同，他皆放此。

功功　上俗下正。

蒙蒙藂叢筒筩　並上通下正。振玉案，說文筒，通簫也。筩，斷竹也。本二字。

童僮　上童幼，下僮僕，古則反，是今所不行。

衷衷馮馮雄雄虫蟲

竝上俗下正。
振玉案，説文馮，馬行疾也。玉篇馮，水也。又説文虫，一名蝮。蟲有足謂之蟲。馮、馮、虫、蟲並各為字。
沖种
上沖和下种幼。
振玉案，説文無种字，沖兼沖和、沖幼二義。書金縢，為予沖人。傳，沖，童也。是其證。
躬船
並正。
彤彤
上赤色，徒冬反。下祭名，音融。
振玉案，祭名之彤當从舟。説文彤，船行也。玉篇彤，余弓切，祭也。又丑林切，舟行也。今人从肉誤。

龍龍從從從

竝上、中通、下正。

逢逢

上俗下正，諸同聲者竝準此，唯降字等從夅。

振玉案，後漢書劉玄傳，郡人逄安。注，逄字从夅。字鑑，人姓之逄从夅，逢遇字从夆。以逄、逢爲二字，據此則逄即逢字别體。證之漢逢盛碑陰、孔宙碑陰、景君碑陰，凡人姓之逢字皆从夆，說文亦有逢無逄，均可爲此書之證。

恭恭庸庸

竝上俗下正。

禯襛 振玉案，說文，襛，衣厚皃，从衣農聲。詩，何彼襛矣。據此則襛當从衣，此从示誤。

禯華字上通下正。

振玉案，廣韻以襛、禯爲二字，當據此正之。

兇凶

上通下正，亦懼也。振玉案，此當作上亦懼也，奪上字。許勇反。

振玉案，說文兇、擾恐也。兇、惡也。本二字。

鍾鐘

上酒器，鐘磬字。振玉案，鐘字上奪下字。今竝用上字。

邦邦叟傁支支卮危篩簁虧虧規規皃皃澌凘差差窺窺振玉案，說文窺，从穴規聲，字當作窺，此作窺誤。

竝上俗下正。

振玉案，漢書賈山傳、篩土築阿房之宮。師古注，篩以簁為之。是以篩、簁為二字，與此不同。案，說文有簁無篩，則此書是也。晉書音義下亦云，簁與篩同，其為一字尤信。又案，說文澌，水索也。凘、流冰也。二字義別，非一字。

𣎆𣎆篪箎振玉案，說文篪从竹从虒，此从虎作箎誤。

竝上通下正。

麾撝

上旌麾，下謙撝字，其指撝亦作麾。

隋隨

上國名，下追隨。

振玉案，春秋桓六年，楚武王侵隨。傳注，隨，姬姓國，今隨州。是國名之隨與追隨字同。

羈羇

上羈勒，下羇旅。

衹祇

上神衹，巨移反。下祇適，章移反。

畀畁

上尊畀，下畁与，必寐反。

禕禕

上禕美，音猗。下褕，振玉案，褕似奪禕字。上音暉。

辝辤辭

上、中竝辝讓，下辭說。今作辝，俗作辤，非也。

玆茲玆耆耆者聂聶𦗝振玉案，𦗝字左旁从巳，此从㔾誤。鴟鴟鴟醫醫醫

竝上俗、中通、下正。

私私𧀲𧀲湽淄层尼蚩蚩釐釐振玉案，說文釐从里𠩺聲，此从𠩺乃傳刻之誤。

竝上俗下正。

振玉案，說文蚩、蟲中行也。蚩、蟲也。乃二字。

狸貍夷夷龜龜振玉案，龜當从說文作龜。裒裒碁棊丕丕絲絲疑疑

竝上通下正。

貽詒

上貽遺，下詒言。

振玉案，說文無貽字，詒兼詒遺詒言二義。

齋齋

上齋裳，音咨。下齋戒，側皆反。

徽徽徽徽輝暉肥肥歸歸胥胥虛虛疏疏於於葅菹豬豬鋤

鉏

竝上通下正。

蒭蒭芻

上、中通，下正。

膚膚膚

上俗，中通，下正。

兪俞殳殳

竝上俗下正，諸從殳者竝準此。

儒儒襦襦驅驅廚廚

竝上通下正。

扶扶

上俗下正。

鳬鳧

上通下正。

符符

上人姓，下符契。

鶵雛

竝正。

麁麆麤

上、中通，下正。此與精粗義同，今以粗音才古反，相承已久。

壷壺爐鑪蒱蒲蘓蘇啚圖

竝上俗下正。

振玉案，說文啚訓嗇，圖訓畫計難，非一字。

徒徒

上通下正。

塗途

上塗泥，下途路。

徂殂

上往下死。

梨黎埿泥蜺霓

竝上俗下正。

溪谿兮兮攜攜 振玉案，說文攜从手巂聲，此从嶲聲誤。

竝上通下正。

堤隄

上俗下正。

五

振玉案，説文堤，滯也。隄，塘也。非一字。廣韻云堤同隄，誤與

此同。

互氏

上通下正，諸從氏者竝準此。

賫齋

上通下正。

𪗉躋

竝正。

稭䅻

上俗下正。

鷄雞

竝正。

犀犀

上俗下正。

棲栖

竝正。

鞋鞵蛙鼃

竝上通下正。

崖涯

上山崖，下水際，亦音儀。

埋薶懐懷犲豺

竝上通下正。

堦階

階砌字上俗下正，合作階級之階。

俳徘

上俳優字，音排。下徘徊字，音裴。

六

振玉案，漢平都相蔣君碑，循墓俳佪。是古俳佪字亦从亻，與俳優字無別。玉篇徘、徊也。始从彳。乃後世俗作，唐柳公權書玄祕塔碑尚作俳佪。

揩揩

上揩洗，苦皆反。下口揩，苦駭反。

灰灰臺臺囬回

竝上俗下正，諸字有從回者竝準此。

頮頮盃杯

竝上通下正。

灾災

竝正。

才材

上文才，下材質。

囙因　上俗下正。

珎珍辰辰鄰隣　振玉案，鄰隣二字倒列，當改正。

麏麕

竝　上通下正。

瞋嗔

上瞋目，下嗔怒。

屯乇　振玉案，說文屯，从屮貫一，字作屯，此作乇誤。

上屯厄，下乇聚。

振玉案，古屯厄、屯聚本一字。易序卦傳曰，屯者盈也。屯聚之義本此。屯聚亦曰屯落，今人作邨落。說文邨，地名，非屯落字，俗又作村。人民盈聚故曰屯聚。皇甫士安高士傳云，管寧所居屯落，云云。猶能用古字，此分屯厄、屯聚為二形，誤。

分分裙帬

竝上通下正。

殷慇

上殷姓，下慇懃。

筋筋

上通下正。

忻欣

竝正。

勤懃

上勤勞，下慇懃。

猿猨蝯

上俗、中通。下正，今不行。

黿黿原原樊樊

竝上俗下正。

飜翻

上通下正。

惌宛振玉案，説文冤从冂兔，字當作冤，此作寃誤。

上俗下正。

振玉案，説文惌，宛之或作。又周禮函人，為甲眡其鑽空欲其惌也。鄭司農注，惌，小孔皃，惌讀如宛彼北林之宛。則宛、惌又非一字。此又以為冤之俗，益無所徵。

鴛鵷

上鴛鴦，下鵷鶵。

蕃藩

上蕃隅，亦音繁。下藩屏。

肫、豚　鐏樽　巛坤

竝上通下正。

兒宂寬寬 振玉案，說文寬从宀莧聲，此从莧誤。冠冠看看単單

竝上俗下正。

安安

上通下正。

懽歡

竝正。

磐盤

上磐石，下盤器。

餐飡 振玉案，說文餐从食奴聲，此从奴誤。

上千安反，字亦作飡。振玉案，說文餐或从水作湌，此从冫誤。下息魂反。

删刪開關攀攀

竝上俗下正。

𧣾鏁

鰥寡字上通下正。

乹乹乾　上俗，中通，下正，下亦乾燥。

虔虔　上通下正。

遷遷搴搴邊邊怜憐全全權權愆愆焉焉　竝上俗下正。

燃然　然燒字上通下正。

年秊廛廛延延鐫鐫鉛鉛沿船竝同。鳶鳶專專甎塼　竝上通下正。

烟煙　竝正。

弦絃 上引弦，下琴絃。

仚企 上高舉皃，許延反。鮑明遠書勢云、鳥仚魚躍。下企望，丘賜反。

飈飆 上俗下正。

標摽 上標記字，必遥反。下摽梅字，頻小反。

喬喬尧堯撨樵斨 振玉案，斨當作㪷，从升。升乃斗之俗體，即許君說文序所謂人持十為斗也。此从斤誤。

齠髫 竝上俗下正。

迢遰

竝正。

燋 焦

焦爛字上通下正。

振玉案，說文燋，所以然持火也，从火焦聲。與訓火所傷之焦別一字。

梟 梟

上通下正。

儌 僥

竝僥倖字，古堯反，相承已久。字書作儌，今不行。用僥亦僬僥字，謂南方短人也，音譙堯。

鵰 雕

竝正。

彫 凋

上彫飾，下凋落。

宵霄 上夜，下雲霄，俗作霄，非也。

妖祅 上妖治，下祅祥，今亦用上字。

繇繇 上皐繇字，下卜兆辭，音胄。

餚肴 上俗下正。

巢巢 上通下正。

抄杪 上初交，又初教反。下杪末字，弥小反。

皋皋臯振玉案，說文皋从夲从白，此从半誤。

上俗，中通，下正。

篙橋

所以刺船，上通下正。

窂牢鼇鼇翱翺

並上俗下正。

曺曹

並上通下正。

褎褏

並正，多用下字。

振玉案，說文作褎，玉篇作褏。五經文字云，或作褏、褏，皆訛。

此以訛為正。

謟諂

十二

上土高反，諸字同聲者竝從缶。下丑冉反，諸字同聲者竝從缶。

鼍鼉

上俗下正。

騾驘靴鞾呵訶

竝上通下正。

歌謌

竝正多用上字。

苽瓜鴉鵶

竝上俗下正。

衙庌耶邪柤樝槎查誇誇麼麽

竝上通下正。

振玉案，說文衙，行皃。庌，廡也。非一字。

覃覃蠺蠶　上俗下正。

含含躭耼　並上通下正。

墻牆牆床牀牀庄莊莊　並上俗、中通、下正。其粧粉合用，此字相承從米已久。

商商觴觴　並上俗下正。

腸腸　上通下正。

塲場場　上音長，中音傷，下音亦。

壃疆強彊瘡創剏（下亦創造。）章章羌羌粮糧竝上通下正。

振玉案，說文強，蚚也。彊，弓有力。非一字。

凉涼

亰凉字竝振玉案，竝當作上。俗下正。

傍旁㫄

上、中通，下正。

戚臧臧

上、俗、中通，下正。

當當囊囊凰皇

凰皇字，竝上俗下正。

喪卷光光峀罔剛剛

竝上通下正。

芒印

北卬山上俗下正。上芒刹字，音亡。

黌黌橫橫迎迎旍旌明朙京京輕輕盈盈振玉叢，說文盈从皿从夃，此从乃非。

上通下正。

嬴嬴

上嬴多，下秦姓。

鎗鐺

上鐘聲，楚庚反。下鐺音當，今並从金字，更無

別體。

亨享

上亨通，亦亨宰字。下祭享字。

庭庭坰坰靈靈

竝上俗下正。

冥冥振玉叢，說文冥从六，此从大誤。萍萍

竝上通下正。

振玉案，萍、蓱並見說文，同義而非一字。

耕耕

上俗下正。

甖罌争爭

竝上通下正。

劉劉劉

上俗、中通、下正。

流流

上俗下正。

畱留 振玉案，說文留从丣聲，此从卯誤。

上通下正。

休休

上通下正。

郅郄卸郵収收年年

上通下正。

球璆

竝正。

脩修

上晡脩，下修飾。

兜兠溝溝饑糇 振玉案，二字當作糇餱，此位置傎到。

竝上通下正。

陰陰陰

上通，中，下正。

簪簪侵侵

竝上俗下正。

砧碪

上通下正，字亦作椹。

衿襟

竝正。

媱媱

上媱蕩字，音滛。下妖媱字，音遥。

潛潜

上俗下正。

塩鹽振玉案，說文鹽从鹵監聲，字作鹽，此作鹽誤。簷檐僉僉奩匳詹詹沾霑

竝上通下正。

振玉案，說文沾訓水名，霑訓雨䨏，非一字。

馮憑

上通下正。

氷冰興興矜矜勝勝繩繩陵陵

竝上通下正。

淩淩

上淩淩，下氷淩。

蒸烝

上衆也，火氣。振玉案，火氣上奪下字。亦祭名，今竝通用上字。

搒稜弘弘滕滕

上俗下正。

能能函函

上通下正。振玉案，函當从說文作圅。

鑒鑒

又古懴反，上通下正。

凡凡

十五

上俗下正。
上聲
擁壅
上擁持，下壅塞。
隴壟
上隴坂，下业壟。
冢塚
上冢嫡，下塚壟。
振玉案，說文冢，高墳也。尒疋冢，大也。古冢嫡，冢壟字無別，
塚乃後世俗作。
悚竦
上慫悚，下竦敬。
蜂蚌講講

竝上通下正。

徙徙

上通下正。

帋紙氏氏

竝上通下正。

伎技此此尔尒爾

竝上通下正。

振玉案，說文伎，与也。技，巧也。非一字。

旨旨旨

上俗，中通，下正。

兕兕兕

上俗，中通，下正。

峙峙跱

上俗，中、下正。

市市裏裏恥恥齒齒

竝上俗，下正。

止止軌軌

竝上通，下正。

宄宄

上奸宄字，下究竟字。

否否

可否及否泰字同，今俗竝作否，非也。

圯圮

上圯毀，下圮橋。

振玉案：說文圮毀字作圮，从己。圯橋字作圯，从巳。此書圮毀字作圯，誤。

喜憙

上喜樂，下憙好，許吏反。

亹亹

上俗下正。

㡬幾

上通下正。

旅旅泰泰巨巨

竝上俗下正。

藇籅与與所所楚楚叙敘

竝上俗下正。

振玉篆，說文与訓賜予，與訓黨與，非一字。

褚褚

上竹呂反，下丑呂反。

十七

儛舞舗舖
竝上俗下正。
俯俛
竝俯仰字，俗以俛音免，非也。然作上字為勝。
振玉案，過秦論，俛起阡陌之中。李善注引漢書音義，音免。史記龜筴傳，首俛。索隱、正義皆音免。玄應一切經音義，俛仰，無辨切。玉篇人部俛注音同。表記，俛焉日有孳孳。釋文，音勉。詩黽勉李善引作黽俛。是俛古音多如免，不當云俗。
豎竪取取
竝上通下正。
皷鼓
上俗下正。
羖羖土土虎虎苦苦

竝上通下正。

覩睹

竝正。

簿薄

上簿籍，下厚薄。

振玉案，説文有薄無簿，古簿籍、厚薄字無别。

軆體蠡蠡

竝上俗下正，又力奚反。

禮礼

竝正，多行上字。

洗洒

竝正，上亦姑洗字，下亦洒掃字。

啓啓祢禰

竝上通下正。

解解解

上俗、中通、下正。

罷罷

上通下正。

採采

上通下正。

綵彩

上繒綵、下光彩。

餒餧

上奴罪反、下於僞反。

隱隱隱

上俗、中通、下正。

笋筍　准準　𢀩巹振玉案，說文巹从丞作巹，此从丞誤。

竝上通下正。

菫槿

上菫菜，下木槿。

愍憫

上愍傷，下憫默。

隕殞

上墜下死。

偃偃　坂阪

上通下正。阪亦阪泉字，蒲板反。

菀苑

上藥名，下園苑。

夲本　懇懇　袞衮

十九

竝上通下正。

振玉案，說文夲與本非一字。

斷斷斷

上俗，中通，下正。

欵款說文欵或从柰作款，此从柰誤。亶亶散散懣滿

竝上俗下正。憒滿字亦懣，音亡本反。

浣澣梡盌簳笴

竝上通下正。

秆稈

竝正。

纂纘

上纂組，下纘繼。

版板

上通下正，下亦板蕩字。

簡揀

上簡冊，下揀擇，相承並用上字。

典典振玉案，說文典从冊在丌上，此从隸省。舛舛

並上俗下正。

蠒繭尠尠宄究汅沔

並上通下正。

剪翦

上俗下正。

瑑瑑

上珪璧文，音篆。下琢玉，竹角反。

叐夭遶繞趙趙肈肇兆兆

並上通下正。

二十

巧巧齩⿰齒堯

竝上通下正。

⿰女更嫂嫂

上俗、中通、下正。

⿰火参燥

上俗下正。

掃埽

上通下正。

桒桑蚤蚤振玉案，說文蚤从叉，此从叉誤。藻藻搗擣暤皞振玉案，說文从臯聲，此从皐誤。老

惚惱

竝上俗下正。

皀皁槀稾寳寶考考

竝上通下正。

振玉案，皁之正體當作草，皂、皁皆俗體。

㘴坐坐
上俗，中通，下正。

璅瑣菓果
果木字，並上俗下正。

寡寡寡
上俗，中通，下正。

冩寫假假
並上俗下正。

斚斝瓦瓦鮓鮺
並上俗下正。

粽糉糉
上蜜瓜粽，中、下並糉糉。

二十一

覽覽攬擥

竝上通下正。

餋養兩兩抂枉

上俗下正。

象為振玉案，篆為二字倒列，當改正。鋞經奭奭

竝上通下正。

莽莽振玉案，說文莽从犬从茻，字作莽，此作莽誤。龔駔慗整囪囧

竝上俗下正。

景景永永騁騁振玉案，說文騁从馬甹聲，此从甹誤。礦鉳

竝上通下正。

鯁哽

上剌在喉，下哽咽，作鯁亦通。

並竝

上通下正，亦音蒲猛反。

迥迴

上俗下正。

泠冷

上力鼎反，下力丁反。

友友丑丑阜阜缶缶牖牖受受臼臼

竝上俗下正，諸字從臼者竝準此。

咎咎韭韭敢敢（振玉案，敢當作敢。）

竝上通下正。

走赱走

上、中通，下正。

右后苟苟狗狗

竝上俗下正。

叟叜

上通下正。

扣叩

上牽馬也，下叩擊也，字亦作扣。

寑寢

上俗、中通、下正。振玉案，此僅二字，不得云上俗、中通、下正。中通衍文。

甚甚

上通下正。

忝忝

上俗下正。

撿檢

上撿口字，音斂，今以為撿校及撿尋字。下書檢及檢則字，居儼反。

拯拯　振玉案，二字倒列，當改正。

上通下正。

等等

上通下正。

減減

上俗下正。

去聲

凍凍夢夢

竝上俗下正。

振玉案，凍，説文，仌也。與涷非一字。涷音東，見尔疋。

瓮甕

竝正。

振玉案，正體當據説文作罋。

義義辟譬

竝上俗下正。

戲戲

上通下正。

俻俻備 振玉案，正體當從說文作僃。

寐寐寐

竝上俗，中通，下正。

類類置置 振玉案，置置二字無別，而云上俗下正，何也。疑傳刻有誤。

戀𢖍秘秘嗣嗣丞丞

竝上俗下正。

器器

上通下正。

鼻鼻師師飼飤弒弑

竝上通下正。

愧媿䭫懿 振玉案，說文懿从壹从恣省聲，此从恣不省，誤。

竝正。

毅毅毅振玉案，說文毅从殳豙聲，此从豕，隸省。

上俗，中通，下正。

貴賢

上通下正。

著著著

上俗，中通，下正。

御御庻庻

竝上俗下正。

遽遽筯箸

竝上通下正。

勾句數數

竝上俗下正。

喻喻

上通下正。

慕慕度度步步振玉案，步步二字倒列，當改正。又步之正體从少作步，此从少，誤。

竝上俗下正。

妒妬頋顧莬免振玉案，免當作兔。厝措

竝上通下正。

振玉案，說文厝，厝石也。措，置也。二字通用，本非一字。漢書地理志晉灼注又云厝，古錯字，亦非。

醋酢

上酸也，下酬酢字，今竝作酢。

慄遡

向也，竝正。

害害振玉案，害當作害。帶帶泰泰

竝上俗下正。

㝡冣振玉案，㝡當作最。兊兌賴頼鱠膾

竝上通下正。

歳嵗㱕歲歲歲

竝上俗、中通、下正。

閇閉茘荔戾戾𨽥肆獘弊祭祭埶藝振玉案，藝作埶，此从肆變。説文褻裔勢

勢𡑞瘞振玉案，瘞當作瘞。

竝上俗下正。

禊褉契契振玉案，二字倒列，當改正。又契當作契。脆脃繫繫継繼蓟薊

竝上通下正。

歚睿振玉案，二字當作叡睿。篲彗

竝正。

弟第

次第字上俗下正。

振玉案，說文無第字，古次弟字作弟。

建逯振玉案，逮當作逮。

上及也，徒計反，俗音徒再反，非也。下人姓，音錄。

泒派掛挂

上俗下正。

畫畫

上通下正。

隘阸恠怪

竝上俗下正。

戒戒口介

竝上通下正。

佩珮

上帶也，下玉珮也，古竝作佩。

学孛對對

竝上俗下正。

退退輩輩（振玉案，二字倒列，當改正。）袋帒再再刻劾

竝上通下正。

塊凷

竝正，多行上字，唯弔書作凷。

廢癈

上妨廢，下癈疾。

祓祓

祓除字音廢，亦音拂。上俗下正。

喙喙（振玉案，喙當作啄。）

上許穢反，下丁角反。

訊訊肖肖晉晉釁釁振玉案，釁从爨省，从酉从分，分亦聲。此作釁。

並上俗下正。

若若慭慭亂亂疢疢雋雋

並上通下正，亦作俊字。

奮奮羴羴振玉案，羴，說文作羴，此从隸變。

並上俗下正。

訓訓

上通下正。

憲憲

上俗下正。

獻獻振玉案，獻从鬲，此从鬲誤。券券建建

並上通下正。

万萬

竝正。

適適　上俗下正。

噴歕　竝正。

粲粲乱亂侃侃奐奐振玉案，奐當作奐。嘆歎舘館蒜蒜笇筭　竝上俗下正。

愞懦竄竄爨爨振玉案，爨當作爨。　竝上通下正。

宦宦篡篡　竝上俗下正。

諫諫鴈鴈　竝上通下正。

麵麪振玉案，麪當作麫。變變羨羡

竝上俗下正。

鷰燕宴宴遍徧

竝上通下正。

線綫

竝正。

下弁

上人姓，下皮弁，古竝作弁。

廌薦

上本獬廌字，觸邪獸也，音丈買反。相承別用豸字。以廌舉字作薦亦通。龔氏麗正校本云，以廌舉字作薦，當是以廌作薦舉字之譌。振玉案，龔說是。

召名召

上俗，中、下正，諸從召者準此。

粜糶吊弔

竝上俗下正。

耀曜咲笑

竝上通下正。

振玉案，說文無笑字。桂氏馥段氏玉裁注說文，竝據五經文字引補。考唐釋慧琳大藏音義十五引古今正字笑，喜也，說文闕。此說文無笑字之證。

廟庿

竝正。

皀皃貌

上俗，中通，下正。

効效

上功，下放，字或作斆。振玉案，斆當是斅字之誤。

挍校

上比挍，下校尉。

棹櫂

上通下正。

撓撓

上奴效反，又音鐃。下撓擾字，火高反。

閙吏

上通下正。

盜盜　振玉案，二字倒列，當改正。　摻操暴㬥跦躁

竝上俗下正。

竈竈

上通下正。

耄耄　振玉案，二字倒列，當改正。

上通下正。

馱駄莝剉

斫草竝上俗下正。

振玉案，說文莝訓斬艸，剉訓折傷，非一字。

夏夏

上俗下正。

覇霸

上通下正。

射䠶赦赦

竝正。

蹔暫

上通下正。

闇暗

上幽闇，下日無光，今行下字。

近匠況況恙恙

上俗下正。

㨾樣狀狀壯壯

竝上通下正。

竸競夐夐振玉案，夐當作夐。勁勁

竝上俗下正。

硬鞕孟孟疋正

竝上通下正。

清凊

温凊字俗作清，非也。

倭倭

上俗下正。

聽聽𡧊定廷廷
竝上通下正，今人音庭，非也。
臰臭廐廐舊舊貿貿冨富售售
竝上俗下正。
振玉案，售乃讎之俗體。古从言之字或从口，如諭作喻、訶作呵之類甚多。讎字變言為口，又省去一隹字，口不在隹旁而在隹下者，恐與唯混也。沿誤之迹班班可考，大徐乃以售字坿說文，誤矣。
獸獸
竝正。
閗鬪鬭 振玉案，閗當作鬭。
上俗，中通，下正。
寂寂

三十

竝上俗下正。振玉案，竝字衍文。

紝絍

竝正，音汝鴆反。

譖譛

上俗下正。

艷豔振玉案，豔當作豓。

上通下正。

爓錟

竝正。

秤稱

上俗下正。

應譍

上物相應，下言相譍。

嶝隥　上通下正。

汎泛　竝正。

入聲

槃穀　張玉篆，穀當作穀。　哭哭　僕僕

竝上俗下正。

曝暴

上通下正。

宍肉　凤凤　肅肅　倏倏

竝上俗下正。

𡬶叔

上俗下正。

鞠鞫

上鞠養，又蹴鞠，其六反。下鞫罪。

孰熟

上誰也，下熟也，古作孰，振玉案，孰當作孰。孰今不行。

泆沃嚳嚳

竝上俗下正。

𥄎督振玉案，督當作督。篤篤

竝上通下正。

局局局

上俗，中通，下正。

𤴓足屬屬振玉案，屬當作屬。

竝上通下正。

學學攉搉

竝上俗下正。

玥朔槊矟斵斲邈邈

竝上通下正。

岳嶽

竝正。

樸朴

上樸素，下愿朴字，亦鞭，普卜反。

悉悉悉

上俗，中通，下正。

脒膝迅匹𤕌率桼漆振玉案，說文漆，水名。桼，木汁。二字不同，今人皆用漆字。

竝上俗下正。

逸逸卒卒窟窟

竝上通下正。

帙袠昵暱
竝正。
巘巚欝欝振玉案，欝當作鬱。虱蝨乜乞
竝上俗下正。
厥厥闕闕𤼲發
上俗下正。
禨韯振玉案，韯當从幾，此从戔，非。
上通下正。
勃勃突突奪奪振玉案，奪說文作奪，此从隸變。
竝上俗下正。
煞殺殺
上俗、中通、下正。
抜拔

上俗下正。

鐵鐵鐵　上中通下正。

節節決決蔑蔑（振玉案：蔑當从𠔿作蔑，此从四非。）熱熱滅滅　竝上俗下正。

鱉鼈鈌缺（振玉案：鈌缺二字倒列，當改正。）切切竊竊徹徹（振玉案：徹徹二字倒列，當改正。）潔潔（振玉案：潔潔並不見說文，古作絜。）竝上通下正。

悊哲　竝正。

孽孽（振玉案：二字皆从辥，此从薛誤。）上庻孽，下妖孽。

刷㕞

上刮刷，下拭㕞。

噎咽

上食噎，下咽喉，亦嗚咽。

粂糴敵敵狄狄嫡嫡閴闃

竝上俗下正。

析析歷歷覔覓

竝上俗下正。

振玉案，覔覓並俗字，古覓字作覛。

鵾鷀

上六鵾，下鷀首船。

戚慼

上親下憂。

葢益廗席索索栢柏

竝上俗下正。

隟隙郄郄腋掖

竝上通下正。

跡迹役役振玉案，役役二字倒列，當改正。蹠跖摭拓

竝正，下亦開拓字。

貊狛振玉案，二字倒列，當改正。

蠻貊字上通下正，其獸名者字作貘。

弈帟

上赫奕，下帷帟。

藉籍

上藉草，下簿籍。

筴筞策振玉案，筞當从朿作策。

上俗，中、下正。

三十四

冊冊　草革醎醎　竝上通下正。

搤扼　竝正。

摘擿　上採，竹革反。下糾擿，他歷反。

雜雜　上通下正。

臘蠟　上臘祭，下蜜，俗字從葛，非也。

踰蹋　迊帀迊匝

狹狹　竝上通下正。

振玉案，二字倒列，當改正。

揷插

竝上通下正。

恊愶獦獵

竝上通下正。

檝楫輙輒

竝上通下正。

慴懾

上懼，下失氣，亦作讋。

怗帖

上安怗，下券帖。

振玉案，說文無怗字，古安帖、券帖字皆作帖。

澁澀絹緝

竝上俗下正，諸与緝同聲者竝準此。

若若

上通下正。

禴礿 竝正。

瀹爚 上煑瀹，下煜爚。

鑿鑿鑿鑿 振玉案，鑿當作鑿。 悪惡鸖鶴

竝上俗下正。

狢貉愽博

竝上通下正。

蘀籜

上草木落，下筍皮。

餝飾棘棘 振玉案，棘當作棘。 禝稷

竝上俗下正。

直直色色穡穡貸貣嘿默

竝上俗下正。

或或慝慝

竝上通下正。

克剋

上克能，下剋勝。

振玉案，說文無剋字，古克能、克勝皆作克。

脅脅劫劫振玉案，劫劫二字倒列，當改正。

竝上通下正。